车辆及其系统维护保养

CHELIANG JIQI XITONG WEIHU BAOYANG

主　编　冯妹娇

副主编　杨　康　詹璧圭　赖慧豪

参　编　孙志国　罗俊鸿　王国斌
　　　　李宗权　孔　博　陈燕瑜

华南理工大学出版社
SOUTH CHINA UNIVERSITY OF TECHNOLOGY PRESS
·广州·

图书在版编目（CIP）数据

车辆及其系统维护保养 / 冯妹娇主编. — 广州：华南理工大学出版社，2019. 8（2024. 8 重印）

ISBN 978 - 7 - 5623 - 6071 - 1

Ⅰ. ①车… Ⅱ. ①冯… Ⅲ. ①汽车-车辆修理-中等专业学校-教材 ②汽车-车辆保养-中等专业学校-教材 Ⅳ. ①U472

中国版本图书馆 CIP 数据核字（2019）第 161412 号

车辆及其系统维护保养

冯妹娇 主编

出 版 人：柯 宁

出版发行：华南理工大学出版社

（广州五山华南理工大学 17 号楼 邮编：510640）

http://hg.cb.scut.edu.cn E-mail：scutc13@scut.edn cn

营销部电话：020 - 87113487 87111048（传真）

责任编辑：黄丽谊

印 刷 者：广州小明数码印刷有限公司

开 本：787mm × 1092mm 1/16 **印张**：12. 75 **字数**：326 千

版 次：2019 年 8 月第 1 版 2024 年 8 月第 2 次印刷

定 价：35. 00 元

前　言

2017 年的《政府工作报告》提出，要大力弘扬工匠精神，厚植工匠文化，恪尽职业操守，崇尚精益求精，完善激励机制，培育众多“中国工匠”，打造更多享誉世界的“中国品牌”，推动中国经济发展进入质量时代。工匠精神是对产品精雕细琢、精益求精、追求卓越，并不断创新的精神理念。它的核心在于，不仅把工作当作谋生的手段，而且树立对工作的敬畏、对事业的专注、对责任的担当、对质量的执着、对完美的追求，并将这些品质内化于心，外化于行。

配合中等职业学校实施紧缺人才培养计划，东莞市政府与德国马格德堡市深度合作，引进德国先进的职业教育理念，在德国专家团队的帮助下，对德国汽车机电一体化的 14 个学习领域进行本土化改造，最终优化调整为适应我国汽修专业的 12 个学习领域，探索构建人文教育、职业素养与职业能力高度融合的课程和教学体系，实现从知识、技能到素养、精神的高度融合，真正落实工匠精神的培育。本教材的主要特色有：

（1）以能力为本位，以素养提升为目标，培养满足经济社会发展需求的具有工匠精神的技术技能人才；

（2）体现“做中学”的教学理念，以学习任务为载体，在培养学生动手能力的同时传授理论知识，培养人文及职业素养；

（3）以项目为引领，以任务为驱动，提炼出车间典型工作任务，将工作领域转化为学习领域；内容由浅入深，使学生掌握完成工作任务所需的知识与技能；

（4）注重实用性和先进性相结合，体现当代新型汽车技术结构特点，适应汽车市场的发展状况；

（5）文字通俗易懂，插图形象生动，便于学生理解和自学。

本书的主要使用对象为汽车服务、维修专业的职业学校师生，也可以供从事汽车相关工作的人员学习参考。

由于编者水平有限，书中难免有错误或不妥之处，恳请广大读者批评指正，提出宝贵意见。

编　者

目　录

学习情境一　订单实施的业务和工作流程

1.1　学习情境描述：任务接受

王先生开着一辆丰田卡罗拉轿车，在没有预约的情况下，到××一汽丰田金牌4S店进行常规保养。该车行驶总里程为6万千米，假如你是维修业务接待员（服务顾问），请和你的同事一起，完成售后服务接待流程。

（按照标准的接待礼仪，给客户打开车门）

引导员： 您好，先生，欢迎光临！我是××一汽丰田金牌4S店的引导员小张，请问有什么可以帮到您？

客　户： 您好，是这样的：我的车行驶了6万千米，需要进行保养了。

引导员： 好的，怎么称呼您？

客　户： 我姓王。

引导员： 王先生，您好，很高兴为您服务。请问您有预约吗？或是有熟悉的服务顾问吗？

客　户： 没有预约，麻烦你推荐一下专业的服务顾问。

引导员： 好的，没问题。请您稍等，金牌服务顾问小林马上为您服务。

（服务顾问小林上前，经过引导员的介绍和交接后，小林递上名片）

服务顾问： 王先生，您好。我是××一汽丰田金牌4S店的服务顾问小林，很高兴为您服务，这是我的名片，请您收好。您的爱车本次是做一次6万千米的常规保养，请您把钥匙给我，帮您做一下检查和登记。

（登记车辆信息，铺设车辆防护三件套/四件套，并邀请客户一起进行环车检查）

服务顾问： 王先生，您好，请出示一下车辆的保养手册。另外，您的爱车还有其他问题吗？

客　户： 只是做下保养，并没有其他问题。

服务顾问： 好的，请您取走车上的贵重物品，并在检查单上确认签名。

服务顾问： 感谢您的配合。保养时间为45～60分钟，请问您是离店还是留店等候呢？

客　户： 在这里等吧，谢谢。

服务顾问： 好的，请移步客户休息区（图1.1-1）等待，如有需要，我会及时和您联系。

客　户： 好的，谢谢。

图1.1-1　客户休息区

1.2 任务分析：接车的流程和工位准备

1.2.1 学习目标

【知识目标】

（1）能够叙述汽车4S店维修服务流程；
（2）能够整理维修车间的5S管理制度；
（3）能够讲解车间安全常识；
（4）能够演示车辆举升设备的使用方法。

【技能目标】

（1）能够对汽车维修业务接待人员的工作能力进行评价；
（2）能够用正确的语言和动作与客户进行交流并使客户满意；
（3）能够识别汽车维修车间的安全标识；
（4）能够熟练使用车辆举升设备；
（5）能够正确进行事故处理和急救。

【素养目标】

（1）愿意接收新信息、新知识，重视积累；
（2）遵守纪律，按时完成任务，能够控制情绪；
（3）愿意倾听，表达流畅，能够接纳不同观点；
（4）拥有较强的安全意识。

1.2.2 学习任务

（1）汽车维修业务接待；
（2）汽车维修车间安全常识；
（3）举升车辆。

1.2.3 学习准备

根据学习任务，确定基本素养要求、知识准备和设备准备，完成相应的工作页。

1.3　信息收集：汽车维修工位、安全、规范、环保、举升器使用

1.3.1　汽车4S店维修服务

汽车4S店是以“四位一体”为核心的汽车特许经营模式。4S是4个英文单词Sale（整车销售）、Sparepart（零配件）、Service（售后服务）、Survey（信息反馈）的首字母。汽车4S店是由汽车制造企业授权建立的，拥有统一的外观形象、标识和管理标准；在提升汽车品牌、汽车维修企业形象上的作用是显而易见的。汽车4S店强调一种整体的、规范的、由汽车维修企业控制的服务。它可以提供装备精良、整洁干净的维修区，现代化的设备和服务管理，高度职业化的气氛，良好的服务设施，充足的零配件供应，迅速及时的跟踪服务。

汽车维修服务不同于人们日常生活中所见到的普通商业服务。普通商业服务通常是在供方和客户接触面上至少要完成一项活动的结果，既可在向客户提供的有形产品上完成活动，也可在向客户提供的无形产品上完成活动。而汽车维修服务同时服务于两个对象：汽车和客户。因此，汽车维修服务不仅要求有面向汽车的服务技术、维修质量、维修价格、维修时间，还要求有面向车主的良好的服务态度、恰当的服务技巧、满意的休息场所、舒心的等待方式等。

随着汽车后市场的成熟，汽车客户需求多样化，对产品、服务的要求也越来越高、越来越严格。汽车4S店不仅服务规范而且服务质量有保证。保质保量的汽车维修无疑是保证汽车发挥良好性能的重要服务项目。汽车4S店的汽车维修服务是高效的、规范的，其服务流程主要包括预约、接待、故障诊断服务、维修作业与质量控制、竣工检验、结算交车、跟踪服务等，如图1.3－1所示。

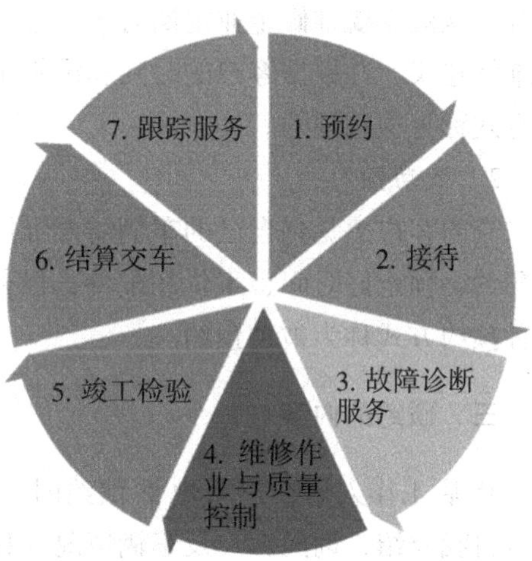

图1.3－1　汽车4S店的维修服务流程

1.3.2　汽车4S店维修服务——预约

预约是汽车维修服务流程的一个重要环节，它提供了与客户建立良好关系的机会。预约可根据自身的维修能力以及顾客对作业内容要求的完工时间，合理地分配维修工作。

一、预约的好处

1. 对客户的好处

（1）方便客户根据自己的日程安排服务时间。

（2）缩短客户等待时间。

（3）获得更多的个别时间。

（4）可以有更多的咨询时间。

（5）有更充分的诊断时间，使客户得到质量更好的服务。

2. 对经销商的好处

（1）确保接待时间，以免遗漏客户要求。

（2）可以合理安排维修工作量，节约时间，从而提高生产效率。

（3）可以实现计划工作和单车过程控制。

（4）可以事先准备配件，实现计划作业，降低配件准备和查询对工作效率的影响。

（5）使客户的车辆得到迅速、优质的维修，提高客户满意度和忠诚度。

（6）避免客户集中出现，可以从容应对，避免产生纠纷。

（7）可以预先安排工作协作，加强计划性。

二、预约的分类

预约可以分为主动预约和被动预约两种。

1. 主动预约

很多客户因时间、工作等各种原因无法对自己的车辆及时关注；而且客户的汽车专业知识不一定十分丰富，不一定了解车辆何时需要维护或修理，平时需要对汽车采取何种保养等。这就需要维修企业定期对客户进行电话访问，及时了解车辆的使用情况，提出合理的维修建议，并根据客户的时间和维修企业的生产情况进行积极主动的合理安排。这种预约方式称为主动预约。

2. 被动预约

有的客户感觉到自己的车辆需要维护或车辆发生故障需要维修时，会给维修企业打电话预约，预定好时间、工位和配件，以便进厂之后迅速进行维修作业，节约自己的时间。这种预约方式称为被动预约。

三、预约的内容

4S店工作人员在进行电话预约时，拨打电话或接听电话，首先要应答并自报家门，进行自我介绍，询问客户及车辆情况（核对老客户数据、登记新客户数据），询问行驶里程、客户的需求或车辆故障状况，询问上次维修时间及是否为重复维修；确定接车时间，要留有准备时间，要主动控制；暂定交车时间，告诉客户应带的相关资料（随车文件、防盗密码、防盗锁钥匙、维修记录等）；提供价格信息（既准确又留有余地），介绍其他特色服务项目并询问客户是否需要这些服务。特别注意把握好预约时机，即什么时候可以预约，什么时候不能预约；预约应保持一定的时间间隔；预约截止时间由维修车间负责人决定。预约要填写维修预约登记表，见表1.3－1，表中的内容应填写完整清晰。

表 1.3－1　维修预约登记表

<table>
<tr><td colspan="10">预约登记表</td></tr>
<tr><td colspan="10">以下由预约的人员填写</td></tr>
<tr><td colspan="2">预约登记时间：</td><td colspan="8">预约维修时间：</td></tr>
<tr><td>客户姓名</td><td></td><td colspan="2">车牌号</td><td colspan="2"></td><td colspan="2">车型</td><td colspan="2"></td></tr>
<tr><td>联系电话</td><td></td><td colspan="2">行驶里程</td><td colspan="2"></td><td colspan="2">预约服务专员</td><td colspan="2"></td></tr>
<tr><td colspan="10">客户描述：</td></tr>
<tr><td colspan="2">预约维修内容</td><td>工时费用</td><td colspan="2">所需配件</td><td colspan="2">价格</td><td colspan="2">备件状况</td><td></td></tr>
<tr><td colspan="2"></td><td></td><td colspan="2"></td><td colspan="2"></td><td colspan="2"></td><td></td></tr>
<tr><td colspan="2"></td><td></td><td colspan="2"></td><td colspan="2"></td><td colspan="2"></td><td></td></tr>
<tr><td colspan="2"></td><td></td><td colspan="2"></td><td colspan="2"></td><td colspan="2"></td><td></td></tr>
<tr><td colspan="2"></td><td></td><td colspan="2"></td><td colspan="2"></td><td colspan="2"></td><td></td></tr>
<tr><td colspan="2">与客户提前一天确认预约</td><td>是　否</td><td colspan="2"></td><td colspan="5" rowspan="3">新预约时间</td></tr>
<tr><td colspan="2">预约所需备件是否已准备</td><td>是　否</td><td colspan="2"></td></tr>
<tr><td colspan="2">预约时间是否改变</td><td>是　否</td><td colspan="2"></td></tr>
<tr><td colspan="10">以下由服务专员填写</td></tr>
<tr><td colspan="2">预约所需维修技工是否安排</td><td>是　否</td><td colspan="2"></td><td colspan="5" rowspan="5">新预约时间</td></tr>
<tr><td colspan="2">预约所需备件是否已准备</td><td>是　否</td><td colspan="2"></td></tr>
<tr><td colspan="2">与客户提前一小时确认预约</td><td>是　否</td><td colspan="2"></td></tr>
<tr><td colspan="2">填写预约欢迎板</td><td>是　否</td><td colspan="2"></td></tr>
<tr><td colspan="2">预约时间是否改变</td><td>是　否</td><td colspan="2"></td></tr>
<tr><td colspan="10">取消预约原因：</td></tr>
</table>

如果客户不能来，应马上取消这次预约并及时通知相关部门。另外，应及时联络其他待修客户寻求替代的可能性；一定要努力兑现对预约客户的所有承诺，否则将影响以后预约工作的开展和企业的信誉；客户无故超过预约时间 30 分钟还未到的，可以取消预约；因企业原因不能执行预约的，应提前通知客户，说明原因、致以歉意，并重新预约。为提高预约服务的计划性和有效性，要对预约服务的比例及预约服务的执行情况进行分析，总结经验，不断改进。

客服专员或维修服务顾问在与客户做好预约工作以后，需要在 4S 店内进行工作交接，并填写预约记录交接表，见表 1.3－2。相关部门人员接到预约记录交接表后，应该做好相应的准备，如备件的准备、维修工位的准备、维修技师的准备等。

表 1.3－2　预约记录交接表

日期：			记录员：	
来电时间				
来电电话				
预约客户姓名				
车牌号/底盘号				
预约内容				
预约时间				
是否准时来店				
调整时间				
服务顾问				
车间调度确认				
作业班组				

四、提高预约率的方法

要让预约客户享受到预约的待遇，要与直接入厂维修客户严格区分开，这是决定此客户是否会再次预约的关键因素。提高预约率的方法如下：

（1）让客户知道预约服务的好处。

（2）在客户接待区和休息室放置告示牌，提醒客户预约。

（3）把当日预约客户的名单写在欢迎板上，让客户感受到被重视。

（4）在跟踪回访客户时宣传预约业务，让更多的客户了解预约的好处。

（5）经常向未经预约直接入厂的客户宣传预约的好处，增加预约维修单。

1.3.3　汽车 4S 店维修服务——接待

“接待”是服务顾问给客户留下良好第一印象的关键时刻。迅速、热情、友好、专业的接待，能够体现4S店对客户的尊重和关心，给客户留下深刻的印象，赢得客户的信赖，建立良好的互动关系，提升客户的满意度。

在汽车4S店维修服务中，接待工作岗位对外是车辆维修企业给客户第一印象的窗口，对内是与维修车间、配件仓库等联系的中枢，是维修运作中非常关键的岗位。在维修业务营业厅应设置专门的业务接待台，要有公示专栏，公示内容包括业务受理程序，服务质量承诺，客户投诉受理制度，维修工时定额、收费标准及结算方法，质量保证期，企业负责人及维修服务顾问、质检员、技术员、维修（机修、电器、钣金、油漆）人员、检验员、结算员的照片及工号。在接待台的墙壁上还应悬挂车辆维修指示板，如图1.3－2所示，以方便客户监管车辆维修进度与流程。营业厅服务设施应配套齐全，具备良好的客户休息环境，包括提供茶水、报纸杂志，配备冷暖空调、影音播放装置、网络设施。营业厅应及时清理和打扫，不得乱堆乱放物品，保持整洁干净。

车号	送修日期	计划修竣日期	送修人	维修内容	维修服务顾问	维修组	维修主管
粤×××	2016.1.3	2016.1.4	×××	换离合器片、润滑油、转向器油管	×××	检修2组	×××
粤×××	2016.1.5	2016.1.8	×××	全车喷漆	×××	喷漆组	×××
粤×××	2016.1.8	2016.1.9	×××	换转向助力泵、发动机消声器、发动机吊架皮圈	×××	检修1组	×××
							公司业务部

图1.3－2　车辆维修指示板

4S店在为客户服务的过程中，服务态度是最先被客户感知到的。服务顾问作为与客户沟通的直接桥梁，肩负着重要责任，很多客户会把服务顾问服务态度的好坏作为衡量4S店服务质量的重要标准。因此，服务顾问是企业创收的窗口，服务水平的高低，估价项目的合理程度，结算折扣，等等，都会影响企业的信誉、收入和效益。这就要求服务顾问必须具备业务接待人员应有的基本素质。

一、服务顾问的基本素质

服务顾问应具有汽车维修专业大专以上文化程度，或取得高级维修工证书，或拥有多年的维修岗位工作经验，并且相貌端正、口齿伶俐，具有较强的语言表达能力和随机应变能力，熟悉汽车维修、汽车材料、汽车配件知识及汽车保险知识，并有一定的实践经验，懂得车辆维修结算收费流程、车辆维修费用和成本构成等，具有初步的维修企业财务知识，要有驾驶证，会使用企业内维修软件；熟悉国家和汽车维修行业的有关法律、法规、政策，具有高度的责任心、良好的职业道德和心理素质。

二、服务顾问的素质要求

1. 品格素质要求

具有忍耐与宽容的美德；具备高度的工作责任感和事业心，有良好的职业素养，爱岗敬业、秉公办事、团结协作、诚信无欺；勇于承担责任，谦虚对待客户；有较强烈的集体荣誉感。

2. 技能素质要求

有良好的语言表达能力，丰富的行业知识及经验，熟练的专业技能，优雅的形体语言；思维敏捷，具备对客户心理活动的洞察力。

3. 综合素质要求

有“客户至上”的服务理念，具备工作的独立处理能力、各种问题的分析解决能力以及人际关系的协调能力。

三、服务顾问的基本礼仪要求

（1）统一着装，佩证上岗，仪容端正。

（2）面带微笑，主动热情问候客户；做到态度热情，语言亲切。

（3）对待客户应一视同仁，依次接待，统筹兼顾；做到办理前一个、接待第二个、招呼第三个。

（4）接待客户时，应双目平视对方脸部三角区，专心倾听，以示尊重和诚意。

（5）答复客户的问询，要做到百问不厌，有问必答，用词用语得当，简明扼要。

（6）客户较多时，应先问先答，急问快答，不能只接待熟悉的客户，要依次接待，避免怠慢。

（7）在核对客户的证件资料时，要注意使用礼貌用语，核对完后要及时交还，并表达谢意。

（8）对有意见的客户，要面带微笑，以真诚的态度认真倾听，不得与客户争辩或反驳，要真诚地表示歉意，并妥善处理，如图 1.3 – 3 所示。

（9）坚持售后服务电话跟踪，及时对客户进行电话跟踪询问，以体现对他们的尊重。

与客户沟通时，要抓住客户的心，记住客户的名字；不要吝啬赞美的语言；学会倾听；付出真诚与热情；不要有意打断客户，要观察客户所表现出的兴趣，不要急于做判断；要顾全客户的面子，不要太卖弄专业术语。

图1.3-3　与客户交流

四、接待前的准备

1. 服务顾问仪容仪表的准备

在开始工作之前，服务顾问应检查自己的仪容仪表，整理好工作服，正确佩戴标牌，以饱满的精神状态、规范的形象迎接客户的到来，给客户留下良好的第一印象，为所有后续工作奠定良好的基础。

2. 基础设施的准备

在客户到达之前，需要先检查相关的文件、工具和工作环境，确定没有问题，以便在客户到达时可以更快地进入接待工作，同时也可以给客户一个舒心的环境。具体准备内容（图1.3-4）如下：

（1）每天开始营业前，检查维修站出入口、服务接待区、客户休息室、洗手间的卫生情况，同时检查吧台的饮料和食物是否充足。

（2）按工作计划检查《维修预约登记表》《派工单》《接车检查单》和《维修合同》等相关表格或合同是否准备好。

（3）准备好五件套（座椅套、方向盘套、脚垫、手刹柄套、波杆套）并摆放整齐。

（4）准备好必要的文件资料，如维修价目表、常见维修估价参考表、零件目录、价格目录及质量保修工作指南等。

图 1.3-4　客户接待准备

五、客户到达的接待

若客户是进厂维修客户，应主动出来迎接，做到态度热情。若正在业务接待中而无法出迎，应在客户进入营业厅时主动向客户致意；也应及时与新到来的客户打招呼并请其稍等。若客户不是进厂维修客户，则应带领客户至相关业务部门。

迎接客户的行为规范：

(1) 当客户到达时，要迅速出迎并问候客户，一分钟内要有人员出去迎接，可以是引导员也可以是服务顾问。

(2) 引导客户到指定的接车区停车。

(3) 问候客户时要用眼睛看着客户并面带微笑，态度和蔼，并向客户说："您好，欢迎光临，很高兴为您服务。"

(4) 向客户问好并作自我介绍，并询问客户是否进行过预约，话术如下："我是××4S 店的服务顾问/引导员×××，这是我的名片。"

1.3.4　汽车 4S 店维修服务——故障诊断服务

一、环车检查

接车诊断时，应详细记录客户的陈述内容，认真询问客户，给车辆装上三件套或四件套的同时，邀请客户一起按照一定的顺序进行环车检查（图 1.3-5），并填写接车检查单（图 1.3-6）。在汽车接车检查单上记录车辆的外观情况，对技术情况描述和诊断进行简要记录，并交客户签字确认。检查内容主要有车辆外观是否有漆面损伤、车辆玻璃是否完好、内饰是否脏污、仪表板表面是否破损、随车工具附件是否齐全、车内和行李箱是否有贵重物品等。在检查车辆时一定要仔细，必要时可擦掉灰尘仔细摸视，对发现的问题应及时告知客户，征求客户意见。经过检查、检测，最终确定维修项目。

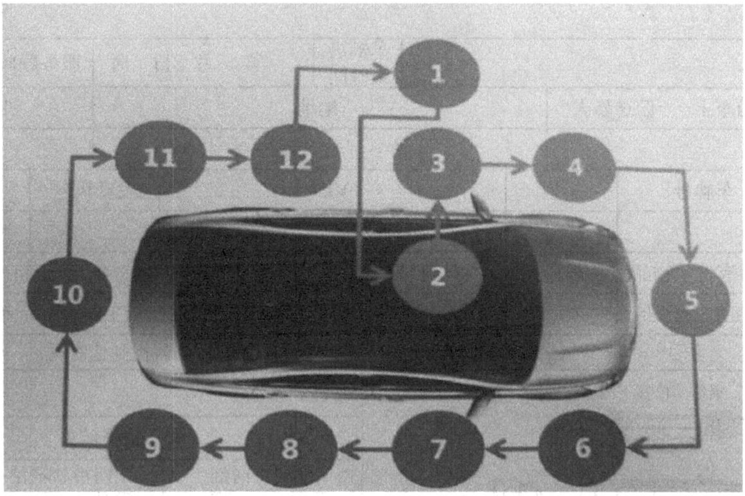

图 1.3－5　环车检查顺序

二、问诊

在为客户的车辆安装了防护套之后，需要通过问诊获取客户和车辆的信息，了解客户的维修保养要求。在问诊过程中，服务顾问通过客户的描述以及向客户提问来了解客户的需求。另外，问诊过程也是一个很好地与客户交流感情、拉近距离的过程，服务顾问必须利用好这个过程。

1. 问诊注意事项

（1）仔细聆听客户对故障问题的具体描述，尽可能不要打断客户的讲话。

（2）用一定的方法询问客户车辆故障的具体情况，获取信息。

（3）复述，将听到的信息，用自己所理解的意思复述给客户。

（4）将获取的信息填写在接车检查单上。

2. “5W2H”问诊法（七何问诊法）

Who——谁开车？即故障发生时谁在驾驶车辆。

When——什么时间？发生故障的时间，包括季节、时间早晚等。

Why——为什么会发生？故障发生的原因，例如问题发生前车辆有没有发生过其他故障，或做过维修保养、改装，或发生过事故等。

Where——在什么地方发生？即故障发生的地点，如高速公路、国道、市区公路等。

What——发生了什么事？故障发生时的详细情况，例如哪个系统发生了什么故障，当时发动机、变速器、仪表指示灯、灯光、空调及其他功能等的状态。

How——怎么发生的？客户是否有简单的感觉判断，发生时有无其他伴随现象，如下雨、特殊路面等。

How much——发生的频率，即到目前为止共发生了多少次。

接车检查单

编号: 0000003

维修单位			车辆进站时间	年　月　日　时		服务顾问	
客户信息	□车主　□送修人		地址			联系电话	
车辆信息	车牌号	车型	VIN		发动机号	里程数	
互动检查	是否有贵重物品	购车日期	保险日期	邮箱油量	□空　□<1/4　□半箱　□<3/4　□满箱		
	有□　无□			暂留物品	□行驶证　□保险卡　□车钥匙		
外出救援：是□　否□			救援里程（往返）：　（公里）	救援到达时间：			

车身状况漆面检查，损伤部位在下图标注：

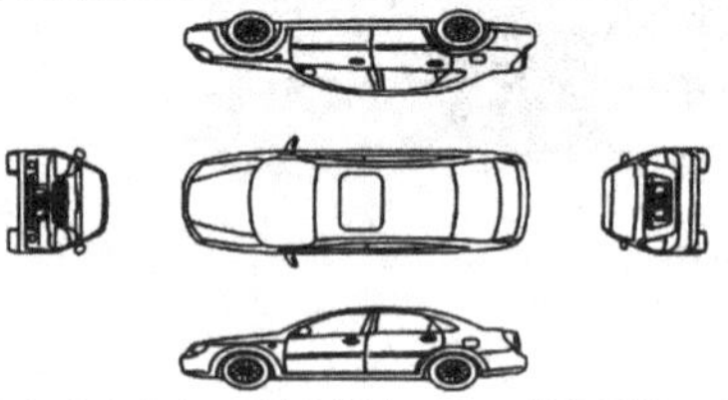

车辆外观检查　划痕掉漆：△　撞伤凹凸：○

备注：		
检查结果		
雨刮片清洁 □是　□否	中门滑轨清洁 □是　□否	安全带清洁 □是　□否
车身检查		
车内检查		
发动机舱检查		

客户须知	客户故障描述	预报项目	材料费	工时费
1.客户提供的资料、信息真实有效。 2.维修完成时间以通知客户接车时间为准。 3.客户应在接到通知2小时内接车。 4.客户违反“客户须知”产生的风险和损失客户本人自愿承担。				

客户确认：本人已阅知并理解上述内容。　客户签字：　预估费用：

	备件名称	备件编码	数量	材料费	工时费	小计	维修人	客户签字
预列项目								

备注：1. 此单一式三联，客户白联用于提车，红联用于系统开单，黄联车辆检修；2. 24小时客服热线：0769-88888888；
3. 友情提示：请您将车内贵重物品及现金带走，如有遗失，本公司概不承担责任；4. 维修项目以维修工单为准。

图 1.3-6　接车检查单

三、维修项目解释与签订合同

汽车进厂检验后，维修服务顾问将客户请进业务营业厅客位，为客户倒好茶水后，与客户就汽车维修事宜进行洽谈，如图1.3－7所示。与客户洽谈的技巧非常重要，要因人而异，以维修客户车辆质量及客户长远利益作为话题的切入点，要讲清楚怎样能为客户省钱、怎样能保证车辆的维修质量，建议客户车辆应做哪些维修项目。

图1.3－7　与客户洽谈

根据与客户的问询和对车辆的环车检查结果，确定维修作业项目。对所列出的维修作业项目进行维修费用的估算，说明维修项目及维修工时费、材料费、其他费用和预计完工时间。

经过协商洽谈，承修方（维修企业）与托修方（客户）签订汽车维修合同。

（1）合同规定

根据规定，凡属汽车大修、主要总成大修、二级维护、维修预算费用在1000元以上的作业项目，承、托修双方必须签订汽车维修合同。汽车维修合同必须按照平等互利、协商一致、等价有偿的原则依法签订，承修方、托修方签章后生效。

（2）合同内容

托修方的义务，包括按合同规定的时间送修车辆和接收竣工车辆；提供送修车辆的有关情况（送修车辆的基础技术资料、技术档案等）；如果提供原材料，必须是质量合格的原材料；按合同规定的方式和期限缴纳维修费用。

承修方的义务，包括按合同规定的时间交付修竣车辆；按照有关汽车维修技术标准维修车辆，保证维修质量，向托修方提供竣工出厂合格证，在保证期内应尽包修义务；建立承修车辆维修技术档案，并向托修方提供车辆的有关资料及使用注意事项；按规定收取维修费用，并向托修方提供票据及维修工时、材料明细表。

汽车维修合同的主要内容有承修方、托修方的名称，签订日期及地点，合同编号，送修车辆的车型、牌照号、发动机型号（编号）、底盘号，维修类别及项目，预计维修费用，质量保证期，送修日期、地点、方式，交车日期、地点、方式。

汽车维修合同是规范市场经营行为，保护承修方、托修方合法权益的法律措施，是道路运政管理部门处理汽车维修质量和价格纠纷的依据。为了规范汽车维修合同管理和使用，国家工商行政管理局和交通部联合发布了专门通知，在全国范围内统一了汽车维修合同示范文本，明确该文本由各省、直辖市工商行政管理部门监制，省、直辖市交通厅（局）统一印制发放、管理，汽车维修企业和经营业户必须使用。

汽车维修合同发生纠纷，承修方、托修方当事人应及时协商解决。若协商不成，可向当地交通运政部门申请调解。由主诉方填写申请书，交通运政部门通过调查取证，作出调解意见书，并监督双方当事人执行。当事人一方或双方对调解不服的，可向国家工商行政管理部门及国家规定的仲裁委员会申请调解或仲裁，也可直接向人民法院起诉。纠纷费用原则上由责任方负担，应根据承修方、托修方责任的大小分别负担。

当合同纠纷调解失败后，当事人可采用仲裁方式调解纠纷。双方当事人应当自愿达成仲裁协议。仲裁协议包括合同订立的条款和以其他书面方式在纠纷发生前或纠纷发生后达到的请求。没有书面仲裁协议，一方申请，仲裁委员会不予受理。如果达成仲裁协议后，一方向人民法院提出起诉，人民法院将不予受理，但仲裁协议无效的除外。

附：汽车维修合同范本

汽车维修合同

托修方（甲方）：

承修方（乙方）：

根据《中华人民共和国合同法》等法律、法规的规定，甲乙双方在平等、自愿、公平、诚实信用的基础上，就汽车维修事宜达成协议如下：

第一条　维修车辆

车牌号		发动机号		颜色	
车型		VIN 代码/车 架 号		行驶千米数	

第二条　维修类别与项目

乙方应当对承修车辆进行维修前诊断检验，提出需要维修的类别和项目，填写《车辆维修前诊断检验单》。甲方确认后在该《车辆维修前诊断检验单》上签字。

第三条　维修配件材料

1. 乙方提供维修配件材料的，应当如实填写材料清单，明码标价，并保证质量。

2. 乙方在维修中换下配件、总成等，交由甲方自行处理。

第四条　维修价格

1. 甲方同意乙方按照公示的工时单价______元/工时、材料进销差价率____%进行计价。

2. 结算工时定额执行标准：汽车制造企业提供□　　市交通局制定□。

3. 维修预算费用：______元，大写：____________。其中：工时费______元，大写：__________；材料费______元，大写：______________。

4. 维修费用高于或低于维修预算费用的____%时，由双方协商解决，否则按照实际发生的维修费用结算。

第五条　车辆交接

乙方接收待修车辆时，甲方应当自行取走车内可移动物品。车上附件、设备等填入《车辆维修前诊断检验单》的，乙方在竣工交车前对其及承修车辆负有保管责任。

第六条　质量标准

1. 质量标准执行：国家标准□　　行业标准□　　地方标准□　　制造企业维修手册等有关资料的要求□。

2. 质量保证期按照下列第____项执行。

（1）按照交通部《机动车维修管理规定》第三十七条规定执行：整车或总成修理的质量保证期为车辆行驶 20 000 千米或者 100 日；二级维护的质量保证期为车辆行驶 5000 千米或者 30 日；一级维护、小修、专项修理的质量保证期为车辆行驶2000千米或者10日。

（2）按照乙方承诺（不低于交通部规定）的“车辆行驶千米或日”执行。

3. 质量保证期，从维修竣工后，由甲方验收取车的当日起计算；因维修质量问题返修的，其返修的作业项目，从返修竣工后，由甲方验收取车的当日起重新计算。行驶里程和日期指标，以先达到者为准。

第七条　竣工验收

1. 竣工交付日期为_____年____月____日前，交付地点为________________________________。

2. 维修竣工质量检验合格的，对二级维护（含）以上的车辆，乙方应当由维修质量检验人员签发全国统一样式的机动车维修竣工出厂合格证；对二级维护以下的车辆，乙方应当发给维修合格证明（含结算清单）。乙方未签发或者发给的，甲方有权拒付费用。

第八条　结算

1. 车辆维修竣工后，乙方应当向甲方出具法定的结算票据，并附上《机动车维修结算清单》，工时费和材料费应当分项列明。乙方未出具法定结算票据及结算清单的，甲方有权拒付费用。

2. 付款方式：现金□　　转账□　　其他□。

3. 付款期限：____________。

第九条　违约责任

1. 乙方对承修的车辆及车上附件、设备等，因保管不善造成毁损、灭失的，承担赔偿责任。

2. 在质量保证期内，因维修质量原因造成车辆无法正常使用的，乙方负责无偿返修，并赔偿甲方相应损失。

3. 乙方逾期交付车辆的，可按每逾期一天_____元或维修费用的____%向甲方支付违约金。

4. 甲方逾期支付维修费用的，乙方对车辆有权留置，并可按每逾期一天____元或维修费用的____%向乙方支付违约金。

5. 乙方在承修过程中，发现确需增加维修项目、增加约定维修费用或延长维修期限的，应当及时通知甲方，说明理由并征得同意，否则甲方不承担乙方擅自增加项目的维修费用或逾期支付维修费用的违约责任；甲方接到通知后_____天内应当给予答复。

甲方中途需要变更或解除合同，应当及时通知乙方，若给乙方造成损失的，应当赔偿相应损失。

第十条　争议解决

因本合同而发生的争议，由双方协商解决，也可请求__________机动车维修行业协会等组织予以调解；或依法向人民法院提起诉讼。

第十一条　附则

1. 本合同未尽事宜按国家法律、法规和规章办理。

2. 本合同及附件一式四份，甲乙双方各执两份，自双方签字或盖章之日起生效。

甲方（章）：	乙方（章）：
地址：	地址：
开 户 行：	
账　号：	
代表人：	代表人：
电话：	电话：
年　月　日	年　月　日

1.3.5 汽车4S店维修服务——维修作业与质量控制

一、维修作业

当维修服务顾问同客户签订《汽车维修合同》后，所承修车辆的隶属关系由客户转为承修方，承修方负有委托保管和维修责任，维修作业也由此开始。维修作业环节属于维修企业内部环节，维修企业的经营业绩和车辆维修的质量主要由此环节产生，因此这个环节是维修企业管理的核心环节。

维修车间的维修人员接到汽车维修单（表1.3－3）后，应当及时、全面、准确地完成维修项目，不应超出维修范围进行作业。如果发现维修内容与车辆的实际情况不完全相符，需要增加、减少或调整维修项目时，应及时通知维修服务顾问或业务接待员，由维修服务顾问或业务接待员估算相关维修费用、完工时间，征得客户同意后才可更改维修内容，并办理签字手续。

表1.3－3 汽车维修单

<table>
<tr><td colspan="2">托修方</td><td></td><td>联系电话</td><td></td><td>工单号</td><td colspan="2"></td></tr>
<tr><td colspan="2">车型</td><td></td><td>车牌号</td><td></td><td>发动机号</td><td colspan="2"></td></tr>
<tr><td colspan="2">维修类别</td><td></td><td>约定交车日期</td><td></td><td>结算方式</td><td colspan="2"></td></tr>
<tr><td rowspan="6">随车附件列表</td><td>□前照灯</td><td>□转向灯</td><td>□制动灯</td><td>□示宽灯</td><td>□牌照灯</td><td>□车内灯</td><td rowspan="3">需修理在□内打“√”</td></tr>
<tr><td>□收录机</td><td>□天线</td><td>□点烟器</td><td>□烟缸</td><td>□电扇</td><td>□摇把</td></tr>
<tr><td>□空调器</td><td>□反光镜</td><td>□室内镜</td><td>□门窗玻璃</td><td>□刮水器</td><td>□喇叭</td></tr>
<tr><td>□手工具</td><td>□靠垫座套</td><td>□脚垫</td><td>□遮阳板</td><td>□轴头亮盖</td><td>□千斤顶</td><td></td></tr>
<tr><td>□备胎</td><td>□车门拉手</td><td>□标牌</td><td></td><td></td><td></td><td></td></tr>
<tr><td></td><td></td><td></td><td></td><td></td><td></td><td></td></tr>
<tr><td>序号</td><td colspan="2">维修项目</td><td colspan="2">材料名称及规格</td><td colspan="2">所用工时</td><td>备注</td></tr>
<tr><td></td><td colspan="2"></td><td colspan="2"></td><td colspan="2"></td><td></td></tr>
<tr><td></td><td colspan="2"></td><td colspan="2"></td><td colspan="2"></td><td></td></tr>
<tr><td></td><td colspan="2"></td><td colspan="2"></td><td colspan="2"></td><td></td></tr>
<tr><td colspan="3">合　计</td><td colspan="2"></td><td colspan="2"></td><td></td></tr>
</table>

<table>
<tr><td>外加工项目</td><td></td><td>外加工费</td><td colspan="3"></td></tr>
<tr><td rowspan="2">增加维修项目</td><td rowspan="2"></td><td>材料费</td><td></td><td rowspan="2">总　计</td><td rowspan="2"></td></tr>
<tr><td>工时费</td><td></td></tr>
<tr><td>承修班组</td><td></td><td>车间主任</td><td></td><td>维修服务顾问</td><td></td></tr>
<tr><td>入车间日期</td><td></td><td>完工日期</td><td></td><td>检验员</td><td></td></tr>
</table>

1. 维修作业项目

经过检查、检测，对汽车进行技术状况诊断后，才能确定维修作业项目。维修作业项目有汽车维护作业和汽车修理作业两大类。

（1）汽车维护作业

汽车维护作业是为了维持汽车完好技术状况或工作能力而进行的作业。汽车维护作业内容主要包括清洁、补给、紧固、润滑、检查和调整等。这些作业的范围、深度和周期会因汽车的结构、运行条件、油料、材料品质的差异而有所不同。

①清洁作业。包括清洁汽车外部泥污，打扫、清洗和擦拭车厢、驾驶室及各类附件。清洁作业不仅使车辆外表保持整洁美观，而且为下一步其他维护作业和修理作业做准备。

②检查与紧固作业。包括检查汽车各总成和零件的外部连接螺栓是否松动，必要时予以紧固；更换或配置失落或损坏的螺钉、螺栓、销子和油嘴等零件。

③检查与调整作业。包括检查车辆各机构、总成和仪表的技术状况，必要时按使用要求进行调整。

④电气作业。包括对汽车所有电气仪表及设备进行清洁、检查、调整和润滑作业；更换或配置已损坏的零部件及导线，检验和维护蓄电池。

⑤润滑作业。包括清洗发动机润滑系统和机油滤清器，更换或添加润滑油，更换滤芯；加注传动系统、转向系统及行驶系统的润滑油或润滑脂；更换或添加制动液。

⑥轮胎作业。包括检查轮胎气压及充气，检查外胎并清除嵌入物，更换内外胎及轮胎换位等。

⑦补给作业。包括检查油箱存油量，按规定加添燃料、润料。

（2）汽车修理作业

汽车修理作业是为了恢复汽车完好技术状况或工作能力而进行的作业。汽车修理有汽车大修、总成修理、汽车小修和零件修理。

①汽车大修是用修理或更换汽车任何零部件（包括基础件）的方法，恢复汽车的完好技术状况或完全（或接近完全）恢复汽车使用寿命的恢复性修理。

②总成修理是为了恢复汽车某一总成的完好技术状况、工作能力和使用寿命而进行的恢复性修理。

③汽车小修是用修理和更换个别零件的方法，保证或恢复车辆工作能力的运行性修理。

④零件修理是对因磨损、变形、损伤等不能继续使用的零件进行修复，以恢复其性能和使用寿命。

汽车修理作业要视情修理，并要注重技术与经济性相结合的原则。视情修理就是按技术文件规定对汽车技术状况进行诊断或检测后，要考虑修理经济性，最终决定修理的内容和实施时间。维修作业现场如图 1.3－8 所示。

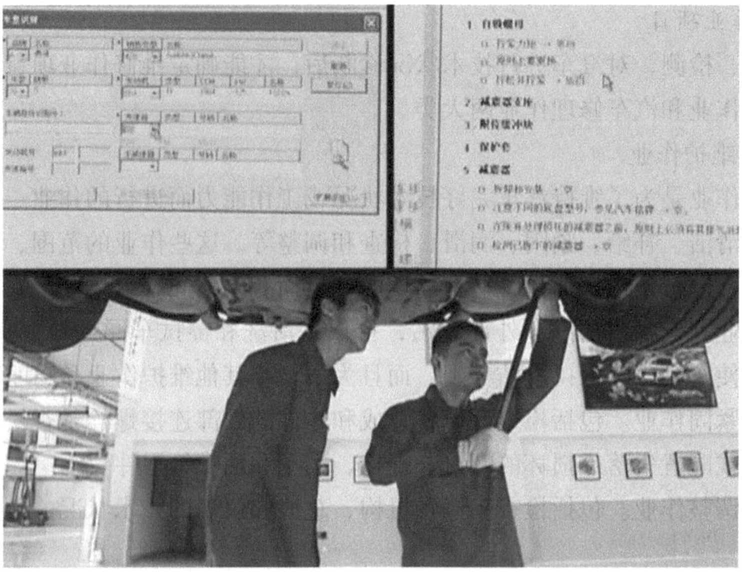

图 1.3－8　维修作业现场

2. 维修作业的服务规范

（1）各工种作业必须保证及时、准确、诚信，保证维修作业的质量与速度。

（2）必须保证维修单与车辆在一起。

（3）禁止在车内吃东西、喝水、吸烟，禁止接触、乱动与操作项目无关的地方。

（4）在各工位的操作过程中，必须使用保护装置。

（5）操作过程中一旦护车套件发生破损，必须及时更换。

（6）各操作步骤必须按照维修手册进行。

3. 维修作业的有关事项

（1）维修前，应对客户财产进行保护，如实行“三件套防护”。

（2）维修人员应按维修单上的要求进行作业，并在各已完成的作业项目前打“√”确认。

（3）维修作业必须按照规定的技术标准和规范进行，完成后应将调整后所测得的符合规定要求的数据填入维修单。

（4）维修人员在进行作业时，应选用合适的工具和设备，防止野蛮施工，做到油、水、配件、工具不落地，保持场地整洁、文明施工。

（5）如果遇到疑难杂症等技术问题，应及时寻求技术支援，实施维修技术会诊，而决不能拖延不报，延误工期。

（6）当维修项目需要调整时，维修人员应立即征求客户的意见，向客户说明维修中发现的问题。调整维修项目的必要性，并由维修服务顾问与客户就维修项目、维修费用、交付时间的调整情况进行沟通，得到客户确认后再继续作业。

（7）在客户取车前，维修人员应妥善保管更换下的配件，以备必要时让客户检查或交给客户。

二、维修质量控制

维修质量有保证才会让客户满意，质量是维修企业的生命。因而，加强对维修质量的控制，提高车辆维修质量是维修企业必须予以高度重视的问题。车辆维修质量是客户最关心的问题之一，客户希望维修作业的各工序严格按照技术要求和操作规程进行，使用的原材料及零配件符合标准，按规定进行严格的检验测试，使车辆技术状况完全恢复，使用寿命得以延长等。

由于新车型、新技术不断出现，对维修人员的综合技术素质要求越来越高，维修人员应当具备比较丰富的汽车理论知识与实践经验，受过专业培训并取得维修资格后方可上岗。

为保证正常的维修秩序，保障员工的安全和健康，维修作业必须严格执行各项安全和环保制度，主要有安全操作规程和安全防护规定，消防和安全用电的有关规定，易燃、易爆、剧毒物品的使用和管理的规定，废油、废液、废气、废轮胎和废零件等的处理规定，设备仪器使用、保管、维修的有关规定等。

1. 维修过程检验

控制维修质量的目标是确保客户的车辆能被一次修复完成，减少返修和投诉的发生，增加客户的满意度和企业员工的满意度。现代汽车维修企业维修质量控制是在维修作业过程中进行检验，一般采用维修作业的自检、过程检验模式。

(1) 自检

负责维修车辆的维修人员必须自觉增强质量意识，严格按照技术要求和操作规程进行维修作业，并对自己的维修作业质量把好关。维修人员完成维修单中的维修项目后，必须在相应的作业项目栏前打“√”并进行自检。自检合格后在维修单的维修作业项目栏签字，并交给质检员或车间主任复检。

(2) 过程检验

一般是由质检员或车间主任负责对车辆维修过程进行检验。过程检验位于各工序的连接环节，用于确保上一道工序的作业质量，并对下一道工序负责，从而减少不必要的返工，确保维修的质量和维修的如期完工，提高企业运作效率的同时提高客户的满意度。检验合格并在维修单上加盖过程检验合格章后，才能将车辆移交下一道工序继续作业。

另外，管理作业现场也是控制维修质量的重要环节之一，负责此任务的人员可由车间主任或业务经理来担任。按照维修单上的项目及要求，根据车间实际维修情况和前后维修秩序及时安排维修人员作业；随时掌握作业进度，确保按计划准时交车；根据客户签字授予的权限，决定维修中出现的问题是否与客户进行沟通，如果问题超出客户的授权，要通知客户并征得同意。

2. 维修质量控制措施

(1) 按照汽车维修单无遗漏地逐项进行检查，认真填写质量检查日志，如图 1.3 – 9 所示。

(2) 质检员随时对汽车维修全过程的各项维修工作进行监督检查。

（3）各项检验根据分工明确责任，严格依据检验标准、检验方法认真检验，做好检验记录。

（4）经检验不合格的作业项目，需重新作业，不得进入下一道工序。

（5）对于新购配件，必须依据标准检验，杜绝假冒伪劣配件。

（6）对于影响行车安全的零部件，尤其要严格控制使用标准。对不符合要求的零部件必须进行维修或更换。

（7）及时分析返修、返工车辆的原因，研究相应的改善对策。

（8）定期编制质检周报、月报，并提出合理化建议。

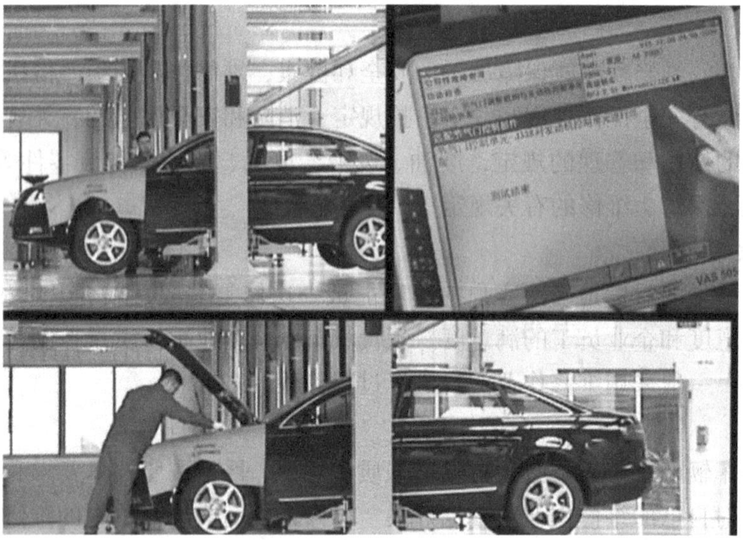

图 1.3－9　填写质量检查日志

1.3.6　汽车 4S 店维修服务——竣工检验

竣工检验一般由专职质检员或车间主任负责。它是企业质量控制的最后屏障，因此必须从严把关。竣工检验将对检验合格的车辆的维修项目签发维修合格证，准予出厂；检验不合格的维修车辆，则应将不合格项目记录在案，并及时通知维修车间进行返工；返工维修后必须经质检员重新检验，直至合格。

一、竣工检验的有关要求

（1）按照维修作业单中的项目逐项检查，确保所有项目均符合要求，必要时进行路试，确保故障现象消除。

（2）二级维护的车辆必须根据《汽车维护、检测、诊断技术规范》（GB/T 18344—2016）的有关规定进行全车检查；其他维修则按照各个车型制造厂的标准进行。

（3）依据维修作业单上关于车辆状况的记录，检查汽车外观、内饰、物品等有无损伤、遗失等。

（4）对于质检不合格的车辆，应在返修车登记表上记录。同时，质检员应在维修作业单上记录不合格的情况，如果可以当时采取措施纠正的则就地解决，解决后签名确认；否则，签名后将维修作业单交与车间主任重新派工，计入内部返修车辆。

（5）质检员必须在检验单上签名，如图 1.3－10 所示，对自己的检验结果负责。

（6）对于检验不合格的车辆，一律不得结算出厂。

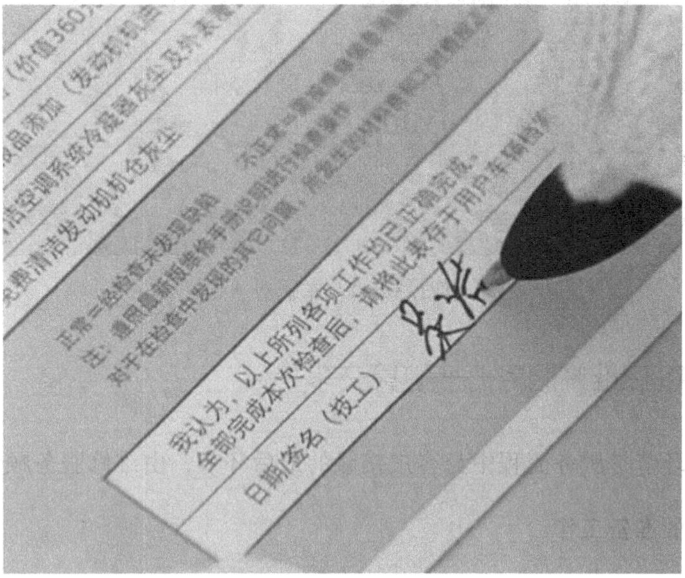

图 1.3－10　竣工检验签字确认

二、车间交车前的准备工作

竣工检验合格后要进行一系列交车前的准备工作。这些准备工作包括车辆清洁、整理旧件、竣工审查、与营业厅业务接待员或维修服务顾问的交接。

（1）客户的车辆维修完毕后，应该在洗车部进行必要的车内、外清洁，如图 1.3－11 所示。车辆交付给客户时应是维修完好、车内外清洁干净、符合客户要求的。

（2）如果客户需要将旧件带走，维修人员应将旧件擦拭干净，包装好，放在车上或放在客户指定的位置，并通知业务接待员或维修服务顾问。

（3）承修车辆的所有维修项目结束并经过检验合格之后，车间主任进行竣工审查。竣工审查的主要工作是核对维修项目、工时费、配件材料数量，材料费是否与估算的相符，竣工时间是否与预计相符，故障是否完全排除，车辆是否清洁，旧件是否整理好。

（4）车间主任审查合格并签字后，把车辆转交给相应的维修服务顾问。

图 1.3－11　车辆清洁

1.3.7　汽车 4S 店维修服务——结算交车

结算、交车环节是服务流程中与客户接触的最后环节，由维修服务顾问协助完成。

一、交车前的准备工作

交车前的最后检查是维修业务接待中重要的一环，不仅可检验维修工作的质量，还会直接影响到客户的满意程度。维修服务顾问一定要在最后的检查中，确认竣工检验已经实施并已合格。车辆维修完成后，车间交出竣工并验收合格的车辆，维修服务顾问要对维修车辆做最后一次清理工作，如清理车厢内部，查看外观是否正常，清点随车工具和物品，并放回车上。交还给客户的应是一辆烟灰缸被倒空、时钟调整好、内外干净的车辆。交车前的准备工作主要有：

（1）将车辆内、外清理干净，将倒车镜、座椅、音响等恢复原位。

（2）对照维修作业单进行上车检查，核查作业项目，确认完成的作业项目都符合客户的要求，确保所有数据均已载入维修作业单，确认所有费用均已列在客户账单上。

（3）为客户写好作业项目说明，如图 1.3－12 所示，确保书面说明易为客户所接受。向客户展示更换的零件，解释说明已做工作和费用。实际费用和估计费用有较大差异的，应向客户作出合理的解释。

图 1.3－12　填写维修作业项目说明

（4）通过系统打印结算单。

（5）在保修手册中记录已进行了的保养项目，并加盖4S店印章。

交车准备做完后，维修服务顾问与客户取得联系，确定客户方便的提车时间。如果不能按期交车，要按上述时间或更早些时间通知客户，说明延误原因并表示歉意，争取客户的谅解。

二、结算

客户到来时，维修服务顾问应主动起身迎候，引领客户查看自己的车辆，不能让客户长时间等待，并指导或引领客户办理结算手续。

在协助客户办理结算手续时一般作两项解释，即结算单内容解释和维修过程解释，以尊重客户的知情权，消除客户的疑虑，让客户明明白白消费，提高客户的满意度。

收费要合理，严格按照维修作业单登记的维修项目进行收费，不能为了达到多收费的目的擅自改变维修范围和内容。

客户在结算台结算时，结算员应主动招呼客户，示意客户到台前入座，将结算单交客户审阅，当客户同意办理结算手续时，应迅速办理；当客户提出打折或其他要求时，结算员可引领客户找业务主管处理。

结算员应收齐车间与配件部的有关单据，根据实际发生的人工、材料等费用，列出清单，做好全部单据的维修结算清单（表1.3－4）。维修费用由汽车维修工时费、汽车维修材料费和其他费用构成。

按汽车维修行业管理部门的规定，车辆维修竣工后，维修企业必须出具有效发票，如图1.3－13所示，其中工时费、材料费、材料管理费、外协加工费等必须在有效发票上列清，发票客户联交托修方。

表1.3－4　维修结算清单

工单号		车型			客户	
车牌号		维修类别			进厂日期	
维修项目	材料名称及规格	单价	数量	金额	结算工时	备注
					工时单价	元
					工时小计	工时
材料费合计	元				工时费合计	元

续表 1.3－4

<table>
<tr><td colspan="3">材料服务费或进出厂差价　　%，计　　　　　元</td><td rowspan="2">总计：　元</td></tr>
<tr><td colspan="3">其他费用：　　　　　元</td></tr>
<tr><td colspan="4">费用总计（大写）：　万　仟　佰　拾　元　角　分</td></tr>
<tr><td>承修组别</td><td></td><td>地址</td><td></td></tr>
<tr><td>结算人（签字）</td><td></td><td>联系电话</td><td></td></tr>
<tr><td>结算日期</td><td></td><td>客户确认签字</td><td></td></tr>
</table>

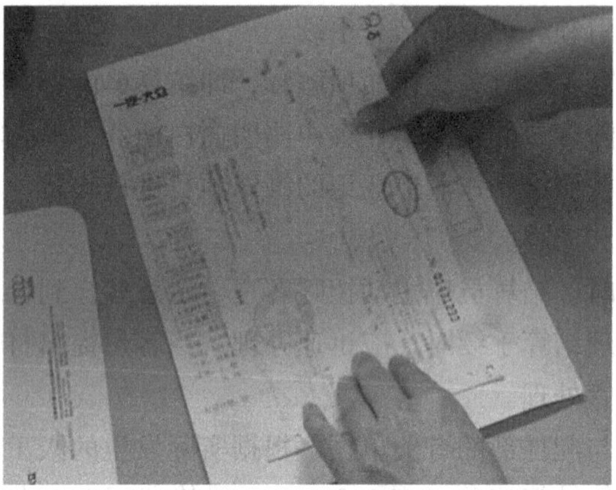

图 1.3－13　出示有效发票

三、向客户交车

凭客户提供的收款结算有效发票，开具该车的出厂通知单，请客户清点随车工具和物品，如无异议，连同该车的结算单、质量保证书和车钥匙一并交到客户手中，请客户签收。客户在的情况下，维修服务顾问取下转向盘套、座椅套、脚垫。另外，维修服务顾问应向客户提示所换配件的使用寿命及下次年检和维修周期，建议下次的服务时间或额外项目，并要感谢客户的光临，有礼貌地将客户送出业务营业厅，并挥手目送客户离开（图 1.3－14）。

图 1.3－14　挥手目送客户

1.3.8　汽车4S店维修服务——跟踪服务

跟踪服务是汽车维修服务流程中的最后环节，跟踪服务可以保持与客户的交流，并在客户满意度方面提供有价值的反馈信息。跟踪回访客户的目的是征求客户满意程度，表达感谢之意，转达企业关心之情；以利于提高企业自身的形象，培养忠实的客户群体；对客户不满意的情况及时沟通、消除分歧，赢得理解并予以足够的重视，及时整改，避免由此造成客户的失望和流失，影响企业的声誉。有的4S维修企业跟踪服务人员由专职回访员或信息员来承担，有的4S维修企业跟踪服务人员由维修服务顾问兼职。

一、跟踪服务方式

利用维修档案，通过电话回访、信件、电子邮件等方式提醒客户做车辆定期维修，顺便进行客户回访，并做好详细的记录。一般应提前一段时间进行通知，并在日期将至时再次通知。

定期由客户服务经理带队选择一定比例的客户进行上门服务。

可以采用意见征询表、座谈会等形式与客户定期保持联系，询问车辆的使用情况以及对维修企业的意见和建议，或向客户介绍新的服务项目等。现在4S汽车维修企业多通过电话回访和电子邮件回访的方式进行跟踪服务。

二、电话回访跟踪服务

当客户提车离开维修企业后，维修企业应在规定日期之内进行电话回访跟踪。目前4S店主要有三日或七日回访、三十日回访、流失客户回访等。电话回访跟踪服务具有快速和个性化的特点，能够及时反馈信息，客户可能自愿提供除询问项目以外的额外信息。

跟踪服务人员应做好回访记录（表1.3－5），作为质量分析和客户满意度分析的依据，回访中如果发现客户有强烈的抱怨和不满，应耐心地向客户解释原因并及时向服务经理汇报，在1天内调查清楚情况，给客户一个合理的答复，以平息客户的抱怨，使客户满意。

表1.3－5　汽车维修电话回访跟踪表

填表人：

<table>
<tr><th rowspan="2">序号</th><th rowspan="2">车主</th><th rowspan="2">车牌</th><th rowspan="2">里程数</th><th rowspan="2">车型</th><th rowspan="2">联系电话</th><th rowspan="2">回访日期</th><th rowspan="2">修后车辆使用情况</th><th colspan="6">接待维修满意情况</th><th>备注</th><th colspan="3">处理情况</th></tr>
<tr><th>维修质量</th><th>维修进度</th><th>服务态度</th><th>工时价格</th><th>配件价格</th><th>不满意原因</th><th>客户建议、批评或表扬</th><th>客服回答</th><th>是否返修</th><th>最后结果</th></tr>
<tr><td></td><td></td><td></td><td></td><td></td><td></td><td></td><td></td><td></td><td></td><td></td><td></td><td></td><td></td><td></td><td></td><td></td><td></td></tr>
<tr><td></td><td></td><td></td><td></td><td></td><td></td><td></td><td></td><td></td><td></td><td></td><td></td><td></td><td></td><td></td><td></td><td></td><td></td></tr>
<tr><td></td><td></td><td></td><td></td><td></td><td></td><td></td><td></td><td></td><td></td><td></td><td></td><td></td><td></td><td></td><td></td><td></td><td></td></tr>
<tr><td></td><td></td><td></td><td></td><td></td><td></td><td></td><td></td><td></td><td></td><td></td><td></td><td></td><td></td><td></td><td></td><td></td><td></td></tr>
</table>

续表 1.3－5

序号	车主	车牌	里程数	车型	联系电话	回访日期	修后车辆使用情况	接待维修满意情况						备注	处理情况		
								维修质量	维修进度	服务态度	工时价格	配件价格	不满意原因	客户建议、批评或表扬	客服回答	是否返修	最后结果

1. 电话回访的提问内容

与客户进行电话回访开展跟踪服务较为方便直接，可就以下内容展开：

（1）询问客户用车情况和对本公司维修服务有何意见。

（2）告之相关的汽车使用知识和注意事项。

（3）询问客户休息室等设施是否满意。

（4）介绍本公司近期为客户提供的各种服务，特别是新的服务内容。

（5）介绍本公司近期为客户安排的各类优惠联谊活动，如免费检测周、优惠服务月，汽车使用知识晚会等，并将内容、日期、地址清楚告之。

（6）询问是否需要上门服务，或者预约下次维修时间，以便做好维修服务的准备工作。

2. 电话回访的有关要求

（1）电话回访时，为避免客户误以为自己的车辆有问题，建议使用标准语言及标准语序，声音要自然、友善。

（2）回访者要懂基本维修常识，具有沟通和语言方面的技巧，语速不要太快，一方面给没有准备的客户以时间回忆细节，另一方面避免客户觉得回访者很匆忙。

（3）不要随意打断客户谈话，注意记下客户的批评或表扬评语。

（4）回访对象必须包括各种类型的客户，对象越多越有代表性。

（5）回访时间要尽量避开客户的休息、会议、活动时间。

（6）如果客户有抱怨，不要找借口搪塞，而要告诉客户已记下他的意见，并让客户相信：如果他愿意，有关人员会与他联系并解决问题。有关人员要立即处理，及时对回访中客户抱怨的问题进行分析、整改，并记录在客户抱怨及返修的记录中。

（7）对客户的不合理要求，要进行耐心、合理地解释并明确地予以拒绝，但态度要婉转。

（8）对回访的情况要进行分析并不断采取改进措施。

3. 接打电话的礼仪要求

（1）接打电话时，坐姿要端正，不要嚼口香糖、吃东西或喝水，否则客户会觉得回访者在敷衍了事。

（2）接打电话前，要准备好笔和记事本以便通话时记下要点。

（3）电话来时，听到铃声，至少在第二声铃响前取下话筒。

（4）在接打电话时，语言要亲切、自然、文明、礼貌，吐字较慢而清楚，要认真倾听，问答简明扼要。

（5）工作期间不在电话中聊天，不打私人电话。

（6）客户来电话查询，应热情帮助其解决问题，如果不能马上回答，应与来电话的客户说明等候时间，以免对方久等而引起误会。

三、处理投诉

当跟踪服务人员发现客户不满意或出现投诉时，应立刻将情况汇报给业务经理，由业务经理分配给相关人员接待处理，直至客户满意为止。服务没有一个硬性的标准，同样的服务得到的评价会因人而异。处理投诉可能是维修服务顾问最伤脑筋的工作，但也是刻不容缓的一项工作。

客户可能有许多方式发泄不满，如叫嚷、向经理投诉、给媒体或消费者协会写信严厉指责。处理投诉的目的就是消除分歧、防止事态的扩大，取得谅解并改进工作，达成共识、重新取得客户的信任。

1. 基本原则

处理投诉的基本原则是表达服务的意愿、体谅客户的情感、勇于承担责任。因而，处理投诉的基本姿态是设身处地为客户考虑，保持专业的满腔热情和坚毅精神，对不合理的要求坚定而有礼貌地拒绝。接待者应语气平和，耐心让客户发泄怒气；对客户的行为表示理解和关注，并做好记录，将投诉摘要记入客户卡片或档案；体现消除分歧的紧迫感。

如果确实有不到之处，应坦然承认，对不合理的要求则应该礼貌而明确地回绝。明确表示承担替客户解决问题的责任，同客户共同商讨解决问题的办法，如果难以独立处理，应尽快联系相关部门或报告本部门负责人。

2. 处理投诉流程（图 1.3－15）

（1）接待投诉的客户

请客户到公司面谈更容易解决问题，因此要真诚地以专业态度迎接并感谢客户前来；告诉客户你的姓名，表示愿意帮忙；如果有必要，请客户到办公室或会议室以示重视，也可避免影响其他客户；不满的客户不要集中在一起；实行首问责任制，遇重大投诉应立即报告部门负责人。

（2）缓和客户态度

客户在投诉时，希望得到接待人员的认同，而不是否定。所以接待人员要对客户所反映的问题表示认同，设法平息客户的情绪，保证双方能心平气和地交流。

（3）找出问题根源

按“5W”与“2H”（who——谁，what——什么，why——为什么，when——什么时间，where——在哪里，how——怎么样，how much——多少费用）做出准确记录，间接地找出客户不满意的原因与需求；用客户的语言归纳要点，复述给客户听；收集所有相关资料，包括客户资料、过去客户与公司的关系、维修记录、车辆使用状况等；仔细检查车辆的零部件和有问题的部位；与维修人员、车间主任一起研究、进行故障再现以确定故障原因，再与客户一起路试，判定责任所在。如果返修的原因是维修服务顾问没有正确确定维修项目、故障诊断错误，或维修服务顾问技术水平较差、缺乏工具或其他设备、交车过程中解释说明不够而造成误解等，要查明原因后写出报告。

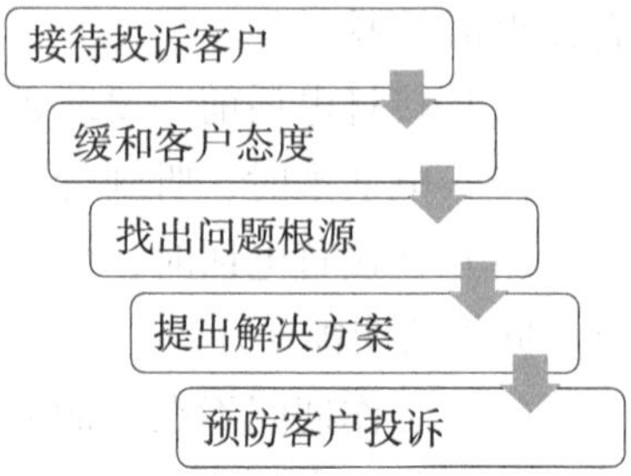

图 1.3－15　处理客户投诉流程图

（4）提出解决方案

根据客户的期望和企业的能力，为客户提供解决方案，争取一次性解决问题。

（5）预防客户投诉

在问题解决之后对客户进行跟踪服务，了解问题的解决情况，给予客户关爱，以提升客户满意度。同时为了避免再次发生投诉现象，需要总结客户投诉的内容，调查问题发生的原因，做好应对话术和解决措施，以便给出让客户满意的解释，尽量减少投诉现象的发生。

1.3.9　车间的5S管理

一、5S 管理的含义

5S 管理法起源于日本，又被称为“五常法则”或“五常法”。“5S”是指整理（Seiri）、整顿（Seiton）、清扫（Seiso）、清洁（Seiketsu）和素养（Shitsuke），因为在日语中，这 5 个词的罗马拼音的第一个字母都是“S”，所以简称为 5S；开展以整理、整顿、清扫、清洁和素养为内容的管理活动，称为 5S 管理。

二、5S 管理的内容

1. 整理

整理是把需要与不需要的人、事、物分开，再将不需要的人、事、物加以处理，这是改善生产现场的第一步。

整理的要点是对生产现场的各种物品进行分类，区分什么是现场需要的，什么是现场不需要的；其次，对于现场不需要的物品，诸如用剩的材料、多余的半成品、切下的料头、切屑、垃圾、废品、多余的工具、报废的设备、工人的个人生活用品等，要坚决清理出生产现场。对于车间里各个工位或设备的前后、通道左右、厂房上下、工具箱内外以及车间的各个死角，都要彻底搜查和清理，最后达到现场无不用之物，如图 1.3－16 所示。做好这一步，是树立良好作风的开始。

效率和安全始于整理！

整理的目的：

（1）改善和增加作业面积。

（2）使现场无杂物，行道通畅，提高工作效率。

（3）减少磕碰的机会，保障安全，提高质量。

（4）消除管理上的混放、混料等差错事故。

（5）有利于减少库存量，节约资金。

（6）改良工作作风，改善工作情绪。

图 1.3－16　整理后的现场

2. 整顿

整顿是把需要的人、事、物加以定量、定位。通过第一步整理后，对生产现场需要留下的物品进行科学合理的布置和摆放，以便用最快的速度取得所需之物，在最有效的规章、制度和最简捷的流程下完成作业。

整顿活动的要点是：

（1）物品摆放要有固定的地点和区域，以便于寻找，消除因混放而造成的差错。

（2）物品摆放地点要科学合理。例如，根据物品使用的频率，将经常使用的物品放得近些（如放在作业区内），偶尔使用或不经常使用的物品则放得远些（如集中放在车间某处）。

（3）物品摆放目视化，使定量装载的物品做到过目知数，摆放不同物品的区域采用不同的色彩和标记加以区别，如图 1.3－17 所示。

生产现场物品的合理摆放有利于提高工作效率和产品质量，保障生产安全。这项工作已发展成一项专门的现场管理方法——定置管理。

3. 清扫

生产现场在生产过程中会产生灰尘、油污、铁屑、垃圾等，从而使现场变脏。不清洁的现场会使设备精度降低，故障多发，影响产品质量，使安全事故增多；不清洁的现场更会影响人们的工作情绪，从而降低工作效率。因此，必须通过清扫活动来清除脏物，创建一个明快、舒畅的工作环境。

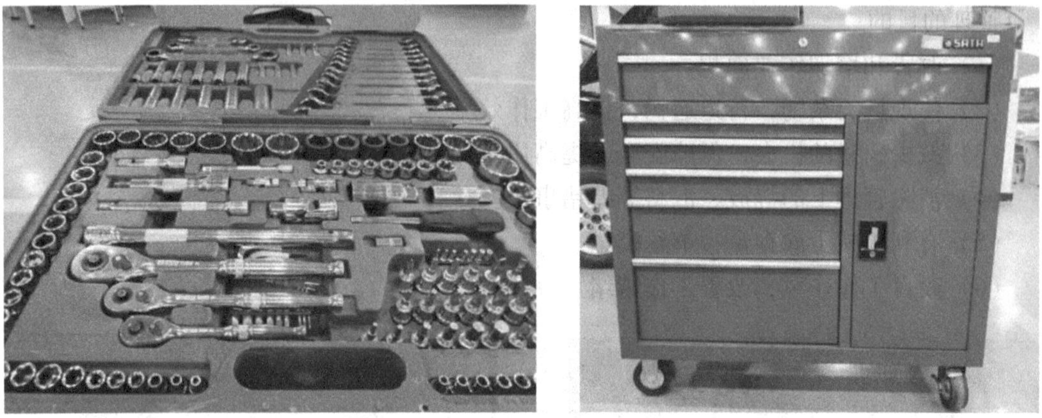

图 1.3－17　物品摆放目视化

清扫活动的要点是：

（1）对自己使用的物品，如设备、工具等，要自己清扫，不要依赖他人，不增加专门的清扫工。

（2）对于设备，要着眼于对设备的维护保养。清扫设备要同设备的点检结合起来，清扫即点检；清扫设备时要做设备的润滑工作，清扫也是维护保养。

（3）对于地面，当清扫地面发现有废屑和油水泄漏时，要查明原因，并采取措施加以改进。

4．清洁

整理、整顿、清扫之后要认真维护，使现场保持完美和最佳状态。清洁，是对前三项活动的坚持与深入，从而消除发生安全事故的隐患，创造一个良好的工作环境，使员工能愉快、高效率地工作，如图 1.3－18 所示。

图 1.3－18　清洁的现场

清洁活动的要点是：

（1）车间环境不仅要整齐，而且要做到清洁、卫生，保证工作人员身体健康，提高工作人员劳动热情。

（2）不仅物品要清洁，而且工作人员本身也要清洁，如工作服要清洁，仪表要整洁，要勤理发、剃须、修指甲、洗澡等。

（3）工作人员不仅要做到外形上的清洁，而且要做到精神上的“清洁”，待人要礼貌热情、与其他工作人员相处融洽。

（4）要使环境不受污染，进一步消除混浊的空气、粉尘、噪声和污染源，有效预防职业病的发生，如图 1.3－19 所示。

图 1.3－19　消除污染

5. 素养

素养，即人员的修养。工作人员要养成严格遵守规章制度的习惯和作风，这是 5S 管理的核心。没有人员素质的提高，各项管理就不能顺利开展，所以，5S 管理，要始终着眼于提高人的素养。

1.3.10　车间的安全常识

一、基本注意事项

1. 作业须知

工作人员要始终安全工作，防止伤害的发生。防止事故伤害到自己或者他人。工作人员如果在工作中受伤，不仅影响到其自身，而且会对其家庭、同事和公司都造成影响。

2. 事故因素

（1）人为因素造成的事故。由于不正确使用设备或工具，穿着不合适的衣物，或由于操作不小心造成的事故。

（2）自然因素造成的事故。由于设备或工具出现故障，缺少完整的安全装置，或者工作环境不良造成的事故。

二、维修车间内部管理

许多工伤事故都是由于维修车间内杂乱无章引起的。在凌乱的工作场所，常常会发生因绊倒、跌倒或滑倒而导致受伤的事故。

有关人员应该安全妥善地保管所有设备、零件和车辆，以保护工作人员的人身安全。

1. 整洁车间的特征

（1）地面清洁，不湿滑。

(2) 火警应急出口畅通。

(3) 器具存取通道无障碍。

(4) 工具存放安全方便。

(5) 电气和压缩空气等动力输出源标记清楚、明显，并要定期检查。

(6) 加长电缆或软管在用后收好或悬吊在天花板上。

(7) 工作场所灯光明亮。

(8) 空气新鲜，工作环境舒适。

(9) 固定设备或装置定期维护，使其处于安全状态。

(10) 工作场所的所有人员均应受过相关的培训，并熟练掌握安全操作规程。

2. 个人注意事项

(1) 工作中，不要佩戴珠宝首饰。

(2) 戴“夹式”领带。

(3) 穿用经过批准的工作服、工装裤等。

(4) 穿用带有防压铁头的劳保靴。

(5) 束紧长发。

(6) 需要时，使用符合规定的眼、手、耳防护装置。

(7) 准备工作不要仓促，给自己留有充足的准备时间，才能获得安全。

工作时是否安全往往取决于之前的准备是否充分，是否考虑了各种安全因素。

3. 工具使用安全

(1) 一定要使用符合规格的工具进行作业。

(2) 锋利的工具不用时，应护好刃口。

(3) 不要使用手柄松动的工具。

(4) 不要用工具做不相应的工作。

(5) 不要使用带“蘑菇头”的冲子或整子。

(6) 在使用切具时，一定要用台虎钳固定工件。

(7) 切勿使用开裂的套筒。

(8) 切勿加长工具手柄以增大杠杆作用。

(9) 切勿使用电动工具来驱动“手用”套筒。

(10) 不得将工具遗留在发动机罩下。

许多割伤和擦伤都是由使用损坏的手用工具或误用手用工具造成的。故应保持工具清洁完好，切勿使用已经损坏的工具。

多数手用工具都需要操作者用些力气。使用工具时，不管是在拉、推还是转身，一定要站稳。确保工具打滑或失去控制时不会伤到手。

4. 压缩空气

许多车间都用压缩空气作为便利的动力源来驱动工具。如果能正确使用是很安全的，但如果使用不当则非常危险，可导致严重的伤亡事故。

不得使用压缩空气进行下列操作：

(1) 吹掉工作台上的锉屑或铁屑。

（2）吹去衣着上的粉尘。

（3）对着他人吹。

（4）清理部分密封的物体，如灯光设备等。

（5）清除制动装置上的粉尘。

一般车间压缩空气的压力有可能超过700kN/m^2，这个压力可以穿透衣服，甚至导致人员死亡。禁止摆弄空气管线。

三、防火和用电安全

1. 防火措施

必须采取如下的预防措施来防止火灾：

（1）如果火灾警报响起，所有人员应当配合扑灭火焰。

（2）非吸烟区，禁止抽烟，即使在吸烟区，也要确认在烟灰缸里的烟蒂已熄灭。

（3）吸满汽油或机油的碎布有可能自燃，所以它们应当被放置到带盖的金属容器内。

（4）在机油存储地或可燃的零件清洗剂附近，不要使用明火。

（5）千万不要在处于充电状态的电池附近使用明火或产生火花。

（6）仅在必要时才将燃油或清洗溶剂携带到车间，携带时必须使用能够密封的特制容器。

（7）不可将可燃性废机油或汽油丢弃到阴沟里。因为它们可能导致污水管系统发生火灾。

（8）在燃油泄漏的车辆没有修好之前，不要启动该车辆上的发动机。修理燃油供给系统，例如拆卸喷油器时，应当从蓄电池上断开负极电缆以防止发动机被意外启动。

2. 电气设备安全措施

不正确地使用电气设备可能导致短路和火灾。因此，要学会正确使用电气设备并认真遵守以下防护措施：

（1）如果发现电气设备有任何异常，立即关掉开关，并联系管理员或领班进行处理。

（2）如果发生电路短路或意外火灾，在进行灭火步骤之前要先关掉电气开关。

（3）有任何熔丝熔断都要向上级汇报，因为熔丝熔断说明存在电气故障。

（4）不要靠近断裂或摇晃的电线。

（5）为防止电击，千万不要用湿手接触任何电气设备。

（6）禁止触摸标有“发生故障”的开关。

（7）拔下插头时，不要拉电线，而应当拉插头本身。

（8）不要让电缆通过潮湿或浸有油的地方，或炽热的表面，或者尖角附近。

（9）在开关、配电盘或电动机等设备附近不要使用易燃物，因为它们容易产生火花。

四、防护装置

正确佩戴或使用以下装置：

（1）头部防护装置。在停于坡道的汽车下工作时应佩戴安全帽，防止因工具或物体掉落而受伤。

（2）眼睛防护装置。在有火花飞溅或打磨及钻孔产生粉尘的区域工作时，应佩戴防护眼镜。

（3）耳朵防护装置。在噪声环境下工作时应使用耳朵防护装置。如果必须通过喊叫才能使得3m以外的人听见，则表明环境噪音过大，需要使用耳塞。

（4）手防护装置。处理锋利或高温材料时，应使用正确类型的手套以防止割伤或烫伤。

（5）脚防护装置。劳保靴应该适合于所从事的工作。鞋底应该防滑，脚趾部位应有防压铁头。

（6）呼吸道防护装置。某些工作会产生粉尘或涉及使用会释放烟雾的材料，应该使用正确形式的面具，防止吸入粉尘或烟雾。

1.3.11 车辆的举升

对车辆进行维护保养时，通常都会使用举升设备将汽车举升起来。这对多数驾驶员和维修人员来说，是十分简单的操作，可安全规范地操作常用的举升设备对每一位维修人员来说就不是那么容易的事了，下面将重点介绍常见举升设备的操作规范。

一、举升设备

1. 千斤顶

在汽车维修保养工作中，千斤顶是一种最常用、最简单的举升工具，按照其工作原理可分为液压式和机械式两类。两种千斤顶都具有体积小、重量轻的优点。

液压式千斤顶常用的规格有3t、10t、15t等，常用的有卧式（推车式）和立式两种，如图1.3－20所示。

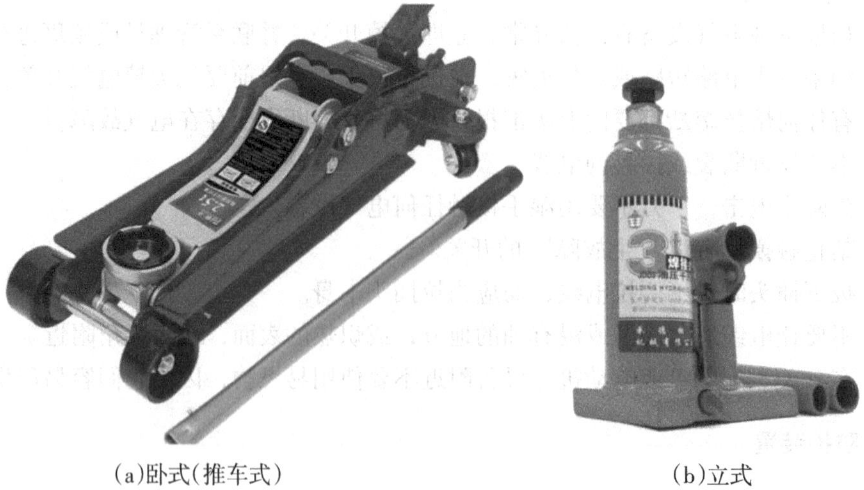

(a)卧式(推车式)　　(b)立式

图1.3－20　液压式千斤顶

机械式千斤顶常用的有桥式和立式两种。立式千斤顶，采用棘轮提升汽车，由于较为笨重，适合于车间内使用，常用规格为3t 和 5t 。桥式千斤顶，采用螺杆转动带动杆系形变的原理来举升车辆，其举升质量较小，但轻巧方便，较适合轿车的检修，目前较为常用，如图1.3－21所示。

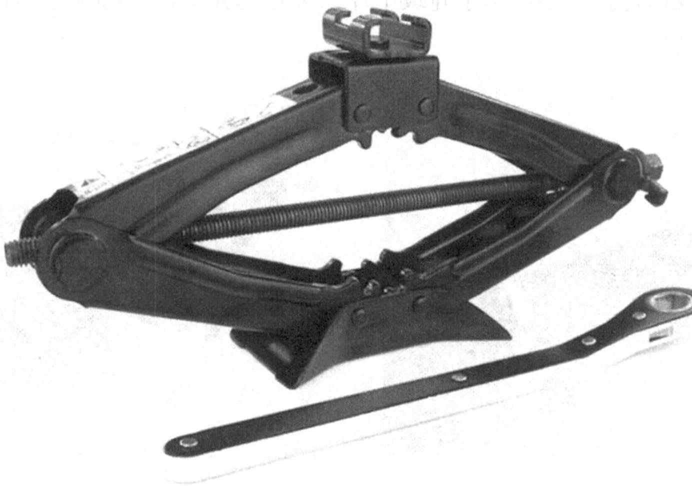

图1.3－21　机械式（桥式）千斤顶

（1）机械式千斤顶的使用

在使用千斤顶进行车辆顶起时，首先确保千斤顶本身没有问题，并找准汽车千斤顶的支撑点（位于车辆底部凹点，位置如图1.3－22所示），然后检查千斤顶底座的整个平面是否牢靠地贴在地面上。接着调准汽车千斤顶，同时继续摇高千斤顶卡爪，直到卡爪抓住汽车边梁的棱边。使用千斤顶时需用三角形垫木将汽车着地车轮前后塞住，以防止汽车在起顶过程中发生滑溜事故。

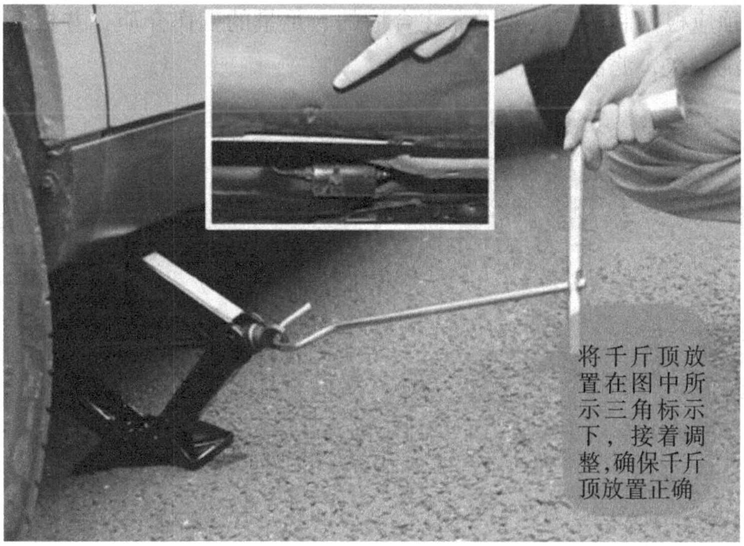

图1.3－22　千斤顶顶起位置

找准车辆上顶起位置点，继续摇高汽车千斤顶，直到汽车车轮刚好离开地面。注意要准备一备胎放置于车辆底部千斤顶左侧，如图 1.3－23 所示。

在车辆顶起之后，切记不要启动车辆发动机，以防止发动机的震动造成汽车从千斤顶支撑点滑下，造成伤害。切不可用小吨级千斤顶去顶起大车辆，必须根据顶起车辆的类型来选择千斤顶的规格。

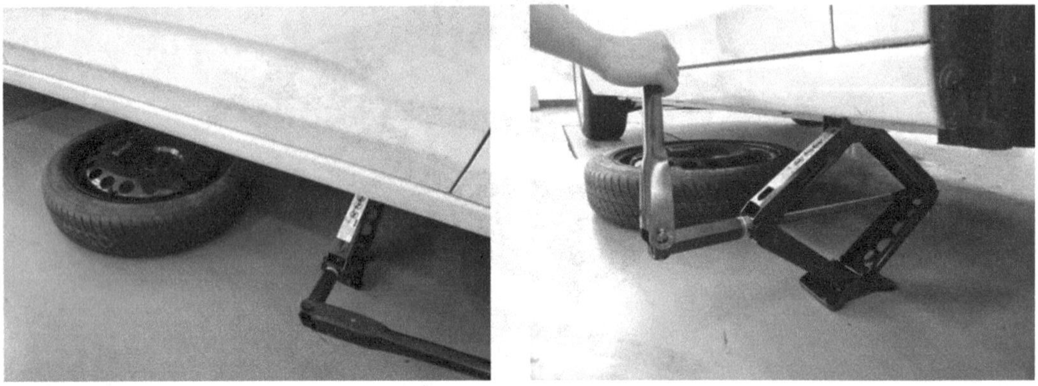

图 1.3－23　将备胎放置于车下

在作业完成后，放下车辆时要注意慢放，在车辆将要接触到车下备胎时，要及时抽出备胎，以免对车辆底盘造成损坏。

维护与保养螺旋千斤顶应经常在螺旋纹加工面上涂以防锈油脂。

（2）液压式千斤顶的使用（图 1.3－24）

液压式千斤顶把汽车顶起后，当液压开关处于拧紧状态时，若发生自动下降故障，应立即查找原因，及时排除故障后方可继续使用。千斤顶遇到操作力过大时，应检查原因，不要强行施力，更不允许接长操纵手柄来操作，这样容易使千斤顶超载。

液压千斤顶应根据制造厂的要求灌注合适的、足量的工作介质，并根据使用情况每隔半年至一年清洗一次，滤清杂质。

(a)立式液压式　　(b)卧式液压式

图 1.3－24　液压式千斤顶的使用

2. 液压悬臂式移动吊车

液压悬臂式移动吊车由底座、移动车轮、主立柱、悬臂及液压举升机构组成，能起吊 2t 以下的大型总成，如发动机总成，变速器总成等，如图 1.3－25 所示。

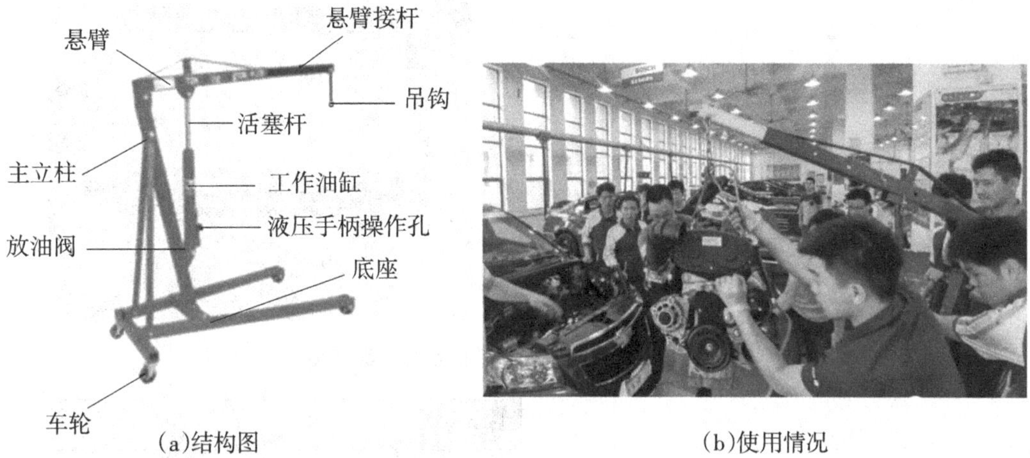

(a)结构图　　(b)使用情况

图 1.3－25　液压悬臂式移动吊车

在使用液压悬臂式移动吊车前，应确保其本身没有问题。为保证使用中吊车的稳定性，应尽量使悬臂接杆缩短和底座可伸缩腿伸长；起吊时要缓慢，若吊车发生倾斜要及时终止操作；需要移动时应尽量将吊起重物放低。

3．举升机

举升机是汽车维护与保养作业中必不可少的车辆提升设备，常用举升机有双柱式举升机、四柱式举升机、剪式举升机等几类。一般采用电动液压操纵系统驱动，设有双保险自锁保护装置，具有升降平稳，安全可靠、使用方便等特点。

双柱式举升机（图 1.3－26），为电动液压式或电动链条牵引式，使用开关操纵，升降方便。立柱为固定式，适合 3t 以下的轿车、轻型车的专业维修。

四柱式举升机（图 1.3－27），为电动液压式或电动链条牵引式，开关操纵，升降方便，提升质量可达 8t，稳定性好，能满足载货汽车等较大车辆的维护之用。缺点是占用场地大。适合综合性汽车修理厂的使用。

剪式举升机（图 1.3－28）分为大剪（子母式）、小剪（单剪）举升机，是用于汽车维修行业的汽车修理机械，也是靠液压系统驱动升降。

图 1.3－26　双柱式举升机及其操纵开关

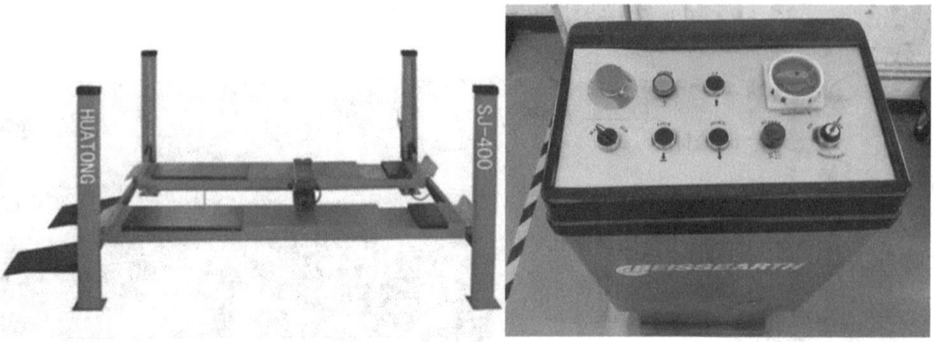

图 1.3－27　四柱式举升机及其操纵开关

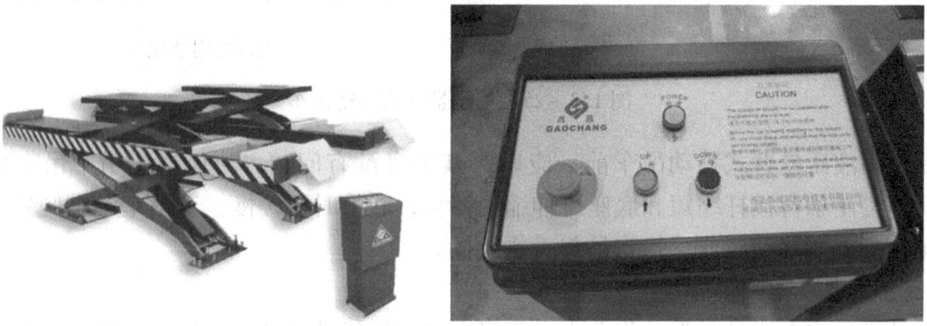

图 1.3－28　剪式举升机及其操纵开关

（1）双柱式举升机的操作

举升机顶起车辆时，一般由两位维修工配合完成，操作过程中“安全”放在第一位。

①将车辆置于举升机工作位置处，并安装车轮挡块。

②检查车辆前后、左右位置，看是否处于举升机适当的顶起位置，若位置不当，应前后或左右调整车辆位置。

③调整双柱式举升机举升臂上的垫块，垫块尽量置于规定的顶起位置处，打开举升机操作平台上的电源开关，向上少许提升举升机，当垫块接近于支撑部位、但还没有接触时，认真检查顶起位置，确保垫块位置到位，如图 1.3－29 所示。

注意：两人要互相配合，相互提示，动作协调一致，确认绝对安全后，举升机操作人员才能举升车辆。

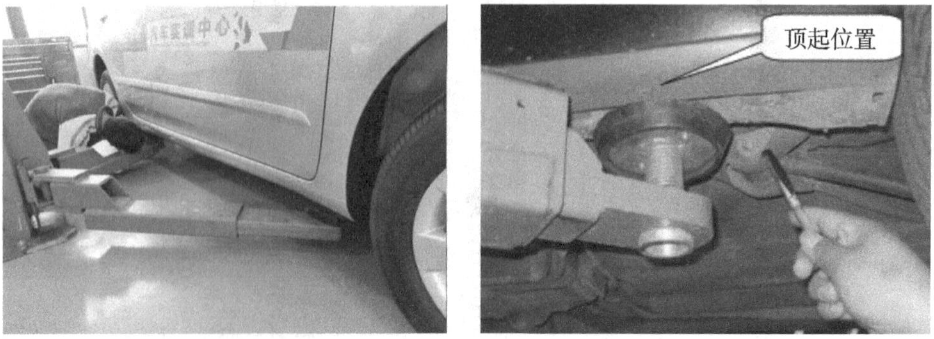

(a) 调整举升臂位置　　(b) 找准顶起位置

图 1.3－29　调整双柱式举升机

④当车辆四轮离开地面 20～30mm 时，应暂停举升，检查车辆稳定性，如图 1.3－30 所示。

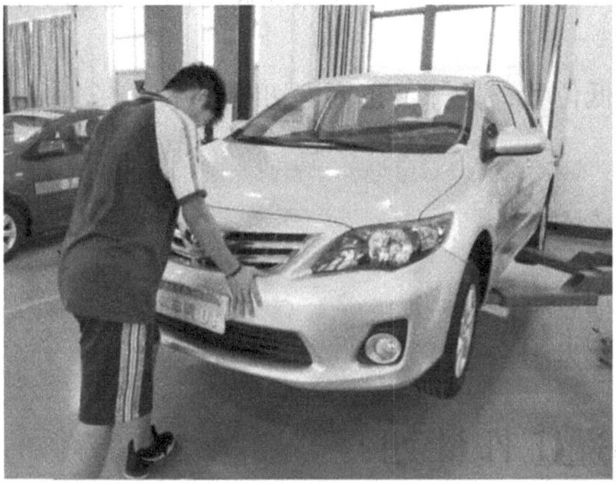

图 1.3－30　车辆安全检查

图 1.3－31　放下车辆紧固轮胎螺栓

⑤确认车辆稳定性后，再将车辆提升到维护作业需要的高度。维护作业之前一定要锁止举升机，并进行必要的车下地面卫生清理。

⑥维护作业完毕后，若要下降车辆，首先解除举升机锁止。

⑦车辆下降到低位后，若有如轮胎螺母紧固等作业项目，一定要注意车辆下降位置，使车轮与地面接触，同时车辆又不脱离与举升机垫块的接触，即举升机、车辆、地面处于半联动状态，如图 1.3－31 所示。

⑧若需将车辆举起，直接提升车辆到规定位置，然后将举升机锁止，可进行维护作业。

⑨维护作业操作完毕后，将车辆直接落到地面位置，使举升机与车辆脱离接触，移出垫块。

⑩关闭举升机电源，清理卫生，操作完毕。

（2）双柱式举升机的使用要求

①在用举升机举升车辆前需要对其进行空载实验，以确保举升机锁止机构工作正常。

②举升臂应尽量缩到最小长度，举升胶垫应放在车辆推荐举升部位下面的中部，并调节举升胶垫使其均匀接触。

③先将举升臂升至举升胶垫完全接触车辆，再检查是否已牢固负载。

④缓慢将车辆从地面升起确保平衡负载，再举升至所需工作高度。

⑤放开上升按钮，将车辆降低至安全保险位置，即可进行维修工作。

⑥放下车辆前应先举升车辆，将安全保险打开，再按下降按钮使车辆缓慢下降直至举升臂最低为止，移开举升臂，驶出车辆。

（3）剪式举升机的使用方法及注意事项

①工作前，排除机器周围和下方的障碍物。

②升降时，举升机工作的规定区域和机器上下方以及平台上的车辆内不能有人。

③不能举升超过本机举升能力范围的车辆或其他货物。

④举升时，应在车辆底盘下方垫上胶垫。

⑤升降过程中随时观察举升机平台是否同步，如发现异常，应及时停机，检查并排除故障后方能投入使用。

⑥下降操作时，先将举升平台上升一点，注意观察两保险爪与保险齿之间是否完全脱开，否则停止下降。

⑦机器长期不用或过夜时，平台应降到最低位置，并开走车辆，切断电源。

（4）举升机的维护与保养

①应由经培训的操作人员进行作业。

②本机所有支铰轴处，每周加一次机油。

③保险齿条及上下滑块等移动部位，每月加一次润滑脂。

④每年更换一次液压油，油位应长期保持在上限。

1.4 工作计划：与师傅和客户沟通工作计划

在售后服务工作中，制订相应的工作计划有利于工作效率的提高和工作的合理安排。根据操作规程，制订相应的工作计划表。除了与客户沟通外，还需要与店内其他部门进行相应的沟通，提高任务实施的成功率。

序号	任　务	关键词
1	汽车维修业务接待	
2	汽车维修车间安全常识	
3	举升车辆	

1.5 任务实施：根据制订的任务计划，按照规程实施任务

根据制订的任务计划，准备好需要的工具、设备，按照操作规程实施任务。

序号	工作内容	工具、设备	安全环保	标准规范	检测值	检测结论
预估时间			成本预算			

1.6 评价反思：总结知识点、技能点和素养点

<table>
<tr><td rowspan="2">评价项目</td><td colspan="4">评价内容</td><td rowspan="2">自我评价</td><td rowspan="2">小组评价</td><td rowspan="2">教师评价</td></tr>
<tr><td>A</td><td>B</td><td>C</td><td>D</td></tr>
<tr><td>工作态度</td><td>严谨专注，尽全力克服困难，敢于承担责任，努力改进方法</td><td>努力克服困难，遇到困难，积极听取各方意见，乐意尝试新方法</td><td>依据指令，规范操作，能够按要求完成任务，偶有抱怨</td><td>遇到困难，时有抱怨，被动完成任务</td><td></td><td></td><td></td></tr>
<tr><td>学习能力</td><td>成长意识强，信息捕捉能力强，并能快速转化为能力</td><td>重视自我完善，信息捕捉能力较强，努力汲取新知识，具备一定的转化能力</td><td>愿意接收新信息、新知识，重视积累，具备初步的转化能力</td><td>在他人帮助下，能够学习新的知识，有转化能力</td><td></td><td></td><td></td></tr>
<tr><td>自控能力</td><td>严格遵守学习纪律，严守任务时间，能够调节队友情绪，协调队友观点</td><td>遵守纪律，按时完成任务，能够控制情绪，积极采纳队友观点</td><td>有时间观念，服从教师、组长管理，愿意倾听队友意见</td><td>有迟到早退现象，有违反学习纪律现象</td><td></td><td></td><td></td></tr>
<tr><td>沟通能力</td><td>乐于倾听，感情传达准确，观点能够得到队友认可</td><td>愿意倾听，表达流畅，能够接纳不同观点</td><td>理解队友，并能够明确地阐述自己的想法</td><td>能够理解队友的想法</td><td></td><td></td><td></td></tr>
<tr><td>合作能力</td><td>理解服从的意义，迅速调整自我情绪，主动推动项目完成</td><td>服从团队管理，分担团队重要任务</td><td>尽力服从管理，分担团队基础任务</td><td>愿意完成自身任务</td><td></td><td></td><td></td></tr>
<tr><td>5S标准</td><td colspan="4">按照5S的标准进行操作，使用工具正确规范，顺利完成任务</td><td></td><td></td><td></td></tr>
<tr><td>安全操作</td><td colspan="4">严格遵守操作规程，无安全事故</td><td></td><td></td><td></td></tr>
<tr><td>学生自查</td><td colspan="7">1. 本人分担的学习任务：
完成情况：
2. 本人在本次学习中，解决的问题有：

仍未解决的问题有：</td></tr>
<tr><td>教师点评</td><td colspan="7">1. 表扬的小组是第　　组，理由是：
2. 对本小组的评价是：
3. 表扬的个人有：
理由是：</td></tr>
</table>

学习情境二　新车检查

2.1　学习情境描述：任务接受

一位客户到4S店准备提取新车，请你对此车进行交车前的PDI检查，并给出检查报告。

（按照标准的接待礼仪，给客户打开车门）

前　台：您好，欢迎光临，请问有什么可以帮到您？

客　户：您好，我打算过来提取我购买的新车，您能帮我检查一下这辆车的车况吗？

前　台：好的，我先给您做一下检查前的登记。（登记车主和车辆基本信息）

前　台：您好，为了确保车辆的安全，保证客户的利益，全车PDI检查需要45～60分钟的时间，您可以移步客户休息区进行等候。

客　户：好的，谢谢。

前　台：不客气！请您到客户休息区休息等待，如有需要，我会及时和您联系。

2.2　任务分析：新车PDI检查

2.2.1　学习目标

【知识目标】

（1）能够准确说出车辆识别码的概念、基本组成及意义；

（2）能够表述汽车的不同分类；

（3）能够表述汽油机和柴油机工作的异同点；

（4）能够描述汽车主要性能指标的基本概念及其作用；

（5）能够描述汽车基本概念、汽车四大组成部分；

（6）能够表述四冲程发动机基本构造和原理；

（7）能够表述汽车底盘四大系统组成、作用及各部分主要部件（如离合器）结构和作用；

（8）能够表述汽车车身基本部件组成及其作用；

（9）能够表述汽车空调的基本概念、组成及其作用，了解空调的基本原理；

（10）能够准确说出仪表盘指示灯、照明系统的作用和指示符号的含义。

【技能目标】

（1）能够找到车辆识别码标识位置，并会通过信息手段查找确定车辆基本信息；

（2）能够正确检查车身、车门、座椅、安全带等车身使用部件的功能，并能正确使用；

（3）能够正确对底盘主要部件进行检查，对螺栓进行紧固，并能对管路、密封部件油液泄漏情况进行检查；

（4）能够正确使用空调；

（5）能够用表格的形式提炼不同类别车辆的异同点；

（6）能够识别确认发动机的两大机构和五大系统位置，并能对发动机舱主要零件进行常规检查；

（7）能够对仪表指示灯与照明系统进行检查。

【素养目标】

（1）能够与小组成员良好沟通合作，愿意倾听，表达流畅，并能接纳不同的观点；

（2）能够服从管理，主动分担团队的重要任务；

（3）能够克服困难，遇到困难善于尝试新方法，探究解决问题的途径。

2.2.2　学习任务

（1）车辆识别码的查找与识别；

（2）发动机舱的认识与检查；

（3）车身、车门、座椅及安全带功能是否正常的检查；

（4）底盘螺栓紧固与管路是否漏液的检查；

（5）仪表盘指示灯与照明系统检查；

（6）空调制冷效果的检查。

2.2.3　学习准备

根据学习任务，查阅网络材料、书籍，了解关于新车检查的项目及检查步骤（表 2.2-1），确定基本素养要求、知识准备和设备准备。

表 2.2－1　新车 PDI 检查表

VIN码(车架号)	车型 年型	发动机号	颜色	经销商名称

1.发动机舱(发动机关闭)		检查结果
冷却液(MIN–MAX)		
清洗液(MIN–MAX)		
发动机机油(L–H)		
制动液/离合器液(MIN–MAX)		
助力转向液(如有配置)		
蓄电池状态的检查	接线柱的紧固	
	电池电压需大于12.4V	
转动皮带的状态	皮带无破损，污染	
	皮带张紧程度确认	
发动机舱内是否有液体泄漏	发动机机油	
	散热器冷却液，软管接头，水泵	
	制动器和离合器管路	
	动力转向管路	
	燃油管路	
2.外部		检查结果
车门和车锁的状态	所有的车门都能顺利地打开和关闭	
	检查车门与车身之间的间隙和面差	
	确保使用开启器/钥匙打开行李箱盖时能够平滑地打开	
	确认使用外侧和内侧手柄能顺利打开/关闭车门	
	确保车门在锁止时不能被打开	
	确保使用钥匙能够锁止前车门并为其开锁	
	确保电动门锁控制系统工作正常	
	儿童锁工作正常	
发动机罩的状态	确保使用释放手柄时发动机罩能够很快打开	
	发动机罩翼子板之间的间隙及面差	
	用开启器能顺利开启	
燃油加注口盖的状态	盖与车身之间的间隙和定位正确	
附件的状态	千斤顶和工作装备	
车轮的状态	备胎固定及气压检查	
	轮胎气压的调整	
	检查车轮螺母扭矩和安装轮辋	

3.底盘		检查结果
轮胎是否有缺陷和损坏		
齿轮油液面	手动变速箱/变速驱动桥	
	差速器	
油液泄漏	制动管路	
	离合器管路	
	燃油管路	
	发动机机油	
	变速箱	
	转向机油	
	差速器齿轮油	
	减震器	
悬架与转向系螺栓/螺母的紧固情况		
排气系统的装配情况		
车身下侧是否有损坏	制动管路	
	燃油管路	
	转向连杆和防尘罩	
	驱动轴防尘套	
	驻车制动拉线	
4.内部(发动机关闭)		检查结果
座椅的状态	座椅的前，后移动	
	靠背的倾斜	
	头枕的安装	
	后排座椅的折叠	
安全带的状态	安全带扭曲，污脏或损坏	
	安全带扭曲，污脏或损坏	
	安全带平顺拉伸，收缩	
	安全带的锁止	
	肩带固定点的调整	
方向盘的锁止和调整	方向盘的锁止	
	方向盘倾斜的调整与锁止	
后排座椅中央扶手/开关	扶手/茶杯托架	
	控制开关功能(如有配置)	

续表 2.2－1

4. 内部（发动机关闭）		检查结果
手套箱盖、控制台	手套箱的顺利开启	
	手套箱照明（如有配置）	
	烟灰缸，点烟器工作正常	
	前排遮阳板安装正确	
仪表盘指示灯	驻车指示灯	
	电瓶充电指示灯	
	机油压力指示灯	
	发动机故障指示灯	
	ABS	
	AT/CVT CHECK	
	水温指示灯（如有配置）	
	智能钥匙锁止指示灯/KEY（如有配置）	
	安全气囊指示灯	
	座椅安全带指示灯	
设置时钟		
收音机电台预设		
导航系统的设置		
倒车影像的调整（如有配置）		
座椅加热/按摩功能确认（如有配置）		
电动遮阳帘状态确认（如有配置）		
车内后视镜和车外后视镜检查		
4. 内部（发动机开启）		检查结果
确定性能和发动机噪音		
内部灯光（含阅读灯）		
前部灯光		
后部灯光		
喇叭		
风挡雨刮和洗涤器		
大灯清洗器（如有配置）		
暖风和空调		
后窗除雾器		
开窗的状态	开关功能	
	防夹功能（如有配置）	
车窗的状态	升降功能	
	防夹功能（如有配置）	

5. 发动机舱（发动机开启）		检查结果
怠速状态	有无异响，是否平稳	
A/T（自动变速箱）油的液面高度		
6. 路试		检查结果
自动变速箱驻车互锁和换挡锁		
手动变速和离合器		
仪表显示是否有不正常跳动	车速表	
	里程表	
	转速表	
	水温表	
	燃油表	
脚制动和驻车制动的工作情况		
转向	方向盘对中	
	方向盘能否自动回位	
噪音和振动	内饰，仪表盘噪音	
	传动系噪音	
自动锁门（如有配置）		
7. 最终检查		检查结果
车身不漏水		
车身或漆面无缺陷		
车身尺寸间隙和面差		
识别标记，装饰条和标签正常		
已去除多余的粘贴物		
内饰的装配和定位正常		
无被弄脏的表面		
手套箱内的文件		
8. 精品安装（如有安装）		检查结果
安装面无刮伤，污垢		
安装面间隙正常		
安装线路正常，不干涉		
无遗落工具，零件等		
功能使用正常		

处理措施：	
PDI检查员：	主管：
说明：	

2.3 信息收集：汽车的总体构造、常规检查项目

2.3.1 汽车总体构造

一、汽车的基本概念

什么是汽车？汽车是借助于自身动力装置驱动，且具有4个或4个以上车轮的非轨道无架线的车辆。其主要作用是运输，即载送人和货物或牵引载送人和货物的车辆。

现代汽车由多个装置和机构组成，不同型号、不同类型及不同厂家生产的汽车都是由发动机、底盘、车身和电气系统四大部分组成。

1. 发动机（Engine）

发动机是一种能够把其他形式的能量转化为另一种能量的机器，通常是把化学能转化为机械能，如图2.3－1所示。发动机既可指动力发生装置，也可指包括动力装置的整个机器，如汽油发动机、航空发动机。

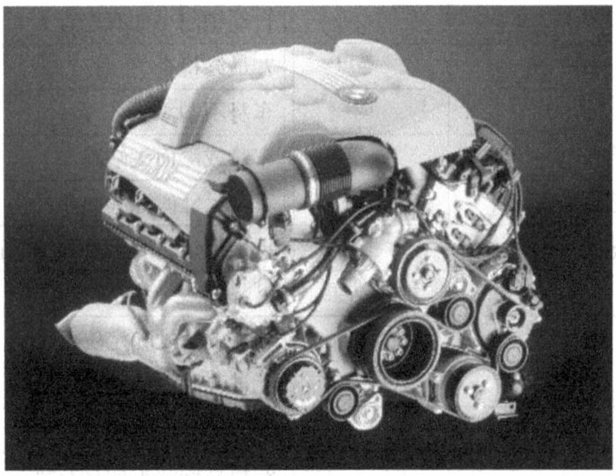

图2.3－1　发动机示意图

现代汽车广泛采用往复活塞式内燃机。它是通过可燃混合气在气缸内燃烧膨胀产生压力，推动活塞运动并通过连杆使曲轴旋转来对外输出功率。发动机一般由曲柄连杆机构、配气机构、燃料供给系统、冷却系统、润滑系统、点火系统（汽油机采用）和启动系统组成。

发动机最早诞生在英国，所以发动机的概念也源于英语，它的本义是指那种“产生动力的机械装置”。其经历了蒸汽机、外燃机和内燃机三个发展阶段，主要由气缸体、气缸套、气缸盖和气缸垫等零件组成。

2. 底盘

底盘的作用是支承、安装汽车发动机及其各部件、总成，形成汽车的整体造型，并接受发动机的动力，从而使汽车产生运动，保证正常行驶，如图2.3－2所示。

底盘由传动系、行驶系、转向系和制动系四部分组成。车架承载着整个车体，发动

机、悬挂和车身都安装在车架上。

图 2.3－2　底盘示意图

3. 车身

车身安装在底盘的车架上，用于驾驶员、旅客乘坐或装载货物。轿车、客车的车身一般是整体结构，货车车身则一般由驾驶室和货箱两部分组成。汽车车身结构从形式上来说，主要分为非承载式和承载式两种，如图 2.3－3 所示。

汽车车身结构主要包括：车身壳体（白车身）、车门、车窗、车前钣制件、车身内外装饰件和车身附件、座椅以及通风、暖气、冷气、空气调节装置等。在货车和专用汽车上还包括车厢和其他装备。

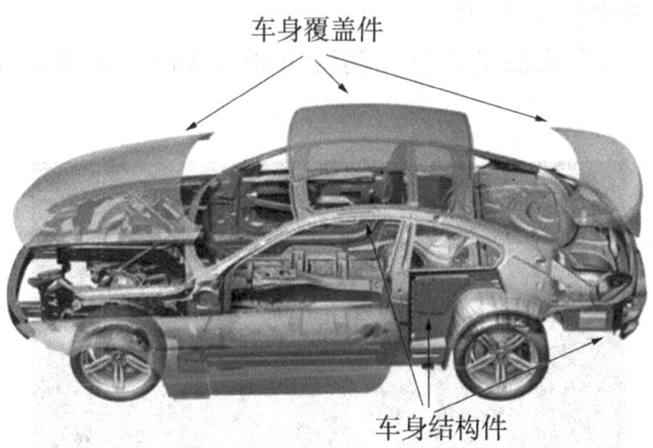

图 2.3－3　车身示意图

4. 电气系统

汽车电气系统主要由电源系统（如蓄电池、发电机等）、发动机电气系统（如启动系统、发动机电控系统等）、自动变速器电气系统、行车电气系统（如 ABS、ASP 等）、空调系统、车身电气系统（如照明信号系统、仪表报警系统等）、配电装置（如中央接线盒、线束等）等组成，如图 2.3－4 所示。

图2.3-4 汽车电气系统

随着汽车技术的不断进步，电子控制装置在汽车上的应用日益广泛，汽车电气系统已越来越发展成为高度智能化的机电一体化系统。

二、汽车安全

汽车的安全性可分为主动安全和被动安全两个方面。

主动安全措施可提高汽车回避事故的能力，例如改善驾驶员的视认性和操作条件，改善灯光照明，提高轮胎性能、制动性能和操纵稳定性，采用车载微波雷达（或激光雷达）和计算机对汽车自动操纵等。

被动安全措施可减轻事故的后果，例如改善保险杠和车身防撞结构，采用安全带、安全气囊、安全玻璃、吸能转向系统等防护装置。

1. 主动安全

（1）汽车防抱死制动系统（ABS）

现代汽车大量安装防抱死制动系统，简称 ABS（Anti-lock Braking System），如图 2.3-5 所示。

图 2.3-5 ABS 故障灯

ABS 最初用于飞机。20 世纪 40 年代末，ABS 在飞机上应用，以后 ABS 成为飞机上的标准件。但这种采用真空管的 ABS 在汽车上应用时性能达不到要求，加之其体积大、成本高，因此在汽车上的实用意义不大。1971 年，德国博世公司首次推出了电子 ABS，并从开始的集成电路控制，发展为用微机控制。从此，ABS 在汽车上的应用得以迅速发展，其控制形式也从二轮防抱死控制发展为四轮防抱死控制。现在，ABS 作为汽车的主动安全装置，已成为汽车上的标准装备。

在汽车制动时，随着制动强度增大，原先滚动的车轮有可能完全停止转动（抱死），此时汽车仍以较大的惯性向前冲而车轮在地面上滑移。在车轮完全打滑的情况下，车轮对地面的附着性能大大下降，汽车的制动距离增大，而且汽车有失控的危险，如图 2.3－6 所示。制动防抱死系统就是在制动过程中防止车轮被制动抱死，研究表明，在车轮滑移率为 15%～20% 时制动效果最佳。

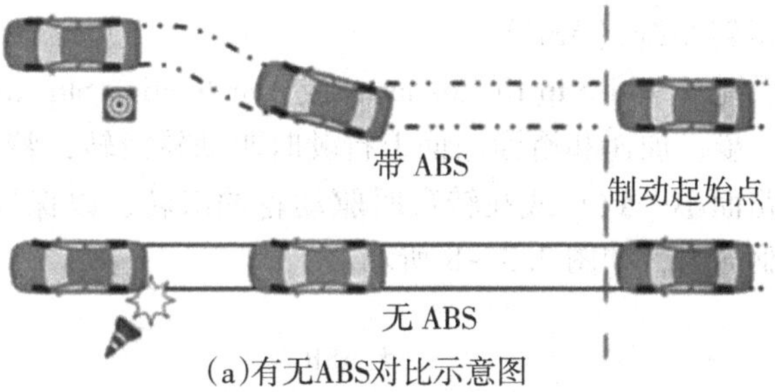

(a)有无ABS对比示意图

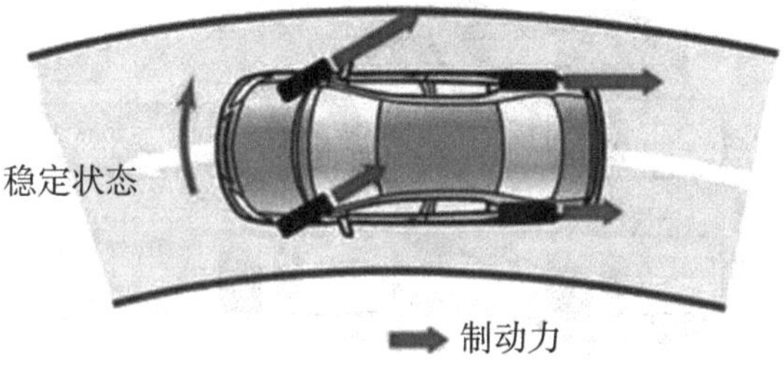

(b)ABS制动示意

图 2.3－6　ABS 效果

ABS 是常规刹车装置基础上的改进型技术，可分机械式和电子式两种。现代汽车上大量安装防抱死制动系统，ABS 既有普通制动系统的制动功能，又能防止车轮锁死，使汽车在制动状态下仍能转向，保证汽车的制动方向稳定性，防止产生侧滑和跑偏。

防抱死制动系统是在普通制动系统的基础上，配置了防止车轮抱死的电子控制系统，一般由车轮速度传感器、电子控制单元和液压调节器组成，如图 2.3－7 所示。

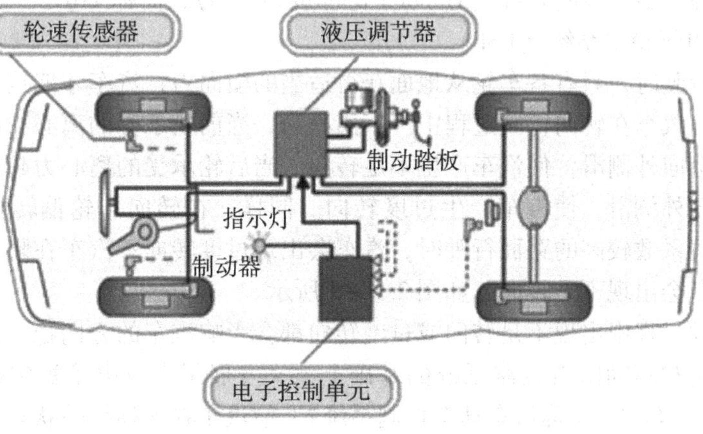

图 2.3－7　ABS 组成示意图

防抱死电子控制系统由传感器监测汽车制动时车轮是否抱死，电子控制单元计算出汽车速度、车轮周缘的线速度及车轮的滑移率。在车轮不会被抱死的普通制动过程中，电子控制单元无控制信号输出，汽车的制动力完全由驾驶员踩在制动踏板上的力量来控制。在车轮会被抱死（如紧急制动或是在松滑路面行驶中制动）的情况下，电控单元就会根据传感器所反映的制动车轮抱死情况的信号迅速作出反应，及时输出控制信号，通过执行机构（制动压力调节器）对制动器的制动力进行调整，使车轮不被抱死。

（2）汽车驱动防滑转系统（ASR）

汽车驱动防滑转系统（Anti Slip Regulation，或 Acceleration Slip Regulation，简称 ASR）的作用是防止汽车在起步、加速和滑溜路面上行驶时驱动轮滑转，特别是要防止汽车在非对称路面（两侧车轮路面不一致）或在转弯时驱动轮的滑转，以保持汽车的方向稳定性、操纵性，并维持最佳驱动力，如图 2.3－8 所示。

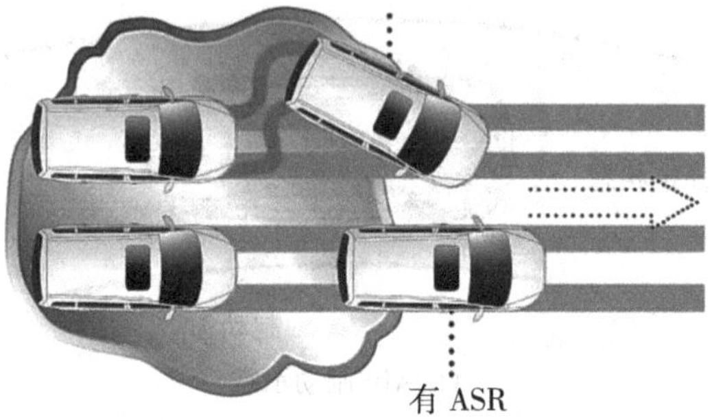

图 2.3－8　ASR 作用原理示意图

例如，驾驶员正在转换车道并加速超车时，如果驱动轮滑转，则汽车根本不按驾驶员的意愿更换车道，而留在原车道上并可能撞到前面的汽车上。又例如，汽车在转弯时，如果驱动力超过附着力，则汽车可能不转弯而滑出路面。

汽车驱动防滑转系统是当驱动车轮出现滑转时，通过控制发动机的动力输出或对滑转车轮施以制动力来抑制驱动轮的滑转，以避免汽车牵引力和行驶稳定性的下降。这种防滑转系统也被称为牵引力控制系统（Traction Control System），简称 TRC。

（3）车身电子稳定系统（ESP）

汽车转向行驶时，只有各车轮从地面获得适当的横向力，汽车才能按照驾驶员的意图进行转向行驶。汽车在转向行驶过程中产生离心力，当前轮承受的离心力超过其横向附着力时，前轮就会向外侧滑，使汽车产生不足转向。当后轮承受的离心力超过其横向附着力时，后轮就会向外侧滑，使汽车产生过度转向。同样，在转向车轮偏转相同角度的情况下，汽车在附着系数较高的路面行驶时，汽车会出现过度转向；汽车在附着系数较低的路面行驶时，汽车会出现不足转向，如图 2.3－9 所示。

在转向行驶过程中出现不足转向或过度转向都会影响汽车的方向稳定性，于是在防抱死制动控制系统和驱动防滑控制系统的基础上，又发展了车身电子稳定系统（Electronic Stability Program，ESP，又称汽车动态控制系统），使汽车在各种行驶状态和道路条件下都能保持良好的方向稳定性。它是 1994 年奔驰汽车公司首先推出的汽车主动安全系统。

ESP 能够识别车辆不稳定状态，如图 2. 3 – 10 所示，并通过对制动系统、发动机管理系统和变速箱管理系统实施控制，从而有针对性地弥补车辆滑动。但是，ESP 提供的主动安全性是有限的，不能利用其进行冒险驾驶。全神贯注地驾驶，注意路牌和交通警示，是驾驶员的首要职责。

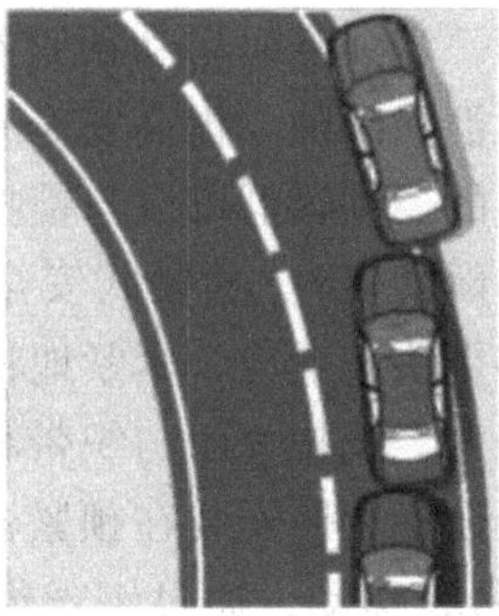
(a)不足转向

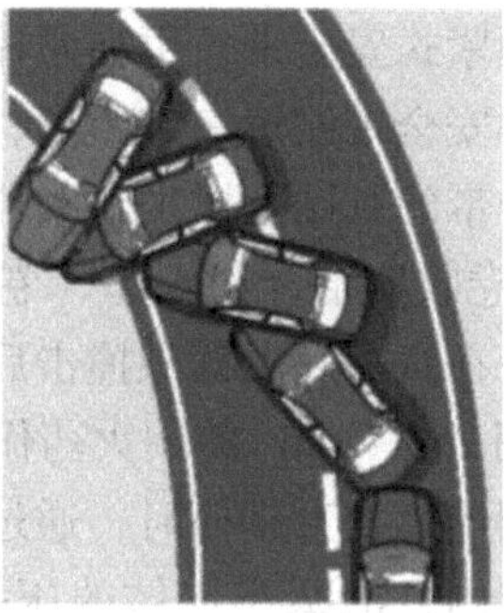
(b)过度转向

图 2. 3 – 9　汽车转向

(a)躲避前方突然出现的障碍物

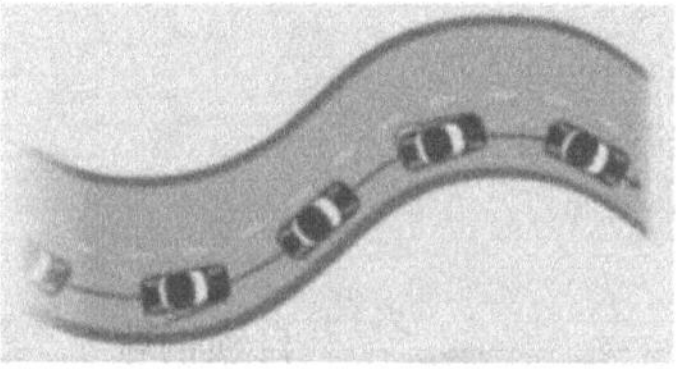
(b)在急转弯车道上高速行驶

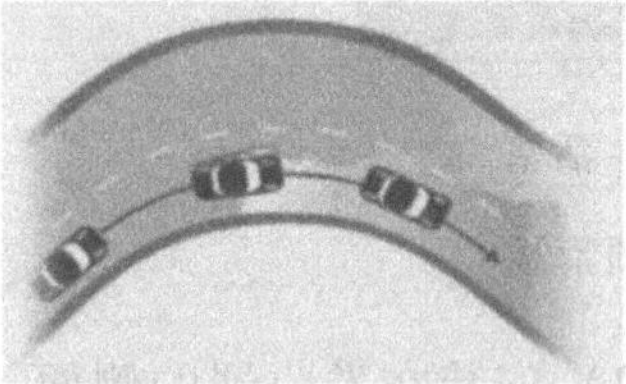
(c)在地面附着力不同的路面行驶

图 2. 3 – 10　ESP 典型工况

(4) 自适应定速巡航控制系统

自适应定速巡航控制系统（速度控制系统或自动驾驶系统）是为减轻驾驶员劳动强度，提高行驶舒适性，保证汽车和发动机都能在有利速度范围内运行的自动控制装置。在公路长途行车时，驾驶员会有单调乏味的感觉而难以使注意力集中，此时可开启巡航控制系统协助驾驶。

巡航控制系统最初在飞机上应用，显示出了它的无可比拟的优点。20 世纪 50 年代末，巡航控制系统开始用于汽车，并很快受到青睐。目前在美、日、德、法、意等汽车大国发展和普及很快，尤其是近几年来世界各国高速公路的通车里程增多，扩大了汽车巡航控制系统大显身手的空间，因此巡航控制系统在汽车上的应用也越来越多。

2. 被动安全

(1) 安全带

安全带是汽车最重要的被动安全设备之一，在发生碰撞事故时，它是阻止乘员在驾驶舱内移动的主要手段。系上安全带能防止乘员在碰撞中被甩出车外，同时也将车厢内发生二次碰撞的机会减至最小，可大幅度减少汽车碰撞事故的伤亡率。

目前广泛采用预紧式安全带，可在碰撞达到一定强度时启动预紧器，并带动锁扣回缩或卷收器回转，使得安全带缩短一定距离，有效消除间隙，提高安全带的作用。预紧式安全带是在三点式安全带的基础上增加预紧器构成的。预紧器可以与锁扣结合在一起（锁扣预紧器），也可以与卷收器结合在一起（卷收器预紧器）。预紧式安全带与机械三点式安全带不同之处在于，在汽车发生猛烈撞击后能够更快速反应，紧紧地将人扣在座位上。

锁扣预紧器（图 2.3－11）使用火药作为动力，锁扣上面与织带相连，下面由钢丝绳与预紧器内的活塞相连。发生碰撞时，通过点火设备点燃安装在预紧器上的火药，火药燃烧产生气体充入气室内，活塞在气体的压力下向右移动，通过钢丝绳将锁扣向下拉回约 80mm，消除安全带与乘员间的间隙。在活塞中安装有钢球，使得活塞只能向右移动，防止在安全带的拉力下活塞向左移动。

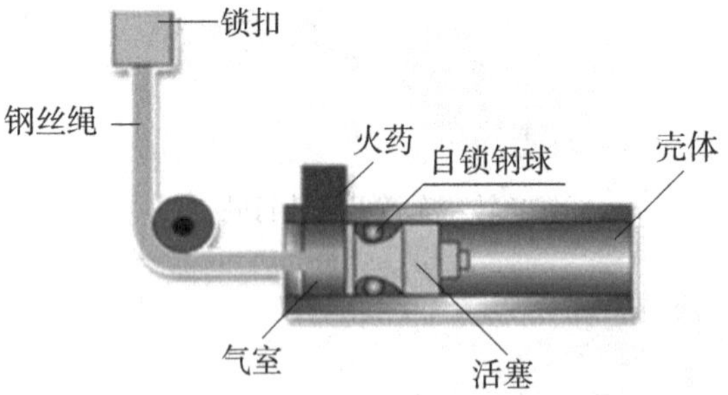

图 2.3－11 锁扣预紧器

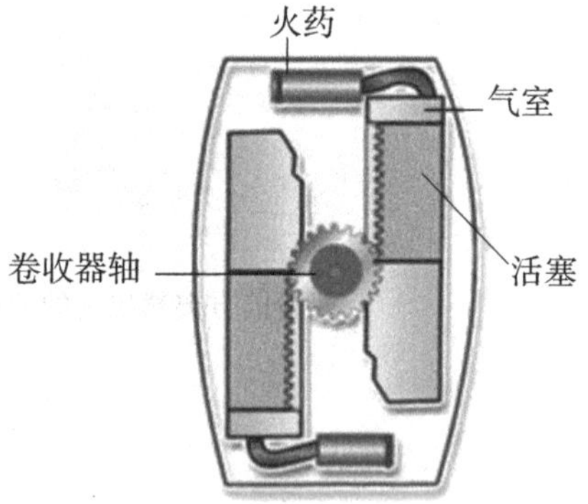

图 2.3－12 卷收器预紧器

卷收器预紧器（图 2.3－12）安装在卷收器的侧面，使用火药作为动力。发生事故时，点燃火药，推动齿条移动，从而带动卷收器回卷。

(2) 安全气囊

安全气囊（Supplemental Restraint System，简称 SRS），也称辅助乘员保护系统，是汽车的一种被动安全保护装置。安全气囊在汽车遭到碰撞而急剧减速时迅速膨胀，成为一个缓冲垫，让乘员扑在气囊上。通过气囊的排气节流阻尼吸收乘员的动能，使猛烈的车内碰撞得以缓冲，以达到保护乘员的目的。日本、美国、德国等汽车大国在 2001 年，已把安全带和安全气囊定为轿车上不可缺少的装备。

安全气囊的保护作用是十分显著的。据美国官方公布的数字，1986 年至 1997 年 2 月 15 日，安全气囊共挽救了 1828 人的生命（1639 名司机，189 名乘员）。安全气囊同时也有副作用。在上述时间段内，气囊造成 38 名儿童、21 名司机、2 名乘员死亡，这主要发生在低速碰撞情况下。造成死亡的原因有如下几种：儿童及儿童座椅靠近气囊；碰撞前的制动使得儿童更加靠近气囊。气囊造成的伤害主要在头和颈部。

气囊的形式有两种：一种体积比较大，即使乘客不系安全带也能起到良好的保护作用，主要应用在美国市场，因为美国法规对安全带的佩戴没有强制性规定。另一种体积较小，与安全带配合使用，是将安全气囊与三点式安全带共同组成一个乘员保护系统，使之达到最佳的乘员保护效果。这种气囊主要在欧洲市场应用，因为欧洲对安全带的佩戴有强制性要求。

在汽车前部碰撞时，传感器感受汽车碰撞强度并将其传给电子控制单元，控制单元进行判断并在适当时机发出点火信号触发气体发生器，气体发生器点火后迅速（在 0.05s 的时间内）产生大量气体，充满转向盘中部的气囊，从而防止驾驶员撞到前面的物体上（图 2.3－13），达到保护乘员生命安全的目的。

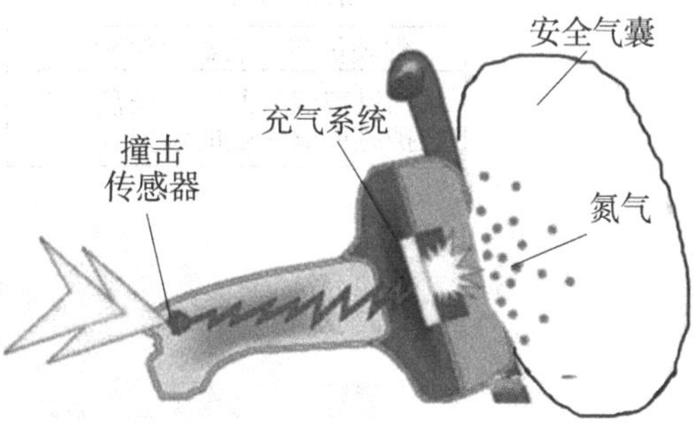

图 2.3－13　安全气囊保护作用示意

有的汽车有两个气囊，一个折叠在转向盘中部，保护驾驶员；另一个折叠在仪表板内，保护驾驶员边上的乘客。近年来一些新式轿车还增添了侧面气囊装置以便在汽车侧面受撞击时保护乘员。

安全气囊的引爆时间是根据汽车撞击力度和角度而定的。每家汽车公司设计的引爆临界数值并不完全相同。比如，要引爆福特汽车公司所设计的安全气囊，汽车必须以每小时 23 千米的速度撞击一固定障碍物，或以每小时 45 千米以上的速度撞击同样重量的可移动物体或可停住的汽车。

引爆安全气囊，除了速度之外，还有撞击的角度，只有在正面或与正面 30°内发生的撞击才会引爆安全气囊，而后面或侧面撞击是无法引爆安全气囊的。

2.3.2　认识汽车系统及其部件、性能

一、车辆识别代码的意义和作用

车辆识别代码——VIN 码，VIN 是英文 Vehicle Identification Number 的缩写，又称车辆识别码、车辆识别代号、车架号。VIN 码是表明车辆身份的代码。ASE（Automotive Service Excellence，美国汽车维修优秀技师认证组织）标准规定：VIN 码由 17 位字符组成，所以也俗称十七位码（图 2.3－14）。

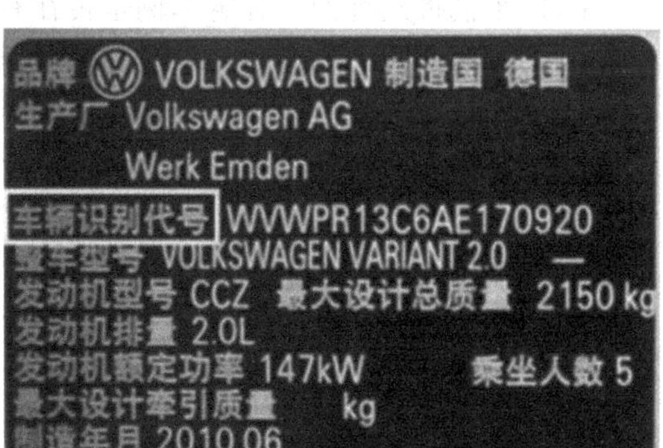

图 2.3－14　VIN 码示例

VIN 码是制造厂为了识别而给一辆车指定的一组字码。该号码的生成有着特定的规律，对应于每一辆车，能保证 50 年内在全世界范围内不重复出现。因此又有人将其称

为“汽车身份证”。VIN 码中含有车辆的制造厂家、生产年代、车型、车身型式、发动机以及其他装备的信息。

VIN 码常见的标注位置如图 2.3－15 所示。除了图中所示外，在车辆登记证和行驶证上也可查阅。

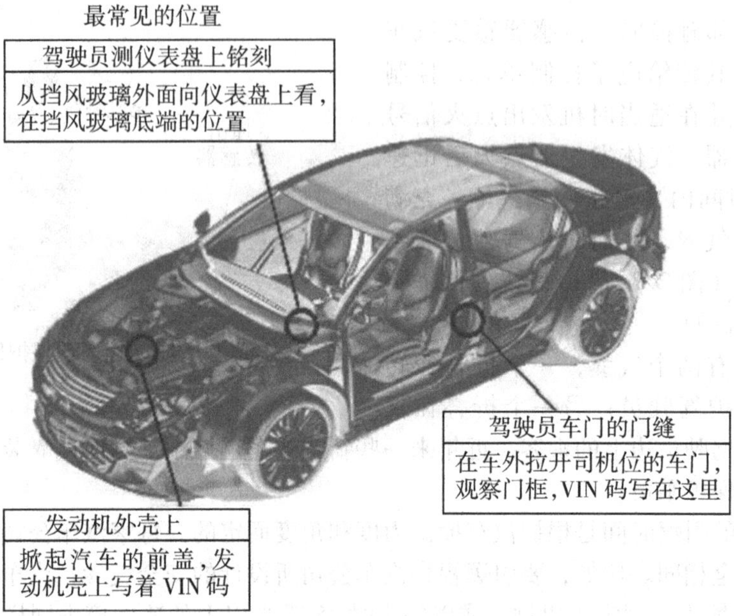

图 2.3－15　VIN 码常见的标注位置

VIN 码常用于以下业务：

（1）车辆管理。如登记注册、信息化管理。

（2）车辆检测，违章查询。如年检和排放检测，违章需输入 VIN 码才可以查询。

（3）车辆防盗。用来识别车辆和零部件，建立盗抢数据库。

（4）车辆维修。如诊断、电脑匹配、配件订购、客户关系管理等。

（5）二手车交易。查询车辆历史信息。

（6）车辆批次查询。确定车辆是否在召回范围内。

（7）车辆保险。如保险登记、理赔、浮动费率的信息查询。

（8）确认车辆身份。在一些特殊情况下可以更准确地识别自己的车辆。

二、VIN 码的组成

VIN 码由三个部分组成（图 2.3－16）。第一部分，世界制造厂识别代号（WMI）；第二部分，车辆说明部分（VDS）；第三部分，车辆指示部分（VIS）。

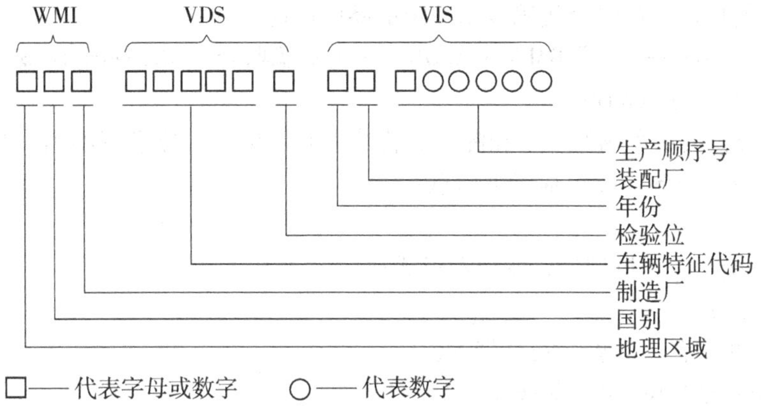

图 2.3－16 VIN 码的组成

1. 世界制造厂识别代号（WMI）

阐释汽车的制造厂、品牌和类型。

国际标准化组织（ISO）按地理区域分配给各国世界制造厂识别代号，各国再分配给本国的制造厂，所有的 WMI 代号由美国汽车工程师学会（SAE）保存并核对。中国由天津汽车技术研究中心标准所代理，并经由国家经贸委备案。通过 WMI 可识别汽车的原产地。其组成含义如下：

第 1 个字码：地理区域代码，如 1～5 代表北美，6、7 代表大洋洲，8、9 和 0 代表南美洲等，A～H 代表非洲，J～R 代表亚洲，S～Z 代表欧洲。

第 2 个字码：标明一个特定地区内的一个国家的字码。美国汽车工程师学会（SAE）负责分配国家代码。第 1、2 位字码的组合将能保证国家识别标志的唯一性。表 2.3－1 为部分国家和地区的代码。

表 2.3－1 部分国家或地区代码

代码	国家或地区	代码	国家或地区
1	美国	J	日本
2	加拿大	S	英国
3	墨西哥	K	韩国
4	美国	L	中国
6	澳大利亚	V	法国
9	意大利	R	中国台湾
W	德国	Y	瑞典

第 3 个字码：由国家机构指定一个字码来标明某个特定的制造厂。

我国实行的车辆识别代号中的 WMI，第 1 位“L”表示中国，第 2、3 位表示制造厂，目前大多数将第 2、3 字码合并表示生产厂家。若制造厂的年产量少于 500 辆，其 WMI 代码的第 3 个字码为 9。大型汽车制造厂一般将第 3 个字码用于分配车系，不同的厂商会有不同的解释。第 1、2、3 位字码的组合能保证制造厂识别标志的唯一性。

有些厂商使用前3位组合代码表示特定的品牌厂商，如：

4US/WBA/WBS——宝马 BMW ；WDB——梅赛德斯奔驰 Mercedes Benz

2. 车辆说明部分（VDS）

第4～9位：表示车辆的类型和配置。若其中的一位或几位字符不用，必须用选定的字母或数字占位。VDS一般包括以下信息：

- 车系；
- 动力系统：发动机型号，变速器形式；
- 车身形式；
- 约束系统配置：气囊、安全带等；
- 校验位：第9位，0～9或x。

3. 车辆指示部分（VIS）

第10～17位：制造厂为了区别每辆车而制定的一组字符，最后4位字符应是数字。VIS一般包含以下信息：

- 车型年代：第10位，字母或数字，不能为数字0、字母O、Q、I、Z。
- 装配厂：第11位，字母或数字。
- 生产顺序号：最后6位，一般为数字。

如果制造厂生产的某种类型的车辆产量≥500辆，VIS的第3～8位表示生产顺序号；如果制造厂的产量<500辆，则此部分的第3、4、5位与WMI中的第3位字码一起来表示一个车辆制造厂。

三、车辆识别代号（VIN）含义示例

下面以一汽大众奥迪车架号“LFV5A14B8Y3000001”为例，对各代码代表的意义进行说明。

（1）前3位“LFV”代表国家及制造商。其指的是，中国，一汽大众汽车有限公司。

（2）第4位“5”代表发动机排量。当排量大于2.4L但小于2.8L时，用5表示。

（3）第5位“A”代表车身类型。

A——四门折背式（如A6L）；B——四门直背式（如Q5）；C——五门仓背式（如A7）。

（4）第6位“1”代表汽油发动机或柴油发动机及变速器类型。

1——汽油手动变速器；2——汽油自动变速器；3——柴油手动变速器；4——柴油自动变速器；5——混动手动变速器；6——混动自动变速器；7——气体手动变速器；8——气体自动变速器。

（5）第7和第8位“4B”代表车型代码。

4B——车型A6（C5）；4D——车型A8；8D——车型A4。

（6）第9位“8”代表检验码。

（7）第10位“Y”代表该车的生产年份。Y代表生产年份为2000年。

（8）第11位“3”代表装配厂。3代表中国长春一汽大众汽车有限公司。

（9）第12～17位“000001”为生产顺序号码。

四、知识拓展

1. 并线辅助

并线辅助原理跟雷达相似，如图 2.3－17 所示，当打转向灯准备并线时，如果没有注意到相邻车道的其他车辆，后视镜上的 LED 灯就会闪，警告驾驶者注意安全。如奔驰新 E 级上，如果不打转向灯，后方有来车时会以黄色警示，如果打转向灯，则会以红色闪烁，提醒后方有来车，并线会发生危险。这一装置一般是在左右两个后视镜内或者其他地方，其作用是提醒驾驶者后方的来车，消除视线盲区，提高行车安全。它对对新手有很大的帮助。

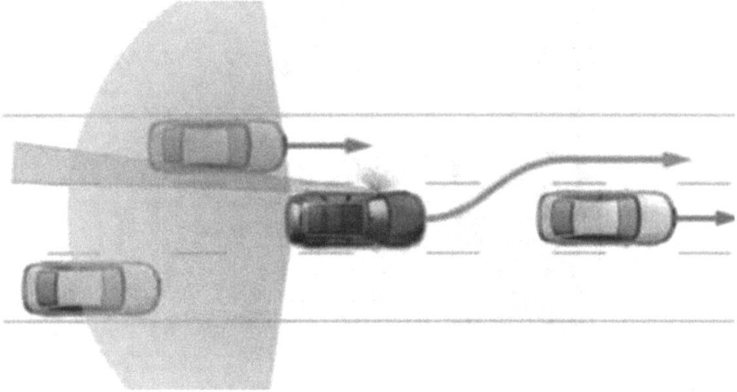

图 2.3－17　并线辅助示意图

2. 儿童锁

在行车过程当中，儿童可能会无意中或误操作打开车门，从而造成一定的危险。儿童锁可有效避免这种危险，其装配位置如图 2.3－18 所示。当儿童锁闭合后，后排车门只能从外面打开。

图 2.3－18　儿童锁位置示意图

3. 工信部综合油耗

工信部（政府部门，负责一些产品信息的调查）规定，从 2010 年 1 月 1 日起，将建立轻型汽车燃料消耗量公示制度。除了在工信部网站公示外，车企必须在车辆出厂前在车身上粘贴实际油耗标识，如图 2. 3 – 19 所示。轻型汽车将分别标明城市工况、郊区工况和综合工况下的油耗等；进口新车也同样要贴油耗标识，以方便消费者辨识油耗程度或节能效果。

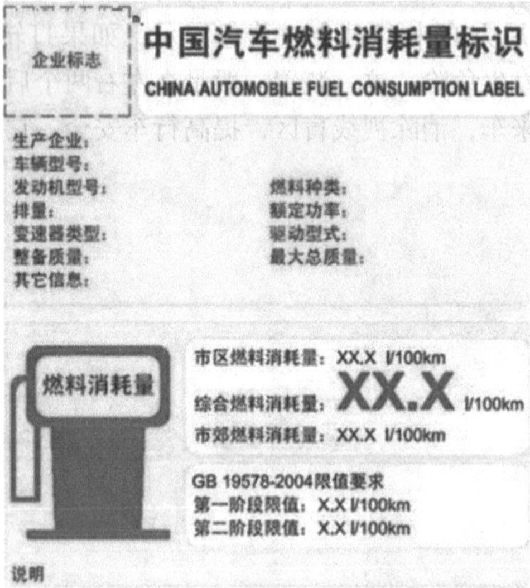

图 2. 3 – 19　车辆燃料消耗量标志图

4. 静态弯道辅助照明系统

静态弯道辅助照明与随动转向大灯（AFS）不是一回事。前者在近光灯开启且车速小于 40km/h 的状态下，只要打转向灯，则一侧雾灯亮起，通过特殊的反射装置，能够为侧前方 60°范围内近处提供照明，可有效减少夜晚转弯时的近处盲区，特别适合慢速急弯等复杂路段，有效提升车辆行驶安全，如图 2. 3 – 20 所示。

图 2. 3 – 20　静态弯道辅助照明示意图

5. 汽车三包

汽车三包，即汽车的修理、更换、退货，是销售者按照《家用汽车产品修理、更换、退货责任规定》对家用汽车产品在保修期和三包有效期内出现的质量问题应当承担的法律责任。该规定是国家质检总局于 2013 年 1 月 15 日公布的。其实在零售行业早就有了三包政策，指商品进入消费领域后，卖方对买方所购物品负责而采取的在一定限期内的一种信用保证办法。对不是因用户使用、保管不当，而属于产品质量问题而发生的故障提供三包服务。

2.3.3　汽车分类

一、按车型分类

从 2005 年开始，我国在汽车行业实行新的车型统计分类。本次分类是我国汽车工业在车型统计分类上的第一次重要改革，也是为了满足加入 WTO 后与国际接轨的需要，对今后汽车行业的发展影响深远。

新的车型统计分类是参考 GB/T 3730.1—2001 和 GB/T 15089—2001 两个国家标准，结合我国汽车工业的发展状况制订的。它的大分类基本与国际较为通行的称谓一致，分为乘用车和商用车两大类。

1. 乘用车

乘用车（Passenger Car）是在其设计和技术特征上主要用于载运乘客及其随身行李和/或临时物品的汽车，其座位数包括驾驶员座位在内最多不超过 9 个，它也可以牵引一辆挂车。乘用车涵盖了轿车、微型客车以及不超过 9 座的轻型客车。而载货汽车和 9 座以上的客车全部不属于乘用车。

但有一类特殊情况，考虑部分车型如金杯海狮同一长度的车既有 9 座以上的，又有 9 座以下的，在实际统计中，该车均列为商用车。

乘用车下细分为基本型乘用车、多功能车（MPV）、运动型多用途车（SUV）和交叉型乘用车等四类，它是根据现阶段我国汽车工业发展的特点进行划分的。

乘用车又可以分为如下 11 类，其中（1）～（7）类乘用车俗称轿车。

（1）普通乘用车

采用封闭式车身，侧窗中柱有或无，如图 2.3－21 所示。固定式硬顶车顶（顶盖），有的顶盖一部分可开启。有至少两排、4 个或 4 个以上座位，后座椅可折叠或移动，以形成装载空间。有 2 个或 4 个侧门，可有一个后开启门。

图 2.3－21　普通乘用车

（2）活顶乘用车

采用具有固定侧围框架的可开启式车身，车顶为硬顶或软顶，可开启式车身可以通过使用一个或数个硬顶部件或合拢软顶将开启的车身关闭，如图 2.3－22 所示。有至少两排、4 个或 4 个以上座位，2 个或 4 个侧车门，4 个或 4 个以上侧窗。

图 2.3－22　活顶乘用车

（3）高级乘用车

采用封闭式车身，前后座之间可以设有隔板；固定式，硬顶车顶。有的顶盖一部分可开启，至少两排 4 个或 4 个以上座位，后排座椅前可安装折叠式座椅，如图 2.3－23 所示。有 4 个或 6 个侧门，也可有一个后开启门，6 个或 6 个以上侧窗。

图 2.3－23　高级乘用车

（4）跑车型乘用车

采用封闭式车身，通常后部空间较小。固定式硬顶车顶，有的顶盖一部分可开启。有至少一排、2 个或 2 个以上的座位，2 个侧门，也可有一个后开启门，2 个或 2 个以上侧窗，如图 2.3－24 所示。

图 2.3－24　跑车型乘用车

（5）敞篷车

采用可开启式车身，车顶可为软顶或硬顶，至少有两个位置：第一个位置遮覆车身；第二个位置车顶卷收或可拆除。有至少一排、2 个或 2 个以上的座位，采用 2 个或 4 个侧门，2 个或 2 个以上侧窗，如图 2.3－25 所示。

图 2.3－25　敞篷车

（6）仓背乘用车

采用封闭式车身，侧窗中柱可有可无。固定式硬顶车顶，有的顶盖一部分可以开启。有至少两排、4 个或 4 个以上的座位，后座椅可折叠或可移动，以形成一个装载空间；有 2 个或 4 个侧门，车身后部有一仓门，如图 2.3－26 所示。

图 2.3－26　仓背乘用车

（7）旅行车

采用封闭式车身，车尾外形可提供较大的内部空间。固定式硬顶车顶，有的顶盖一部分可以开启。有至少两排、4 个或 4 个以上的座位，座椅的一排或多排可拆除，或装有向前翻倒的座椅靠背，以提供装载平台。有 2 个或 4 个侧门，并有一个后开启门，有 4 个或 4 个以上侧窗，如图 2.3－27 所示。

图 2.3－27　旅行车

（8）多用途乘用车

多用途乘用车也称为 MPV，从源头上讲，MPV 是从旅行车逐渐演变而来的，它集旅行车宽大乘员空间、轿车的舒适性和厢式货车的功能于一身，一般为两厢式结构。通俗地说，就是可以坐 7～8 人的小客车，如图 2.3－28 所示。

图 2.3－28　多用途乘用车

（9）短头乘用车

它的发动机长度一半以上位于车辆前风窗玻璃最前点以后，并且方向盘的中心位于车辆总长的前四分之一部分内，如图 2.3－29 所示。

图 2.3－29　短头乘用车

（10）越野乘用车

在其设计上所有车轮同时驱动（包括一个驱动轴可以脱开的车辆），或其几何特性（接近角、离去角、纵向通过角，最小离地间隙）、技术特性（驱动轴数、差速锁止机构或其他型式机构）和它的性能（爬坡度）允许在非道路上行驶的一种乘用车，如图 2.3－30 所示。

图 2.3－30　越野乘用车

图 2.3－31　专用乘用车（旅居车）

（11）专用乘用车

运载乘员或物品并完成特定功能的乘用车，它具备完成特定功能所需的特殊车身或装备。例如：旅居车（图 2.3－31）、防弹车、救护车、殡仪车等。

2. 商用车

商用车（commercial vehicle）是在其设计和技术特征上用于运送人员和货物的汽车，并且可以牵引挂车。乘用车不包括在内。

商用车分为客车、货车、半挂牵引车、客车非完整车辆（客车底盘）和货车非完整车辆（货车底盘），共五类。

二、根据动力装置进行分类

1. 内燃机汽车

最常见的内燃机汽车是汽油车和柴油车。此外，还有替代燃料内燃机汽车，如液化石油气（LPG）车、压缩天然气（CNG）车、甲醇车、乙醇车等。

2. 电动汽车

其动力装置是电机，一般用蓄电池或燃料电池给电机供电。电动汽车的优点是无废气排出、不产生污染、噪声小、能量转换效率高、易实现操纵自动化。

3. 混合动力汽车

由内燃机和电机联合提供动力的汽车。

三、按行驶道路条件分类

1. 道路用车

行驶在道路和等级公路的汽车。道路用车的长度、宽度、高度、单轴负荷等均受交通法规的限制。

2. 非道路用车

一类是车辆的外廓尺寸、单轴负荷等参数超出了法规限制而不适于在公路行驶的车辆，如矿山、机场、工地等专用车；另一类是既能在非公路地区，又能在公路上行驶的越野汽车。

四、按照汽车布局形式分类

汽车的整体布局是指如何安排一辆汽车的各个组成部分在整车中所处的相对位置。汽车的布局元素包括发动机、传动系统、座舱、行李舱、排气系统、悬挂系统、油箱、备胎等，其中发动机、传动系统和座舱是决定布局的三要素。按这三要素可将汽车整体布局方式分为前置发动机前轮驱动（Front-engine Front-drive，FF）、前置发动机后轮驱动（Front-engine Rear-drive，FR）、中置发动机后轮驱动（Middle-engine Rear-drive，MR）、后置发动机后轮驱动（Rear-engine Rear-drive，RR）和四轮驱动（4-wheel Drive，4WD）五大类型，如表 2.3－2 所示。

表 2.3－2　汽车发动机布局及作用

发动机布置	驱动形式	主要应用车型
发动机前置（横置，FF 布局）	前轮驱动	大部分家用轿车
发动机前置（纵置，FR 布局）	后轮驱动	大型轿车，SUV，货车
发动机中置（MR 布局）	后轮驱动	越野车
发动机后置（RR 布局）	后轮驱动	国内的公交车
4WD 布局	四轮驱动	越野车、高性能跑车

一个良好的汽车布局方案应该在使各部件工作良好的基础上满足应有的使用功能，如载人、运货、越野等。下面对汽车的五种布局方案作简单介绍。

1. FF 布局

FF 布局中发动机一般横置在车头，经过变速器直接驱动前轮，这样可以免去传动轴，从而解决了 FR 布局的座舱地台问题。

FF 是目前绝大部分微、小、中型轿车采用的布局方式，如图 2.3－32 所示。其优点是汽车结构紧凑、整车质量小、节省燃油、发动机散热条件好、底盘低、高速操纵稳定性好。缺点是前轮必须负责转向和驱动，使得转向时所负担的作用力较大，转弯时容易转弯不足；上坡时驱动轮容易打滑，下坡制动时前轮负荷大，易翻车；发动机和传动系统集中在发动机舱内，布局拥挤。这是大型轿车不采用发动机 FF 布局的主要原因。

图 2.3－32　发动机 FF 布局

2. FR 布局

FR 为前置发动机，后轮驱动，如图 2.3－33 所示。发动机产生的动力由变速箱与传动轴传至后轮，驱动的力量由后向前推。这样的布置使得汽车启动、加速和爬坡时，驱动轮的附着压力增大，牵引性明显优于前驱形式。

但这样的设计会使座舱底板中央必须隆起较高的高度，以便于传动轴的布置，会导致后座中央的乘员腿部空间局促和后座空间较小。而且后驱布置在转弯时，由于汽车前轮直接受转向系统支配，已经改变了行驶方向，而后面的驱动轮仍有往前的惯性，所以容易出现转向过度，俗称“甩尾”。一般高性能、高级车款较普遍采用此方式。

图 2.3－33　发动机 FR 布局

3. MR 布局

MR 是将发动机放置在前后轴之间，后轮驱动。目前的赛车和超级跑车，基本上都采用这种方式，例如 F1、法拉利等，如图 2.3－34 所示。使用这种布局有利于平衡前后重量，具有很好的控制特性，可获得最佳的运动性能。其缺点是驾驶员离发动机较近，噪音大。

一般的 MR 布局，发动机是置于座椅之后、后轴之前的。近年来出现了一种被称“前中置发动机”的布局方式，即发动机置于前轴之后、乘员之前，后轮驱动。从形式上说，这种布局应属于 FR，但能达到与 MR 一样的理想轴荷分配，从而提高操控性。

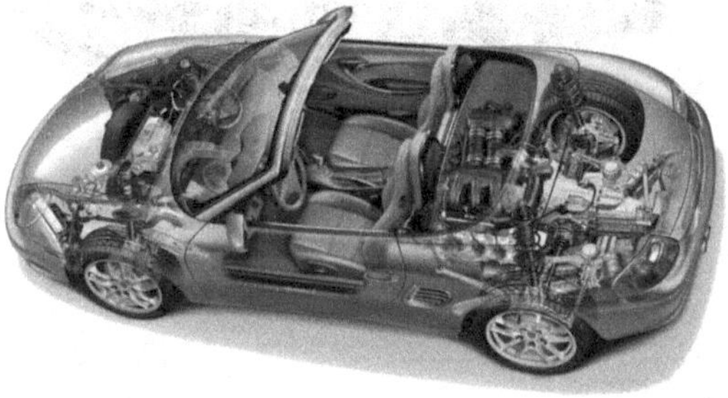

图 2.3－34 发动机 MR 布局

4. RR 布局

RR 为后置发动机，后轮驱动。轿车很少采用 RR 布局，多数是大客车采用，如图 2.3－35 所示。

这种方式也可以使车重在前后轴的分布均衡，但是发动机的冷却条件相对较差，发动机和变速器、离合器的操纵机构都较复杂。RR 布局也利于动力的发挥和在操控中的良好表现，但是由于发动机和驱动轮都在车后，在弯道中虽然有可能通过的极限更高，却也更容易失控，极其容易甩尾。现在仍采用 RR 布局的轿车不多，保时捷 911 跑车是其一。

图 2.3－35 发动机 RR 布局

5. 4WD 布局

4WD 四轮驱动是更平衡的驱动方式，能有效避免转向不足和转向过度等状况，如图 2.3－36 所示。

4WD 在路面通过性较好，所以现在的越野车和城市 SUV 车型很多使用 4WD。现代汽车的 4WD 都加入了电子控制系统，可以实现自动四驱或者半自动四驱，车载电脑可以根据路况和车轮打滑情况自动决定是否使用四驱。总体来说，四驱车与两驱车相比，如果使用相同排量发动机，油耗可能增加50%甚至更高。而且四驱车因为车体相对较大、较高，其在道路上的主动安全性也相对较低。

图2.3-36　4WD布局

五、按照车辆用途级别分类

车辆的级别一般根据车身长度和轴距划分，可以分为微型车、小型车、紧凑型车、中型车、中大型车、大型车、小型SUV、紧凑型SUV、中型SUV、中大型SUV、大型SUV、MPV、跑车、皮卡、微面、轻客、微卡。

1. 微型车

微型车也被称为A00级车，一般情况下，属于该级别的车轴距小于2450mm，车身长度在4000mm之内，搭载的发动机排量在1.0L左右。由于微型车的体积较小、油耗较低、价格便宜，所以比较适合代步。比较典型的微型车是奥拓、奇瑞QQ3、比亚迪F0等。

随着市场的发展，微型车的尺寸、发动机排量也在不断增加，比如奥拓，轴距从2175mm增长到2360mm；吉利熊猫采用了1.3L发动机；而进口到我国的smart fortwo，售价超过10万，是最贵的微型车。

2. 小型车

小型车也被称为A0级车，一般情况下，属于该级别的车的轴距为2350～2600mm，车身长度为3650～4450mm，发动机排量为1.0～1.5L。比较典型的小型车是POLO、飞度、赛欧等。

3. 紧凑型车

紧凑型车也被称为A级车，一般情况下，属于该级别的车的轴距为2500～2750mm，车身长度为4100～4700mm，发动机排量为1.6～2.0L。比较典型的紧凑型车是高尔夫、科鲁兹、福克斯等。

4. 中型车

中型车也被称为B级车，一般情况下，属于该级别的车的轴距为2650～2920mm，车身长度为453～5000mm，发动机排量为1.8～2.4L。比较典型的中型车是宝马3系、雅阁、凯美瑞等。

5. 中大型车

中大型车也被称为 C 级车，一般情况下，属于该级别的车的轴距为 2800 ～ 3100mm，车身长度为 4800 ～ 5200mm，发动机排量超过 2. 4L。比较典型的中大型车是奥迪 A6L、奔驰 E 级、丰田皇冠等。

6. 大型车

大型车也被称为 D 级车，一般情况下，属于该级别的车的轴距超过 2900mm，车身长度超过 5000mm，发动机排量超过 3. 0L。比较典型的大型车是奔驰 S 级、迈巴赫、劳斯莱斯幻影等。

大型车可以分为两种，一种是民用级大型车，也就是常规品牌的顶级车型，比如奥迪 A8L 等；还有一种就是高端豪华品牌的大型车，比如宾利雅致等，它们的售价通常都不低于 300 万，并且加长现象非常普遍，车内空间极为宽敞，很多车都是根据顾客的需求量身定做的，不少配置可以用"奢华"来形容。

7. SUV（级别）

SUV 是 Sport Utility Vehicle 的简写，中文意思是运动型多功能车，是一种同时拥有旅行车般的舒适性和空间及一定越野能力的车型，现在的 SUV 一般是指那些以轿车平台为基础生产、在一定程度上既具有轿车的舒适性，又有越野车的通过性的车型。

8. 小型 SUV

小型 SUV 车长一般在 3850 ～ 4350mm，轴距小于 2670mm。相比其他级别的 SUV，小型 SUV 是近几年才兴起的 SUV 级别，因为以往 SUV 都是以大为荣，但是在节能环保的今天，SUV 也开始走起小巧路线，不仅节能省油，而且更加时尚养眼。

9. 紧凑型 SUV

紧凑型 SUV 车长一般在 4200 ～ 4750mm，轴距 2600 ～ 2760mm。由于其定位更加符合二次购车消费车的首选目标，紧凑型 SUV 可以说是 SUV 市场的销售主力。一般情况下，紧凑型 SUV 基于紧凑型轿车平台开发。由于市场需求，有些厂商将紧凑型 SUV 引入国内时会在原车型的基础上加大尺寸，比如大众途观相比原型车，车身尺寸由 4433mm 增长至 4525mm，轴距由 2604mm 加长至 2680mm。

10. 中型 SUV

中型 SUV 车长为 4300 ～ 4850mm，轴距 2650 ～ 2800mm。一般情况下，中型 SUV 基于中型轿车平台开发，对于那些不满足于紧凑型 SUV 空间的人来说，中型 SUV 的空间优势能够满足他们的需求，其中部分中型 SUV 还可能提供 7 个座位的选择。比较典型的中型 SUV 有奔驰 GLK、宝马 X3、奥迪 Q5 等。

11. 中大型 SUV

中大型 SUV 车长为 4750 ～ 5200mm，轴距 2790 ～ 3050mm。相比中型 SUV，中大型 SUV 除了为用户提供了更大的空间，还为用户提供了更豪华的配置、更强劲的动力。比较典型的中大型 SUV 有奔驰 M 级、路虎发现四、宝马 X5、保时捷卡宴、丰田普拉多等。

12. 大型 SUV

大型 SUV 车长一般都大于 5100mm，轴距大于 2900mm，是各方面的设计都以大及宽敞为主要诉求的 SUV，其他诸如经济性、成本甚至造型等因素都可以为此作出牺牲。但实际上汽车是一种综合产品，所以大型 SUV 不但在尺寸上傲视群雄，在各方面性能与配置上也成为表率。

13. MPV（级别）

MPV是指多用途汽车（multi－Purpose Vehicles），从源头上讲，MPV是从旅行轿车逐渐演变而来的，它集旅行车的宽大乘员空间、轿车的舒适性和厢式货车的功能于一身，一般为两厢式结构，即多用途车。

14. 跑车（级别）

跑车一般为双门设计，车身较低、造型流畅，有着比较强烈的运动感，座椅为双座或2+2式设计。与其他级别车型区别比较明显的是，跑车的发动机可以有前置、中置和后置三种形式；而且其车顶形式也有硬顶、硬顶敞篷和软顶敞篷三种。

15. 皮卡

皮卡是英文Pickup的音译，又名轿卡，顾名思义，亦轿亦卡，是一种采用轿车车头和驾驶室，同时带有敞开式货车车厢的车型。其特点是既有轿车般的舒适性，又不失动力强劲，而且比轿车的载货性能和适应不良路面的能力还强。

皮卡既可作为专用车、多用车、公务车、商务车，也可作为家用车，用于载货、旅游、出租等。在国际上，皮卡的主要生产国是美国和日本。皮卡在国内的主要生产厂有长城汽车、郑州日产、江铃汽车、中兴汽车、庆铃汽车、福田汽车。

16. 微面

微面，是微型面包车的简称，是一种小型的客货两用型小汽车。其命名由其外形得来，方方正正像个面包。国内在售的微面基本上都属于商用车，其发动机排量都不大，以经济实用为主。

17. 微卡

微卡是微型卡车的简称，是一种小型载货用汽车。其外形是在微面的基础上，车体后面加入封闭式货箱或货斗。国内在售的微卡，其发动机排量都不大，以经济实用为主。微卡可作为载货车、专用车、公务车等。国内常见的微卡主要有长安微卡、哈飞微卡、五菱微卡、东风微卡等。

六、知识拓展

1. 外形尺寸

汽车的长、宽、高（单位：mm）数据用于表示车身外部尺寸的大小（图2.3－37）。

车身长度：指的是从汽车前端最凸出的位置到后端最凸出的位置的距离。

车身宽度：一般指车身左右两端最凸出的位置的距离。但不包含两外后视镜、侧面标志灯等个别部分。

车身高度：车辆无装载时，从地面到汽车最高点的距离。若该车有行李架，那么高度应包含行李架的高度，但不包含天线的高度。

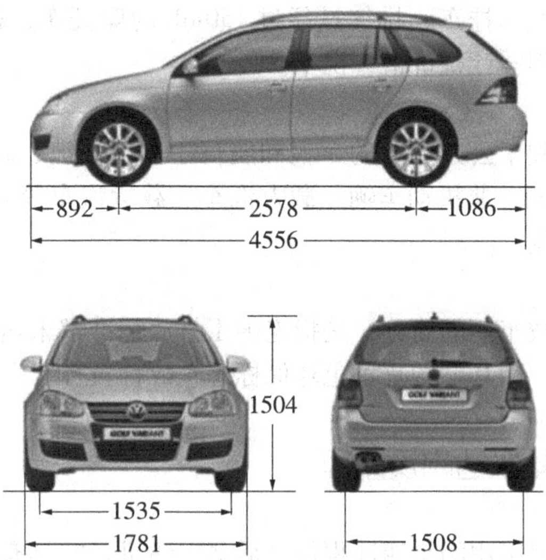

图 2.3－37 车身外部尺寸示意图

2. 轴距及其对车辆的影响

轴距是通过车辆同一侧相邻两车轮的中点，并垂直于车辆纵向对称平面的两垂线之间的距离（图 2.3－38）。简单地说，就是汽车前轴中心到后轴中心的距离。

图 2.3－38 轴距示意图

在车长被确定后，轴距是影响乘坐空间最重要的因素，因为占绝大多数的 2 厢和 3 厢乘用车的乘员座位都是布置在前后轴之间的。长轴距使乘员的纵向空间增大，将大大增加影响车辆乘坐舒适性的脚部空间。虽然轴距并非决定车内空间的唯一因素，但却是根本因素。

轴距对整车质量、汽车总长、汽车最小转弯半径、传动轴长度、纵向通过半径等都有影响。轴距短时，上述指标减小。轴距还对轴荷分配、传动轴夹角有影响。轴距过短会使车厢长度不足或后悬过长，汽车上坡、制动和加速时轴荷转移过大，使汽车制动性或操纵稳定性变差，车身纵向角振动增大，对汽车平顺性不利，万向节传动轴的夹角增大。

轴距的长短对轿车的舒适性、操纵稳定性的影响很大。人们必须在稳定性和灵活性之间作出取舍，找到合适的平衡点。

3. 车辆购置税

这是对在我国境内购置规定车辆的单位和个人征收的一种税，它由车辆购置附加费演变而来。根据《中华人民共和国车辆购置税法》。车辆购置税的纳税人为购置（包括购买、进口、自产、受赠、获奖或以其他方式取得并自用）应税车辆的单位和个人，征税范围为汽车、有轨电车、汽车挂车、排气量超过 150mL 的摩托车，税率为 10% 。应纳税额的计算公式为：应纳税额 = 计税价格 × 税率。

4. 车船使用税

车船使用税是对行驶于公共道路的车辆和航行于国内河流、湖泊或领海口岸的船舶，按照其种类（如机动车辆、非机动车辆、载人汽车、载货汽车等）、吨位和规定的税额计算征收的一种使用行为税。

5. 黄标车

黄标车是高污染排放车辆的简称，是指连国Ⅰ排放标准都未达到的汽油车，或排放达不到国Ⅲ标准的柴油车，因其贴的是黄色环保标志，故称黄标车。

2. 3. 4 汽车发动机基本结构及原理

现代汽车发动机主要采用的是四冲程往复活塞内燃机，它具有功率大、热效率高、体积小、质量轻、操作简单，便于移动和启动性能好等优点。

发动机是一种由许多机构和系统组成的复杂机器。无论是汽油机，还是柴油机；无论是四冲程发动机，还是二冲程发动机；无论是单缸发动机，还是多缸发动机，要完成能量转换，实现工作循环，保证长时间连续正常工作，都必须具备以下一些机构和系统。汽油机由两大机构和五大系统组成，即曲柄连杆机构、配气机构、燃料供给系统、润滑系统、冷却系统、点火系统和启动系统；柴油机由以上两大机构和四大系统组成，即曲柄连杆机构、配气机构、燃料供给系统、润滑系统、冷却系和启动系统。柴油机是压燃的，不需要点火系统。

发动机是将某一种型式的能量转换为机械能的机器，其作用是将液体或气体燃烧的化学能转化为热能，再把热能通过膨胀转化为机械能并对外输出动力。发动机的结构型式多种多样，但由于基本工作原理相同，所以其基本结构也大同小异。发动机的总体结构如图 2. 3 – 39 所示。

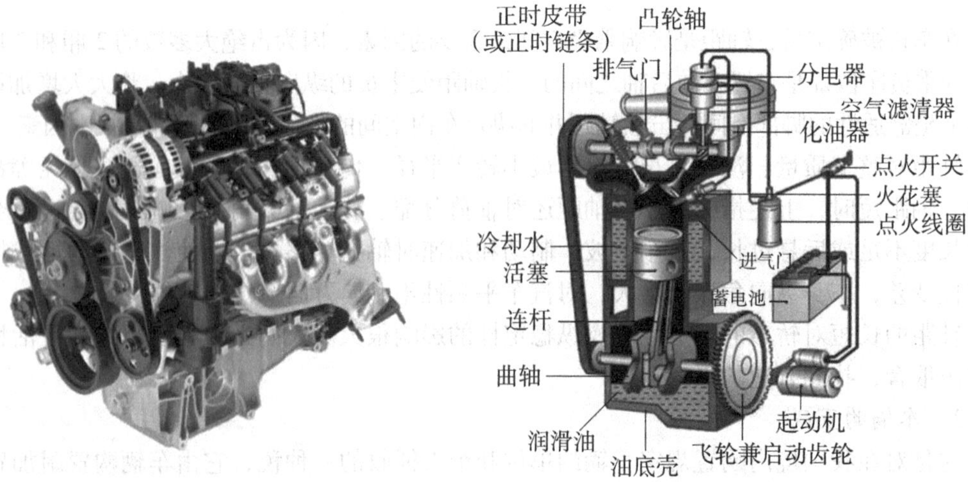

(a)多缸　(b)单缸

图 2. 3 – 39　汽车发动机示意图

一、四冲程汽油机基本工作原理

发动机分为活塞发动机、冲压发动机、火箭发动机和涡轮发动机。其工作过程为：进气—压缩—做功—排气，如图 2.3－40 所示。

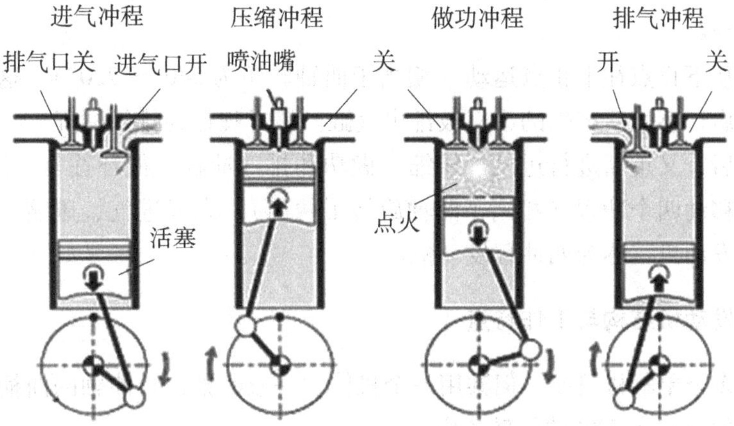

图 2.3－40　四冲程发动机工作过程

1. 进气冲程

当活塞从上止点向下止点运动时（相当于曲轴转角为 0°～180°），这时进气门开启，排气门关闭，电控喷油器向进气道喷油，空气与汽油混合气便被吸入气缸，该过程称为进气冲程。

上止点：活塞顶面离曲轴中心最远处。

下止点：活塞顶面离曲轴中心最近处。

2. 压缩冲程

当活塞继续从下止点向上止点运动时（相当于曲轴转角为 180°～360°），进、排气门关闭，进入气缸的混合气便被压缩，该过程称为压缩冲程。

压缩冲程的作用一是提高进入气缸内混合气的压力和温度（压缩终了的气缸内气体压力可达 0.6～1.2MPa，温度达 600～700K），为混合气迅速着火燃烧创造条件；二是可以有效提高发动机的燃烧热效率。

气缸总容积：活塞处于下止点时，活塞顶部以上的气缸容积，用 V_a 表示。

气缸燃烧室容积：活塞处于上止点时，活塞顶部以上的气缸容积，用 V_c 表示。

气缸内气体被压缩的程度用压缩比 ε 表示。

$$\varepsilon = \frac{V_a}{V_c}$$

现代汽油机压缩比一般为 7～11，柴油机为 16～22，所以柴油机燃油消耗低。当气缸、活塞等磨损到一定程度，或气门不密封时，将导致发动机压缩气体外泄，热效率和功率下降，此时应进行修理。

3. 做功冲程

在压缩冲程末，火花塞开始点火，进、排气门都关闭，进入气缸的可燃混合气被点燃、燃烧，放出大量的热能，导致气缸内气体压力和温度迅速增加（最高压力达5MPa，最高温度达2800K），气体体积急剧膨胀，推动活塞从上止点向下止点运动（相当于曲轴转角为360°～540°），通过连杆使曲轴旋转并输出机械能。该过程称为做功冲程。

4. 排气冲程

活塞继续从下止点往上止点运动（相当于曲轴转角为540°～720°）。这时，进气门关闭，排气门开启，燃烧后产生的废气被排出气缸。该过程称为排气冲程。

排气结束后，又重新进行进气、压缩、做功和排气冲程，循环往复。这种活塞在上、下止点间往复移动四个冲程（相当于曲轴旋转了两周），完成进气、压缩、做功和排气一个工作循环的发动机就称为四冲程发动机。

二、多缸发动机结构与工作特点

多缸机由多个单缸机组成，但共用一个机体、一根曲轴，且曲轴的曲柄布置应该使各缸做功行程均匀分布在720°曲轴转角内。

4缸发动机曲轴如图2.3－41a所示，相邻工作缸的曲柄夹角为180°，曲轴每转180°便有一个气缸做功，如图2.3－41b所示，其工作顺序有1—3—4—2和1—2—4—3两种。

(a)曲轴　　(b)工作原理

图2.3－41　4缸发动机

三、四冲程柴油机结构及工作特点

四冲程柴油机没有火花塞，喷油器直接安装在气缸顶向气缸内喷油，如图2.3－42所示。

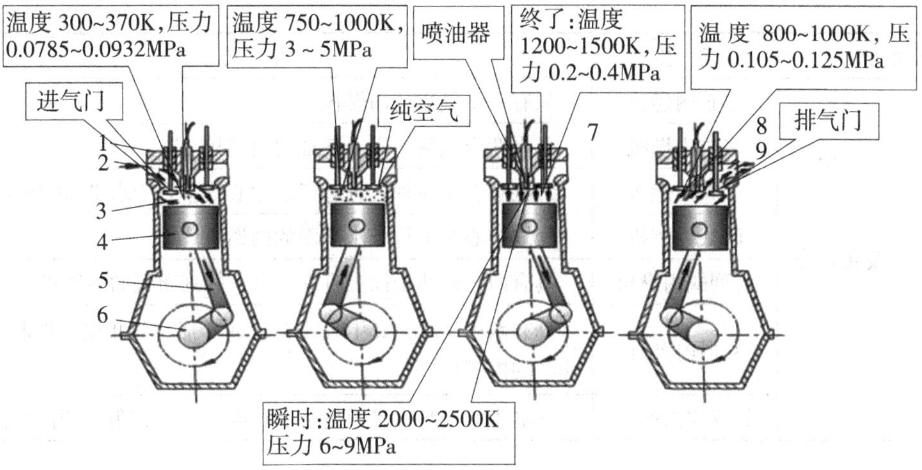

图 2.3－42　柴油机工作原理

四冲程柴油机工作特点如下：

（1）进气冲程进入气缸的是纯空气，而不是可燃混合气。

（2）在压缩冲程末，喷油器向气缸喷入高压柴油，柴油迅速着火燃烧。其着火方式属于压燃式。

四、发动机分类

汽车发动机种类繁多，根据不同特点有不同分类，见表 2.3－3。

表 2.3－3　汽车发动机的分类

分类方法	类　别	含　义
按行程数分	二冲程内燃机	活塞经过两个行程完成一个工作循环的内燃机
	四冲程内燃机	活塞经过四个行程完成一个工作循环的内燃机
按着火方式分	点燃式内燃机	压缩气缸内的可燃混合气，并用外源点火燃烧的内燃机
	压燃式内燃机	压缩气缸内的空气或可燃混合气，产生高温，引起燃料着火的内燃机
按使用燃料种类分	液体燃料内燃机	燃烧液体燃料（汽油、柴油、醇类等）的内燃机
	气体燃料内燃机	燃烧气体燃料（液化石油气、天然气等）的内燃机
	多种燃料内燃机	能够使用着火性能差异较大的两种或两种以上燃料的内燃机
按进气状态分	非增压内燃机	进入气缸前的空气或可燃混合气未经压缩的内燃机
	增压内燃机	进入气缸前的空气或可燃混合气先经过压气机压缩来增大充量密度的内燃机
按冷却方式分	水冷式内燃机	用水冷却气缸和气缸盖等零件的内燃机
	风冷式内燃机	用空气冷却气缸和气缸盖等零件的内燃机

续表 2.3-3

分类方法	类　别	含　义
按气缸数及布置分	单缸内燃机	只有一个气缸的内燃机
	多缸内燃机	具有两个或两个以上气缸的内燃机
	立式内燃机	气缸布置于曲轴上方且气缸中心线垂直于水平面的内燃机
	卧式内燃机	气缸中心线平行于水平面的内燃机
	直列式内燃机	具有两个或两个以上直立气缸，并列布置的内燃机
	V形内燃机	具有两列气缸，其中心线夹角呈V形，并共用一根曲轴输出功率的内燃机
	斜置式内燃机	气缸中心线与水平面呈一定角度（不是直角）的内燃机

五、知识拓展

1. DOHC

DOHC是Double Overhead Camshaft的简写，即双顶置凸轮轴，是一种非常主流的发动机结构形式的名称。与之相对的是SOHC（Single Overhead Camshaft），即单顶置凸轮轴。

SOHC结构的发动机低转速扭矩大，机械结构相对简单，燃油经济性较好，而DOHC结构的发动机功率大，也能加装可变气门正时机构。不论DOHC还是SOHC都是凸轮轴的结构形式而已。

2. 无钥匙启动系统

无钥匙启动系统（Keyless Start System）指智能钥匙，持此钥匙靠近车门（大概2m）时，无须用钥匙开车门，手拉车门即可打开，上车后，无须将钥匙插进钥匙孔，直接旋转钥匙开关即可启动车辆。离开车辆后，无须锁车，远离车门（大概2m）后车门会自动落锁。

2.3.5　汽车发动机两大机构和五大系统

发动机有两大机构（曲柄连杆机构、配气机构）和五大系统（燃料供给系统、点火系统、润滑系统、冷却系统和启动系统），如图2.3-43所示。柴油机则为四大系统，没有点火系统。

图 2.3－43　发动机总体组成

一、机体组件

机体组件是发动机的“骨架”，支撑着发动机的所有零部件。

机体组件主要由气缸体、气缸、气缸盖、气缸垫、曲轴箱和油底壳等组成，如图 2.3－44 所示。

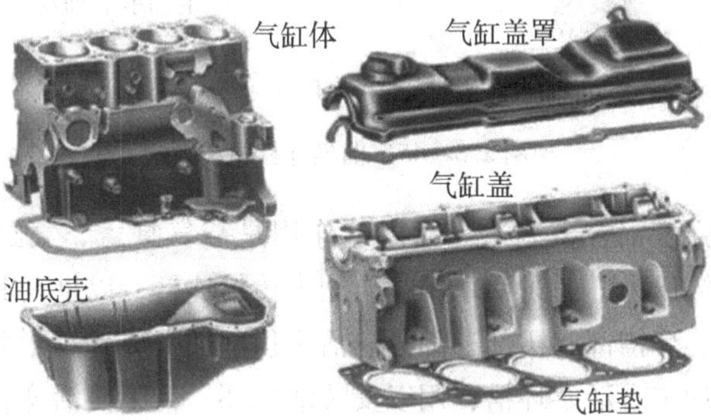

图 2.3－44　发动机机体组件

气缸体上部加有气缸，下部有曲轴支撑孔，曲轴运动的空间称为曲轴箱。在气缸体内部铸有许多加强肋、冷却水套和润滑系统润滑油道等。

气缸是活塞运动和燃烧做功的场所，如果磨损严重，将导致发动机功率下降、油耗升高和启动困难等问题。

气缸盖安装在气缸体上面，从上部密封气缸。气缸盖的主要作用是封闭气缸上部，与活塞顶部和气缸壁一起构成燃烧室。一般水冷式发动机气缸盖内铸有冷却水套，缸盖下端面与缸体上端面所对应的水套是相通的，利用水的循环来冷却燃烧室壁等高温部分；风冷式发动机气缸盖上铸有许多散热片，靠增大散热面积来降低燃烧室的温度。发动机的气缸盖上应有进排气门座导管孔和进排气通道等。汽油机气缸盖还应有火花塞孔，而柴油机则设有安装喷油器的孔。顶置凸轮轴式发动机的气缸盖上还加工有凸轮轴轴承孔。

气缸垫安装在气缸盖和气缸体之间，其功用是保证气缸盖与气缸体接触面的密封，防止漏气、漏水和漏油。

二、曲柄连杆机构

曲柄连杆机构的作用是将活塞顶的燃气压力转变为曲轴的转矩，输出机械能。

曲柄连杆机构主要由活塞、活塞环、活塞销、连杆、连杆瓦、曲轴以及飞轮等组成，如图 2.3－45 所示。

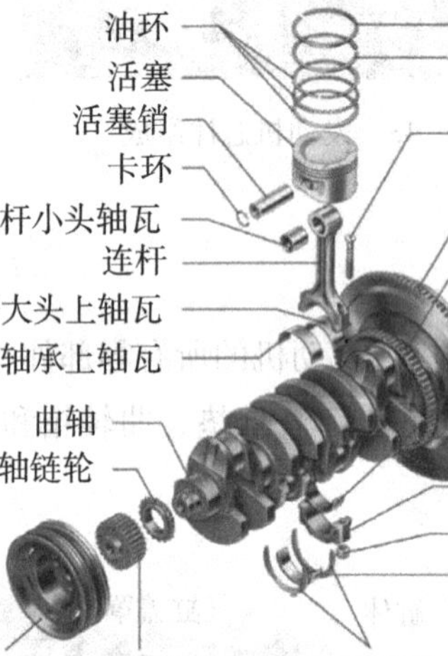

图 2.3－45　曲柄连杆机构

活塞一般采用高强度铝合金制造。活塞的作用是与气缸盖、气缸壁等共同组成燃烧室，并承受气缸中气体压力，通过活塞销将作用力传给连杆，以推动曲轴旋转。

活塞可分为头部、环槽部和裙部三部分。活塞顶部加工成各种形状，以促进可燃混合气形成和燃烧；头部加工有活塞环槽，用以安装活塞环。为了使活塞在正常工作温度下与气缸壁保持比较均匀的间隙，以免在气缸内卡死，往往加工成裙部椭圆、上小下大的锥形状或阶梯型。

活塞环是具有弹性的开口环，有气环和油环之分。汽油机一般有 2～3 道环槽，上面 1～2 道用来安装气环。气环的作用是保证气缸与活塞间的密封性，防止漏气，并且把活塞顶部吸收的大部分热量传给气缸壁。油环起布油和刮油作用，下行时刮除气缸壁上多余的机油，上行时在气缸壁上铺涂一层均匀的油膜。这样既可以防止机油窜入气缸燃烧，又可以减少活塞、活塞环与气缸壁的摩擦阻力，还能起到封气的辅助作用。若温度过高，第一道环容易产生积炭，将会出现过热卡死现象。

活塞销的作用是连接活塞和连杆小头，将活塞承受的气体作用力传给连杆。

活塞销与活塞销座孔和连杆小头衬套孔的连接采用全浮式和半浮式连接。采用全浮式连接时，活塞销可以在孔内自由转动。采用半浮式连接时，销与连杆小头之间为过盈配合，工作中不发生相对转动；销与活塞销座孔之间为间隙配合。

连杆与活塞销相连，大头与曲轴相连，一般都采用分开式。连杆大头分开可取下的部分叫连杆盖，连杆盖和连杆大头用连杆螺栓连在一起。连杆的作用是将活塞承受的力传给曲轴，并使活塞的往复运动转变为曲轴的旋转运动。

连杆大头孔内装有瓦片式滑动轴承，简称连杆轴瓦。

曲轴是发动机最重要的组件之一，它将做功时的动力输出到汽车底盘，同时通过曲轴正时齿轮、带轮及链轮等驱动风扇、水泵、机油泵、发电机和空调压缩机等运转。曲轴飞轮组如图 2.3－46 所示。

飞轮的作用是储存做功行程的能量，用于克服进气、压缩和排气冲程的阻力和其他阻力，使曲轴能均匀地旋转。飞轮外缘压有齿圈，与启动电动机的驱动齿轮啮合，供启动发动机用。

图 2.3－46　曲轴飞轮组

三、进排气系统

1. 作用

发动机在工作时需要进气系统和排气系统的辅助，而这两个系统组成了进排气系统。也就是按照发动机要求，定时开闭进、排气门，吸入干净空气，排出废气。

2. 主要组成

进排气系统主要由空气滤清器、进排气管系、配气机构（气门组件、凸轮轴、驱动机构）、排气消声器等组成。

空气滤清器的作用是去除新鲜空气中的尘埃和油雾。试验证明，空气中灰尘的75%以上是高硬度的 SiO_2，若发动机不装空气滤清器，将使活塞磨损量增加 3 倍，活塞环磨损量增加 9 倍，发动机寿命将缩短 2/3。现代轿车常用的干式纸滤芯空气滤清器，在使用一段时间后，外表面会集聚大量尘埃和杂质，导致进气阻力增加，应及时将滤芯取出用手轻拍或用压缩空气吹去积尘，如阻塞严重，应该及时更换。

进排气管系的作用是引导气体的进入与排出。随着发动机排放净化要求的提出，排气管系中还增加了一些排气净化装置，如废气再循环装置和催化转化器。

配气机构的作用是根据发动机工作循环和点火次序，适时地开启和关闭各缸的进排气门。顶置双凸轮轴同步齿形带传动的配气机构如图 2.3－47 所示。

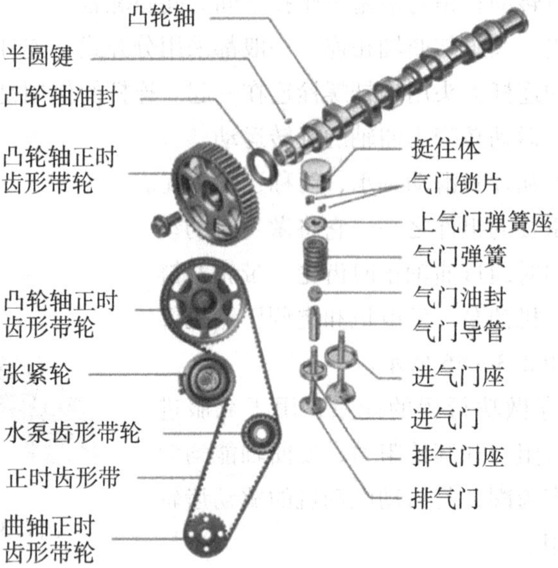

图 2.3－47　发动机配气机构

气门式配气机构由气门组和气门传动组两部分组成。气门传动有链传动和齿形带传动两种，如图 2.3－48 所示。每组的零件组成则与气门的位置、凸轮轴的位置和气门驱动形式等有关。现代汽车发动机均采用顶置气门，即进、排气门置于气缸盖内，倒挂在气缸顶上。

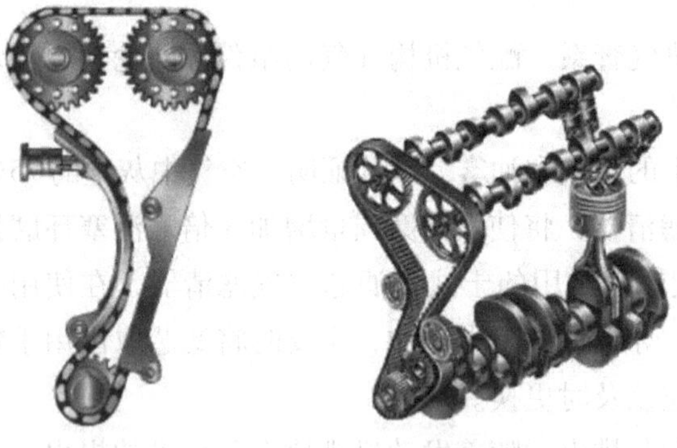

(a)链传动机构　　(b)齿形带传动机构

图 2.3－48　气门传动组

图 2.3－49　发动机配气相位图

3. 配气机构工作原理

发动机工作时，通过齿形带带动进排气凸轮轴旋转。当进气凸轮轴转到某缸的进气凸轮克服气门弹簧力作用压下进气门时，进气门开启，开始进气；当进气凸轮轴转到凸轮的基圆段时，该进气门在气门弹簧作用下回位，关闭进气门，进气停止。排气门的开闭原理与进气门类似。

为了使进气充分，排气彻底，进气门应在上止点前打开，下止点后关闭；而排气门应在下止点前打开，上止点后关闭。进、排气门实际开启和关闭的时刻以曲轴转角表示即为配气定时，也称配气相位。用环形图表示配气相位称为配气相位图，如图 2.3－49 所示。

传统的发动机配气相位角是无法改变的，但理想的配气相位角应随着发动机的转速、负荷及其他工况而改变。现代轿车发动机已有采用可变气门控制系统的，它可以提高发动机的动力和经济性能。

气门间隙是指发动机在冷态、气门关闭时，气门与摇臂之间的间隙。其作用是为气门及驱动组件工作时留有受热膨胀的余地。气门间隙的存在，增加了检查调整气门间隙的工作量，还导致发动机工作时产生敲击噪声，现代高级轿车多采用液压挺柱，无须调整气门间隙。

4. 进气系统的分类

当代汽车进气系统主要是可变进气系统。可变进气系统主要分 VVT（可变气门正时），CVVT（连续可变气门正时），VVT-i（电子可变正时），i-VTEC（电子可变气门升程）四种。

（1）VVT（可变气门正时）

曲轴经由齿状的传动装置带动凸轮轴转动，使得气门在做开启与关闭的动作时会与曲轴的转动角度形成一定的对应关系。而气体的流动会随着发动机运转速度的快慢而改变，如何使气缸在不同的转速下都能够获得良好的进气效率？为此必须改变气门开启与关闭的时间。经由安装在凸轮轴前端的油压装置使凸轮轴可以另外做一些小角度转动，以使进气门在转速升高时提早开启。

采用可变配气定时机构可以改善发动机的性能。发动机转速不同，要求不同的配气定时。这是因为：当发动机转速改变时，由于进气流速和强制排气时期的废气流速也随之改变，因此在气门晚关期间利用气流惯性增加进气和促进排气的效果将会不同。

例如，当汽车发动机在低速运转时，气流惯性小，若此时配气定时保持不变，则部分进气将被活塞推出气缸，使进气量减少，气缸内残余废气将会增多。当发动机在高速运转时，气流惯性大，若此时增大进气提前角和气门重叠角，则会增加进气量和减少残余废气量，使发动机的换气过程臻于完善。

总之，四冲程发动机的配气定时应该是进气提前角和气门重叠角随发动机转速的升高而加大。如果气门升程也能随发动机转速的升高而加大，则将更有利于获得良好的发动机高速性能。

（2）CVVT（连续可变气门正时）

CVVT 是英文 Continue Variable Valve Timing 的缩写，翻译成中文就是连续可变气门正时机构，它是近些年来被逐渐应用于现代轿车上的众多可变气门正时技术中的一种。例如：宝马公司叫作 Vanos，丰田叫作 VVTI，本田叫作 VTEC，但不管叫作什么，它们的目的都是给不同的发动机工作状况下匹配最佳的气门重叠角（气门正时），只不过所实现的方法是不同的。

（3）VVT-i（电子可变正时）

VVT-i 系统由传感器、ECU 和凸轮轴液压控制阀、控制器等部分组成。ECU 储存了最佳气门正时参数值。曲轴位置传感器、进气歧管空气压力传感器、节气门位置传感器、水温传感器和凸轮轴位置传感器等反馈信息汇集到 ECU，并与预定参数值进行对比计算，计算出修正参数并发出指令到控制凸轮轴正时液压控制阀，控制阀根据 ECU 指令控制机油槽阀的位置，也就是改变液压流量，把提前、滞后、保持不变等信号指令选择输送至

VVT-i 控制器的不同油道。

(4) i-VTEC（电子可变气门升程）

i-VTEC 系统是本田公司的智能可变气门正时系统的英文缩写，最新款的本田轿车的发动机已普遍安装了 i-VTEC 系统。该系统可连续调节气门正时，且能调节气门升程。

它的工作原理是：当发动机由低速向高速转换时，电子计算机就自动地将机油压向进气凸轮轴驱动齿轮内的小涡轮，在压力的作用下，小涡轮相对于齿轮壳旋转一定的角度，从而使凸轮轴在60°的范围内向前或向后旋转，从而改变进气门开启的时刻，达到连续调节气门正时的目的。

5. 排气系统的组成

汽车排气系统是指收集并且排放废气的系统，一般由排气歧管、排气管、催化转换器、排气温度传感器、汽车消声器和排气尾管等组成，如图 2.3－50 所示。

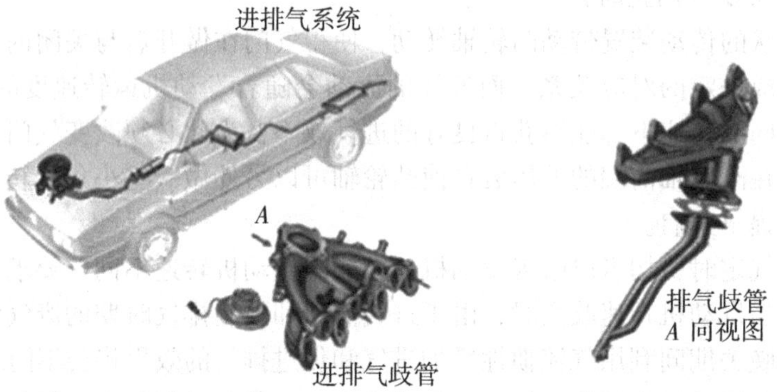

图 2.3－50　排气系统

新鲜空气与汽油混合进入引擎燃烧后，产生高温高压的气体推动活塞，当气体能量释放后，对引擎就不再有价值，这些气体就成为废气被排出引擎外。废气自气缸排出后，随即进入排气歧管，各缸的排气歧管汇集后，经过排气管将废气排出。如进气歧管一样，气体在排气歧管内也是以脉冲的方式离开引擎，所以各缸的排气歧管长度及弯度也要尽量相同，使各缸的排气都能一样地顺畅。

废气从排气歧管出来便进入催化转换器，以将未完全燃烧之污染物转换为无害物质，保护环境。催化转换器连接一个消声器，消声器横截面是一个圆形或者椭圆形的物体，多用薄钢板焊制，装在排气系统的中部或者后部位置上，它内部有一系列隔板、腔室、孔管和管道，利用声波反射互相干扰抵消的现象，使声能逐渐削弱，用以隔离和衰减排气门每次打开时产生的脉动压力。

三、发动机五大系统

1. 燃料供给系统

(1) 汽油机燃料供给系统

作用：根据汽油机的不同工况要求，供给不同浓度和数量的油气混合气。

汽油机燃料供给系统主要由汽油箱、输油泵、滤清器、压力调节器、各种传感器、电控喷油器、电控单元（ECU）等组成，如图 2.3－50 所示。

电控汽油喷射系统的基本工作原理是：ECU 根据节气门位置、空气流量传感器和发动机转速、冷却液温度以及进气温度传感器等输入的信号，与存储在 ECU 中的参考数据进行比较、分析、计算和判断，然后发出喷油脉冲指令，通过控制喷油时间的长短来控制喷油量，实现对可燃混合气浓度和数量的精确控制。

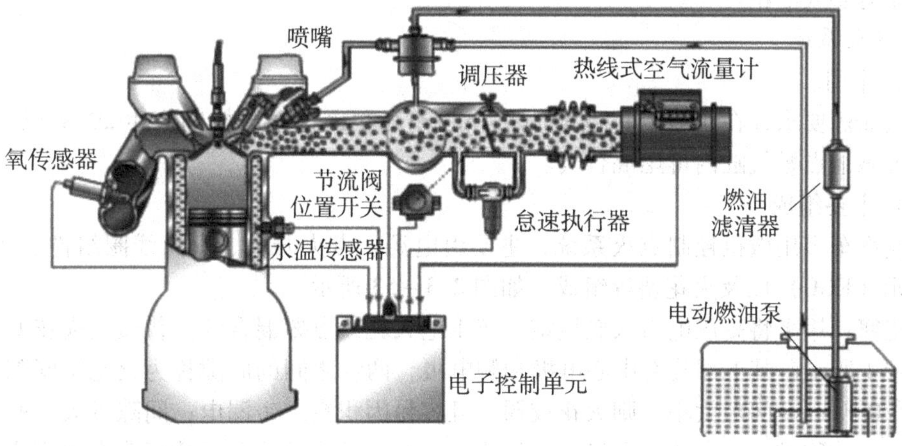

图 2.3－51　汽油机燃料供给系统

（2）柴油机燃料供给系统

作用：根据柴油机的不同工况要求，定时、定量产生高压油，并向气缸喷射。

传统的柴油喷射系统采用机械方式进行控制，精度差，喷油量、喷油压力和喷油时间难以准确控制，导致柴油机排气冒黑烟，动力、经济性能下降。目前已经普遍采用电控共轨喷射系统。

电控柴油机共轨喷射系统主要由燃油供给系统（油箱、电动输油泵、燃油粗、细滤清器、高压油泵、共轨管、电控喷油器等）和电子控制系统（各种传感器、执行器和电控单元（ECU））两大部分组成，如图 2.3－52 所示。

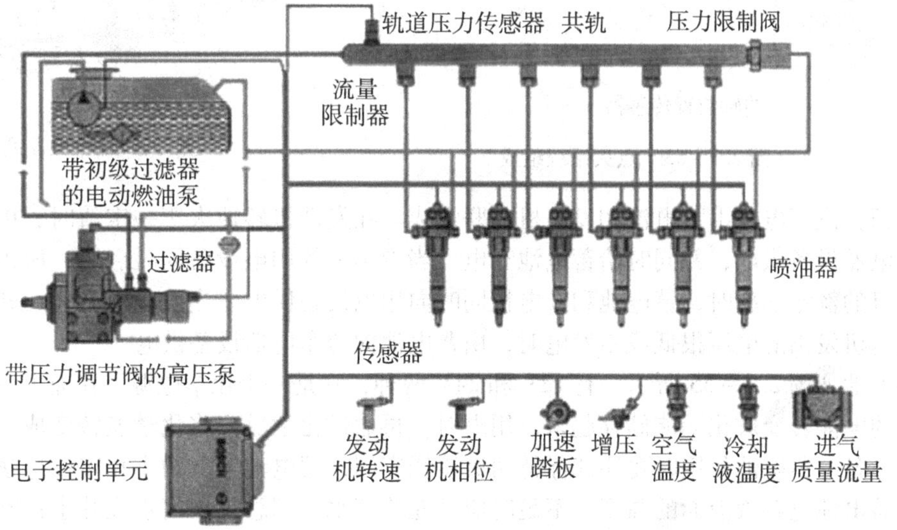

图 2.3－52　共轨式电控喷射系统

工作原理：输油泵将柴油从油箱泵出，经柴油滤清器过滤，进入高压油泵提高压力到150MPa以上，进入共轨管。ECU根据加速踏板位置、空气流量传感器、轨压传感器、发动机转速、冷却液温度传感器、进气温度传感器等输入信号，进行比较、分析、计算，然后向电控喷油器发出喷油脉冲指令，实现对喷油量的精确控制。多余的柴油则从回油管流回柴油滤清器或油箱。

2. 点火系统

(1) 作用

按汽油机要求，在压缩上止点前的某一时刻，在火花塞电极间产生20kV以上高压，准时、可靠地点燃气缸内可燃混合气。

(2) 主要组成

现代汽车多用微机控制点火系统，主要由电源、点火开关、点火线圈组件、传感器、电控单元（ECU）以及火花塞等组成，如图2.3-53所示。

火花塞：用来将高压电引入燃烧室，产生电火花，点燃混合气。普通型火花塞结构如图2.3-54所示，其下部装有中心电极和侧电极，两者之间的间隙称为火花塞间隙，一般为0.6～0.8mm。间隙太小，则火花较弱，且容易因积炭产生漏电；间隙过大，所需击穿电压高，启动困难，且高速时易发生“缺火”现象。火花塞在使用中经常会出现烧蚀、火花间隙变化及积炭等问题，影响正常点火，应注意检查和维护。

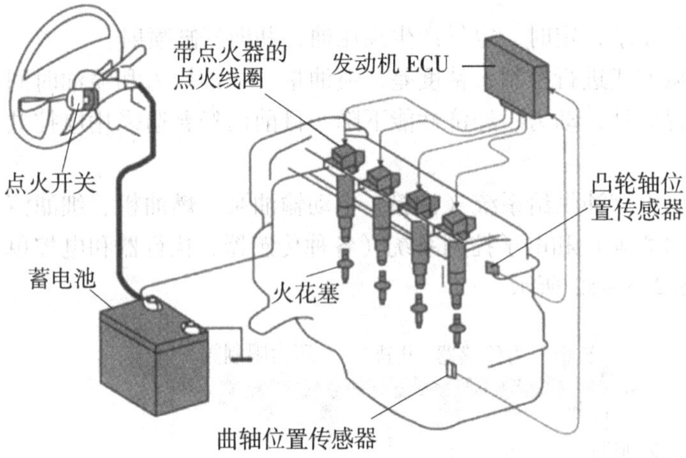

图2.3-53　点火系统组成

图2.3-54　火花塞

电源：汽车电源由蓄电池和发电机并联组成。在发动机转速大于一定值时，由发电机向全车电器设备供电，并同时给蓄电池充电。当汽车上的用电设备同时启用，所需功率超过发电机的额定功率时，蓄电池和发电机同时向用电设备供电。当发动机低速运转或不运转，发电机发出的电压很低或不发电时，由蓄电池向全车电器设备供电。

蓄电池如图2.3-55所示，有12V和24V两种，它是一个化学电源。在充电时，将外部电源的电能转变成化学能储存起来；用电时，再通过化学反应将化学能转变成电能，供给用电设备。蓄电池使用时要注意保持两极接线牢固，蓄电池盖上的小孔应保持畅通；时常检查蓄电池电解液液面的高度，不足时应补充蒸馏水，切忌采用河水或井水；蓄电池放完电后或停止使用前应及时充电。

图 2.3－55　蓄电池

图 2.3－56　发电机

图 2.3－57　点火线圈

发电机外观如图 2.3－56 所示。工作时，发动机带轮带动发电机带轮转动，通过内部的电磁线圈切割磁力线，产生交流电，经二极管整流输出直流电。发电机工作时，不能用试火的方法检查是否发电，以免烧坏发电机与线束。要经常检查发电机传动带的松紧度。

点火线圈如图 2.3－57 所示，相当于一个自耦变压器，当初级绕组有电流通过时，通过互感和自感，次级绕组中便感应出高压，能将 12V 的低压直流电变换成 15～20kV 的高压直流电。

（3）工作原理

ECU 根据节气门位置、发动机转速、冷却液温度、进气温度和爆燃等传感器输入的信号，与存储在 ROM 中的参考数据进行比较、分析、计算和判断，然后发出点火指令，通过火花塞点燃可燃混合气。

3. 润滑系统

（1）作用

润滑系统具有减轻机件磨损、减小摩擦损失、降低功率消耗的作用。除此之外，润滑油流经摩擦表面，带走表面热量，也带走零件磨损留下的磨屑，所以发动机润滑系统还兼有冷却和清洁功能。润滑油涂布在气缸与活塞和活塞环之间，还起着增加活塞环的密封和防机件氧化锈蚀的作用。

（2）润滑方式

压力润滑：是以一定的压力把润滑油供入摩擦表面的润滑方式。主要用于曲轴主轴承、连杆轴承及凸轮轴承等负荷较大的摩擦表面的润滑。

飞溅润滑：利用发动机工作时运转零件撞击机油溅起来的油滴或油雾润滑摩擦表面的润滑方式。主要用于负荷较轻的气缸壁面和配气机构的凸轮、挺柱、气门杆和摇臂等零件的工作表面。

润滑脂润滑：通过定期加注润滑脂来润滑零件工作表面的方式，如水泵及发电机轴承等。

（3）主要组成

润滑系统一般由油底壳、机油集滤器、机油泵、机油滤清器、机油冷却器、机油压力表以及机油道等组成，如图 2.3－58 所示。

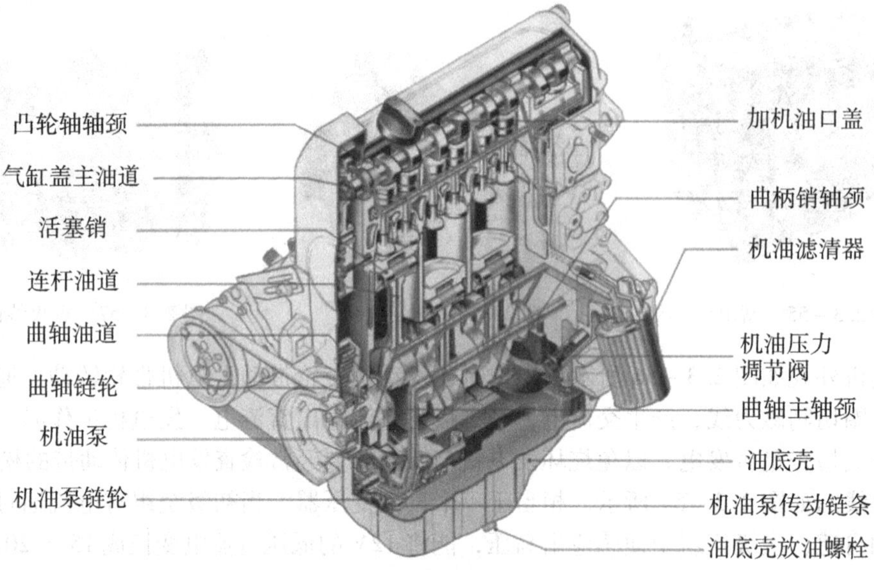

图 2.3－58　发动机润滑系统

（4）工作原理

发动机工作时，润滑油从油底壳经集滤器被机油泵送入机油滤清器过滤之后进入发动机主油道。滤清器盖上设有旁通阀，当滤清器堵塞时，润滑油不经过滤清器滤清，而由旁通阀直接进入主油道。

润滑油经主油道后分多路进入各主轴承润滑，然后经曲轴上的斜油道，流向连杆轴承润滑，再从连杆大头油孔喷向气缸壁，润滑气缸、活塞、活塞环和活塞销，之后流回油底壳。

主油道中的部分润滑油经分油路通向凸轮润滑各凸轮轴轴承、凸轮、气门摇臂及气门杆等，再回油底壳。

发动机工作时运转零件撞击机油溅起来的油滴或油雾润滑气缸壁面和配气齿轮等工作表面。

4. 冷却系统

（1）作用

冷却系统的作用是保证发动机在适宜的温度范围内工作。汽车发动机一般为 80～90℃，有的可以达到 105℃。

（2）冷却方式

有水冷和风冷两种。现代汽车几乎都采用强制水冷。

（3）主要组成

主要由冷却水泵、风扇、节温器、散热器和冷却水道等组成，如图 2.3－59 所示。

节温器如图 2.3－60 所示，安装在发动机水套的出水口处，它可自动控制通向散热器和水泵的两个冷却水通路，以调节冷却强度。

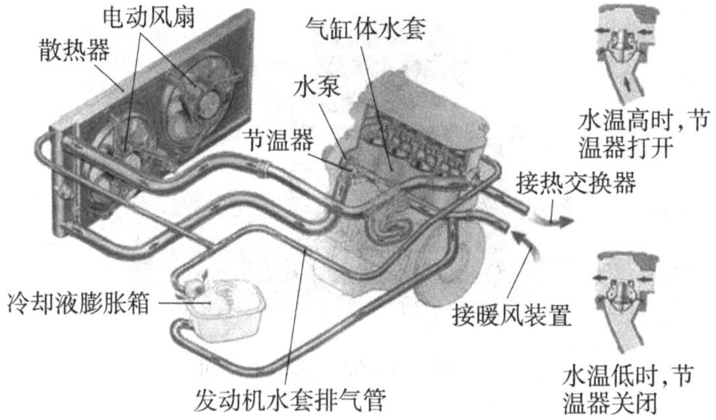

图 2.3－59 发动机冷却系统

图 2.3－60 节温器

(4) 工作原理

发动机工作时，动力经曲轴带轮带动风扇和水泵运转。当冷却液温度较低时，节温器主阀门关闭，副阀门打开，冷却液经冷却液泵→发动机水套→节温器副阀门→冷却液泵，形成小循环；当冷却液温度高到一定值时，节温器主阀门打开，冷却液经冷却液泵→发动机水套→节温器主阀门→散热器→冷却液泵，形成大循环。冷却液经过散热器冷却，温度下降，可防止发动机过热。

(5) 冷却液

汽车发动机常用的冷却液有水及加有防冻剂的防冻液。

直接用水作冷却液，具有简单方便的优点。但水沸点低，易蒸发，需经常添加。而且不宜添加河水、井水等含矿物质的水，以免产生水垢，影响冷却系统，导致散热不良；而添加雨水、雪水或离子交换水，会给冷却水添加造成困难。更应值得注意的是，水在严寒的冬季易结冰，需放水过夜，否则因水结冰时体积膨胀，会造成胀裂机体、气缸盖的严重事故。

现代轿车普遍采用防冻液，以提高冷却液的防冻和防沸的能力。例如大众系列轿车采用以乙二醇为基料的冷却液（乙二醇的质量占 45.6%、水的质量占 54.4%），其冰点在 －25℃以下，沸点在 106℃以上。

专用冷却液一般呈深绿色或深红色，有一定的毒性，使用时应注意。若发现冷却液泄漏应及时添加。

5. 启动系统

(1) 作用

按发动机要求，提供一定的转矩，使发动机达到规定的转速，顺利完成启动过程。低温启动时，还应进行预热启动。

(2) 主要组成

主要由蓄电池、启动开关、启动电动机等组成，如图 2.3－61 所示。

启动电动机如图 2.3－62 所示，俗称启动马达，它是根据电动机原理制成的。

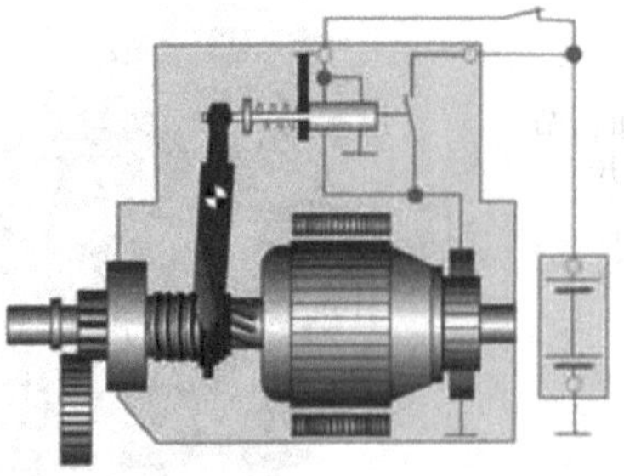

图 2.3－61　启动系统

图 2.3－62　启动电动机

（3）工作原理

当启动开关置于启动挡“Start”时，首先接通启动控制电路，蓄电池电流流入启动机，并使其转动。同时，电磁开关还将驱动齿轮向外推出与发动机飞轮相啮合，带动发动机转动。当发动机完成点火后，驾驶员及时将启动开关转到点火挡“IG”，切断启动机控制电路，驱动齿轮退回，启动机停止运转。

（4）低温启动与预热

低温严寒气候，燃料汽化及燃烧困难（尤其是柴油），机油黏度加大，蓄电池能量下降，造成发动机启动困难。为了确保发动机顺利启动，需要采取相应措施，常见的有预热空气、预热机油、预热冷却液、喷启动液以及减压启动等。

目前普遍使用的发动机预热方法是采用对进入发动机的空气进行预热。常见的预热装置有电热塞、热敏电阻预热器和电火焰预热器。

也可以采用喷启动液的方法帮助启动。启动液是由容易燃烧的燃料（乙醚、丙酮、石油醚等）组成，与压缩气体氮气一起储藏在专用喷射罐内。使用时，取下空气滤清器（有的发动机设有启动液喷嘴），将喷射罐出口对准进气管，轻压喷射罐单向阀，启动液喷出，随空气进入气缸，迅速燃烧，启动发动机。

电启动每次不超过5s，再次启动间隔不少于15s，以免蓄电池由于过放电而损坏。

四、知识拓展

1. 可变配气

可变配气技术，从大类上分，包括可变气门正时和可变气门行程两大类。

（1）可变气门正时

普通发动机配气机构的气门是由发动机的曲轴通过凸轮轴带动的，气门的配气正时取决于凸轮轴的转角。在发动机运转的时候，需要让更多的新鲜空气进入到燃烧室，让废气能尽可能地排出燃烧室。最好的解决方法就是让进气门提前打开，让排气门推迟关闭。这样，在进气行程和排气行程之间，就会发生进气门和排气门同时打开的情况，这种进排气门之间的重叠被称为气门叠加角。

在普通的发动机上，进气门和排气门的开闭时间是固定不变的，气门叠加角也是固定不变的，是根据试验而取得的最佳配气定时，在发动机运转过程中是不能改变的。然而发动机转速的高低对进、排气流动以及气缸内燃烧过程是有影响的。转速高时，进气流速高，惯性能量大，所以希望进气门早些打开，晚些关闭，使新鲜气体顺利充入气缸，尽量多一些混合气或空气。而在发动机转速较低时，进气流速低，流动惯性能量也小，如果进气门过早开启，由于此时活塞正上行排气，很容易把新鲜空气挤出气缸，使进气反而少了，发动机工作不稳定。因此，没有任何一种固定的气门叠加角设置能让发动机在高低转速时都能实现完美输出的，如果没有可变气门正时技术，发动机只能根据其匹配车型的需求，选择最优化的固定的气门叠加角。

例如，赛车的发动机一般都采用较小的气门叠加角，以利于高转速时候的动力输出。而普通的民用车则采用适中的气门叠加角，同时兼顾高速和低速时的动力输出；但在低转速和高转速时会损失很多动力。而可变气门正时技术，就是通过技术手段，实现气门叠加角的可变来解决这一矛盾。

(2) 可变气门行程

这是在可变气门正时的基础上，增加一个能够让气门升降的功能。这样做的好处是能同时控制气门开闭时间及升程。丰田 VTEC 正是第一个采用了这种技术的公司。对于一般的发动机，每缸气门组只由一组凸轮驱动，而 VTEC 系统的发动机却有中低速用和高速用两组不同的气门驱动凸轮，并可通过电子控制系统的自动操纵，进行自动转换。采用 VTEC 系统，保证了发动机中低速与高速不同的配气相位及进气量的要求，使发动机无论在何速率运转都达到动力性、经济性与低排放的统一和极佳状态。需要说明的是，发动机采用可变配气定时技术获得上述好处的同时，没有任何负面影响，换句话说，就是没有对发动机的工作强度提出更高的要求。

2. 发动机启停技术

发动机自动启停就是在车辆行驶过程中临时停车（例如等红灯）的时候，自动熄火。当需要继续前进的时候，系统自动重启发动机的一套系统。它是通过在传统发动机上植入具有怠速启停功能的加强电机，使汽车在满足怠速停车条件时，发动机完全熄灭不工作。当整车再需要启动前进时，怠速启停电机系统迅速响应驾驶员的启动命令，快速启动发动机，瞬时衔接，从而大大减少油耗和废气排放。

2.3.6 汽车传动系统

汽车底盘一般由传动系统、行驶系统、转向系统和制动系统组成，如图 2.3－63 所示。

图 2.3－63　汽车底盘

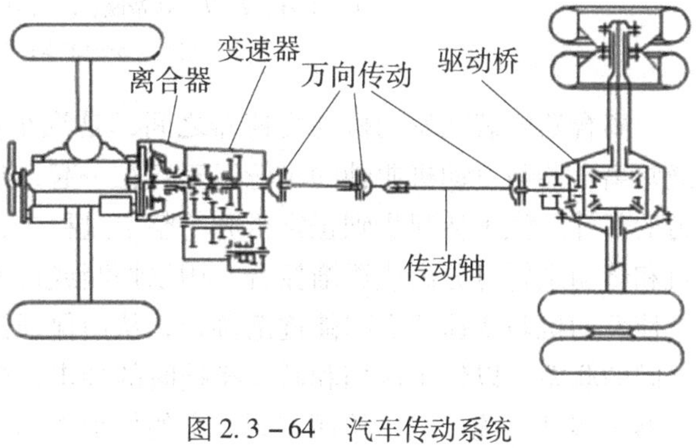

图 2.3－64　汽车传动系统

汽车传动系统的功用是将发动机发出的动力传递给驱动轮，并实现减速增扭等功能。其组成包括离合器、变速器、传动轴和驱动桥（含主减速器、差速器以及半轴等），如图2.3-64所示。

一、汽车离合器

离合器是汽车传动系统中直接与发动机相联系的部件，它负责着动力与传动系统之间的切断和结合，所以能够保证汽车起步时平稳起步，也能保证换挡时的平顺，还可防止传动系统过载，其组成如图2.3-65所示，其控制装置如图2.3-66所示。

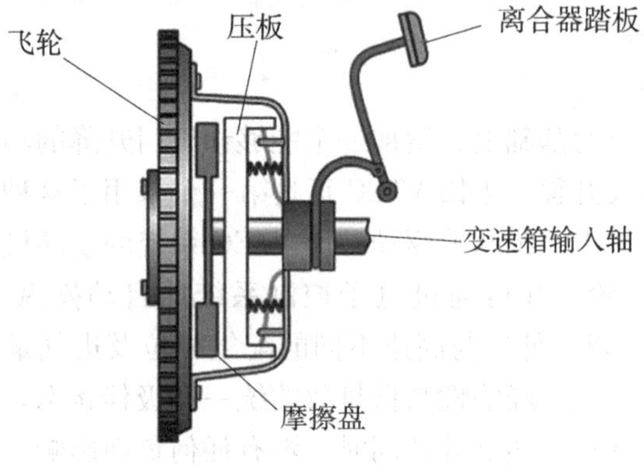

图2.3-65 离合器组成

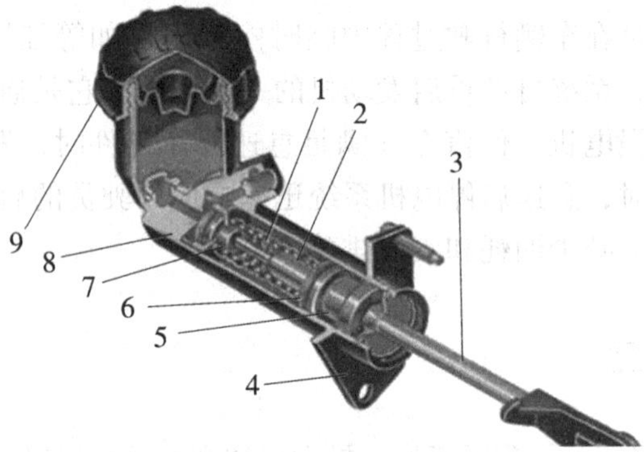

图2.3-66 离合器的控制装置

1—挺杆；2，7—弹簧座；3—推杆；4—法兰；5—活塞；
6—皮碗；8—缸体；9—储油器盖

离合器安装在发动机与变速器之间，是汽车传动系中直接与发动机相联系的总成件。通常离合器与发动机曲轴的飞轮组安装在一起，是发动机与汽车传动系之间切断和传递动力的部件。汽车从起步到正常行驶的整个过程中，驾驶员可根据需要操纵离合器，使发动机和传动系暂时分离或逐渐接合，用以切断或传递发动机向传动系输出的动力。它的作用是使发动机与变速器之间能逐渐接合，从而保证汽车平稳起步；暂时切断发动机与变速器之间的联系，以便于换挡和减少换挡时的冲击；当汽车紧急制动时能起分离作用，防止变速器等传动系统过载，从而起到一定的保护作用。

离合器类似于开关，起接合或切断动力传递作用，因此，任何形式的汽车都有离合装置，只是形式不同而已。

1. 离合器的分类

离合器分为电磁离合器、磁粉离合器、摩擦式离合器和液力离合器。

（1）电磁离合器

靠线圈的通断电来控制离合器的接合与分离。

电磁离合器可分为：干式单片电磁离合器、干式多片电磁离合器、湿式多片电磁离合器等。

电磁离合器的工作方式可分为：通电结合和断电结合。

干式单片电磁离合器：线圈通电时产生磁力，吸合“衔铁”片，离合器处于接合状态；线圈断电时“衔铁”弹回，离合器处于分离状态。

干式多片、湿式多片电磁离合器：原理同上，另外增加几个摩擦副，同等体积转矩比干式单片电磁离合器大。湿式多片电磁离合器工作时必须有油液或其他冷却液冷却。

（2）磁粉离合器

在主动与从动件之间放置磁粉，不通电时磁粉处于松散状态，通电时磁粉结合，主动件与从动件同时转动。优点：可通过调节电流来调节转矩，允许较大滑差。缺点：较大滑差时温升较大，相对价格高。

转差式电磁离合器：离合器工作时，主、从部分必须存在某一转速差才有转矩传递。转矩大小取决于磁场强度和转速差。励磁电流保持不变，转速随转矩增加而剧烈下降；转矩保持不变，励磁电流减少，转速减少得更加严重。

转差式电磁离合器由于主、从动部件间无任何机械连接，无磨损消耗，无磁粉泄漏，无冲击，调整励磁电流可以改变转速，作无级变速器使用，这是它的优点。其缺点是转子中的涡流会产生热量，该热量与转速差成正比。低速运转时的效率很低，效率值为主、从动轴的转速比，即 $\eta = n_2/n_1$。适用于高频动作的机械传动系统，可在主动部分运转的情况下，使从动部分与主动部分接合或分离。

主动件与从动件之间处于分离状态时，主动件转动，从动件静止；主动件与从动件之间处于接合状态，主动件带动从动件转动。

转差式电磁离合器广泛适用于机床、包装、印刷、纺织、轻工及办公设备中。

电磁离合器一般用于环境温度 $-20 \sim 0℃$，湿度小于 85%，无爆炸危险的介质中，其线圈电压波动不超过额定电压的 ±5%。

（3）摩擦离合器

摩擦离合器是应用得最广也是历史最久的一类离合器。它基本上是由主动部分、从动部分、压紧机构和操纵机构四部分组成。主、从动部分和压紧机构是保证离合器处于接合状态并能传递动力的基本结构，而离合器的操纵机构主要是使离合器分离的装置，如图 2.3 – 67 所示。

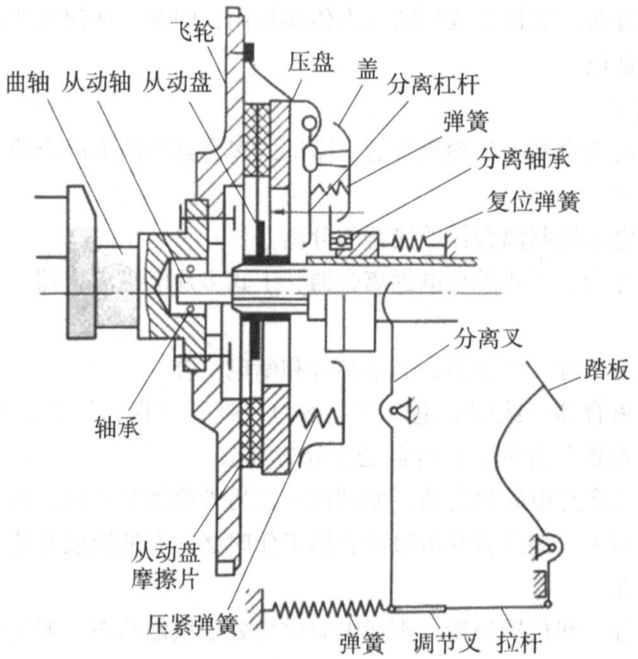

图 2.3－67　摩擦离合器的工作原理

（4）液力离合器

液力离合器用流体（一般用油）作传动介质，与机械式离合器相比，除传动特性有各种变化以外，还主要吸收因主动轴和从动轴转动而产生的振动和冲击。

2. 离合器的作用

（1）保证汽车平稳起步

这是离合器的首要功能。在汽车起步前，自然要先启动发动机。而汽车起步时，汽车是从完全静止的状态逐步加速的。如果传动系（它联系着整个汽车）与发动机刚性地连接，则变速器一挂上挡，汽车将突然向前冲一下，但并不能起步。这是因为汽车从静止到前冲时，具有很大的惯性，对发动机造成很大的阻力矩。在这种惯性阻力矩的作用下，发动机瞬时转速急剧下降到最低稳定转速（一般 300～500rpm）以下，发动机即熄火而不能工作，当然汽车也不能起步。

因此，就需要离合器的帮助了。在发动机启动后，汽车起步之前，驾驶员先踩下离合器踏板，将离合器分离，使发动机和传动系脱开，再将变速器挂上挡，然后逐渐松开离合器踏板，使离合器逐渐接合。在接合过程中，发动机所受阻力矩逐渐增大，故应同时缓慢踩下加速踏板，即逐步增加对发动机的燃料供给量，使发动机的转速始终保持在最低稳定转速上，而不致熄火。同时，由于离合器的接合紧密程度逐渐增大，发动机经传动系传给驱动车轮的转矩便逐渐增加，到牵引力足以克服起步阻力时，汽车即从静止开始运动并逐步加速。

（2）实现平顺的换挡

在汽车行驶过程中，为适应不断变化的行驶条件，传动系经常要更换不同挡位来进行工作。实现齿轮式变速器的换挡，一般是拨动齿轮或其他挂挡机构，使原用挡位的某一齿轮副退出传动，再使另一挡位的齿轮副进入工作。在换挡前必须踩下离合器踏板，中断动力传动，便于使原挡位的啮合副脱开，同时使新挡位啮合副的啮合部位的速度逐步趋向同步，这样进入啮合时的冲击力可以大大地减小，从而实现平顺的换挡。

（3）防止传动系过载

当汽车进行紧急制动时，若没有离合器，则发动机将因和传动系刚性连接而急剧降低转速，因而其中所有运动件将产生很大的惯性力矩（其数值可能大大超过发动机正常工作时的最大扭矩），对传动系造成超过其承载能力的载荷，而使机件损坏。有了离合器，便可以依靠离合器主动部分和从动部分之间可能产生的相对运动来消除这一危险。因此，汽车需要离合器来限制传动系所承受的最大扭矩，从而保证安全。

3. 汽车传动系对离合器的要求

根据离合器的使用，它应满足下列主要要求：

（1）接合平顺柔和，以保证汽车平稳起步；

（2）分离迅速彻底，便于换挡和发动机启动；

（3）具有合适的储备能力，既能保证传递发动机最大转矩，又能防止传动系过载；

（4）从动部分的转动惯量应尽量小，以减少换挡时的冲击；

（5）具有良好的散热能力，在汽车行驶过程中，当需要频繁操纵离合器时，会使离合器主、从动部分相对滑转，产生摩擦热，热量如不及时散出，会严重影响其工作的可靠性和使用寿命；

（6）操纵轻便，以减轻驾驶员的疲劳。

4. 离合器使用的注意事项

（1）离合器安装前必须清洗干净，去除防锈脂及杂物。

（2）离合器可同轴安装，也可以分轴安装，轴向必须固定，主动部分与从动部分均不允许有轴向窜动；分轴安装时，主动部分与从动部分轴之间同轴度应不大于0.1mm。

（3）湿式电磁离合器工作时，必须在摩擦片间加润滑油，润滑方式有三种：①分浇油润滑；②油浴润滑，其浸入油中的部分约为离合器体积的5倍；③轴心供油润滑。在高速和高频动作时应采用轴心供油方法。

（4）牙嵌式电磁离合器安装时，必须保证端面齿之间有一定间隙，使空转时无磨齿现象，但不得大于δ值。

（5）电磁离合器及制动器为B级绝缘，正常工作时温度会升高40℃。极限热平衡时的工作温度不允许超过100℃，否则线圈与摩擦部分容易发生损坏。

（6）离合器电源为直流24V（特殊定货除外）。它由三相或单相交流电压经降压和全波整流（或桥式整流）得到，无稳压及平波要求，功率要足够大，不允许用半波整流电源。

二、汽车变速器

1. 变速器功用

变速器的功用是改变汽车的行驶速度，实现倒车和利用空挡切断离合器与传动轴之间的动力传递，以便汽车换挡和发动机启动及怠速运转。变速器的组成如图 2. 3 –68 所示。

图 2. 3 –68　变速器的组成

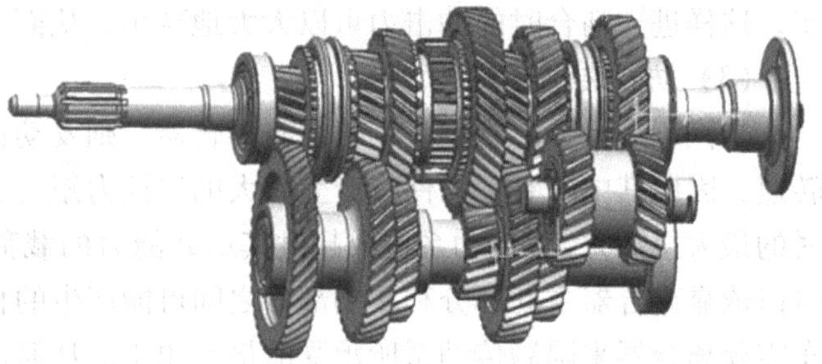

图 2. 3 –69　手动变速器

2. 变速器类型

按操纵方式分手动变速器和自动变速器。

手动变速器靠驾驶员直接操纵变速杆进行换挡，换挡机构简单，工作可靠，但操作复杂，其结构如图 2. 3 –69 所示。

自动变速器（Automatic Cransmission，简称 AT）能根据汽车的运行状况自动换挡，无离合器，通过加速踏板控制车速，操作简单，但结构复杂，如图 2. 3 –70 所示。

3. 手动变速器结构及工作原理

由齿轮传动的原理可知，一对齿数不同的齿轮啮合传动时可以变速变矩，如图 2. 3 –71 所示。主动齿轮转速与从动齿轮转速之比值称为传动比。

图 2. 3 –70　自动变速器

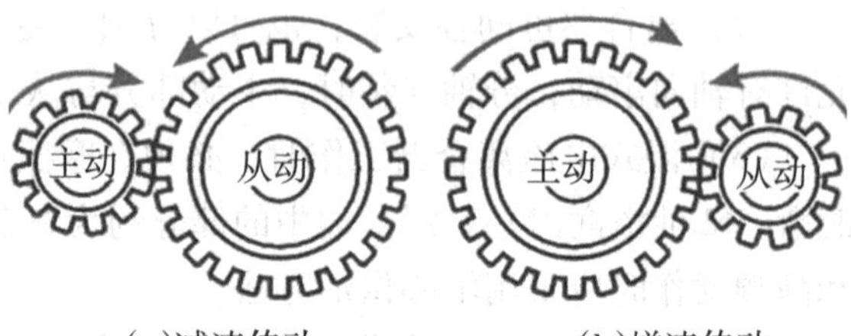

图 2. 3 –71　齿轮传动原理

汽车手动变速器就是通过多对不同齿数的齿轮啮合来实现传动比的变化。变速器传动比小的挡位称为高挡，传动比大的挡位称为低挡。

4. 自动变速器结构及工作原理

目前轿车绝大多数采用电子控制自动变速器，如图 2. 3 –72 所示。主要由液力变矩器、行星齿轮变速器、液压控制系统、自动变速器电脑和各种传感器组成。

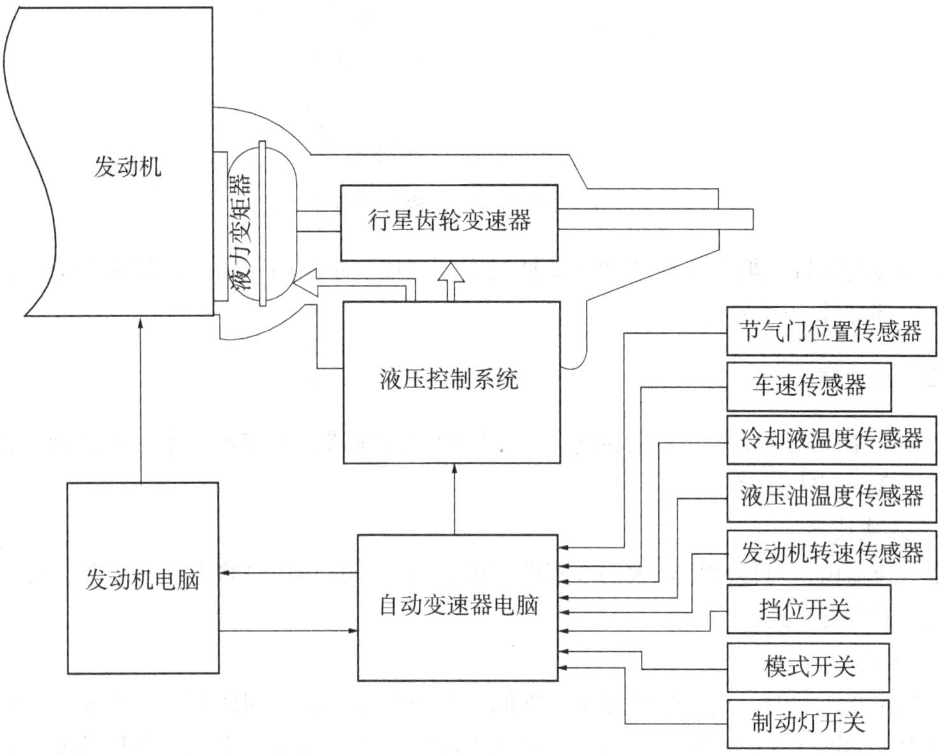

图 2.3－72　电子控制自动变速器

工作时，自动变速器电脑根据驾驶员脚踩加速踏板（发动机节气门开度）、汽车车速等各种传感器发送的信息，发出换挡控制信号，通过各种电磁阀实现自动换挡。

5. 分类举例

- 手动变速箱
- 普通自动变速箱
- CVT 无级变速箱/CVT 带模拟挡位的变速箱
- 双离合变速箱
- AMT 变速箱

例如在 PCauto 参数配置页里看到的“7 挡手自一体”，这个参数是指：这个车型是普通自动挡变速箱，带有手动控制挡位功能，有 7 个挡位。若看到的是“7 挡 CVT 手自一体”，则指的是：变速箱结构是 CVT 无级变速的结构，但是带有 7 个模拟挡位。

三、汽车万向传动装置

万向传动装置的功用是在轴线相交且相对位置经常变化的两轴之间传递动力。它主要应用于连接变速器与驱动桥，或离合器与驱动桥、变速器与分动器、转向驱动桥、断开式驱动桥及转向操纵机构等，如图 2.3－73 所示。

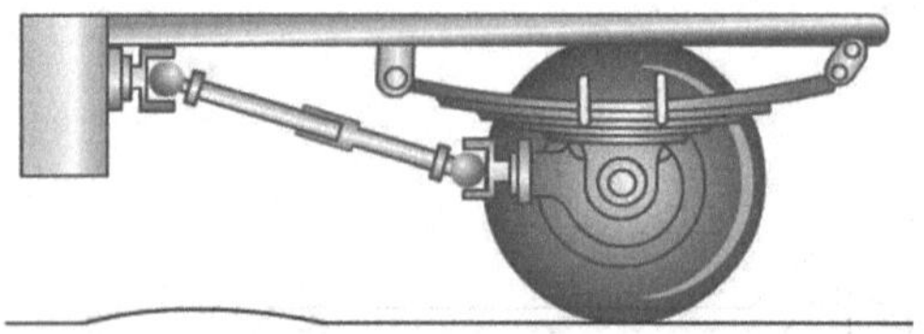

图 2.3－73　变速器与驱动桥之间的传动装置

万向传动装置一般由万向节和传动轴组成，当传动距离较远时，还需采用分段式传动轴，在中部加装中间支承。

四、驱动桥

驱动桥用以减速增扭和协助转向。它主要由主减速器、差速器、半轴和驱动桥壳等组成，如图 2.3－74 所示。

1. 主减速器

主减速器由一对传动比较大的准双曲面齿轮组成，其功用是将万向传动装置传来的转矩增大，并降低转速。

2. 差速器

汽车转弯行驶时，内、外两侧车轮在同一时间内要移动不同的距离，外轮移动的距离比内轮大，如图 2.3－75 所示。差速器的作用就是将主减速器传来的动力传给左、右两半轴，并在转弯行驶时允许左、右半轴以不同转速旋转（差速）。

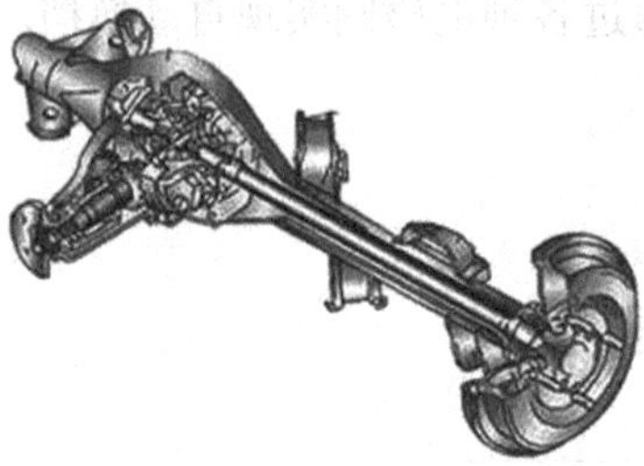

图 2.3－74　驱动桥

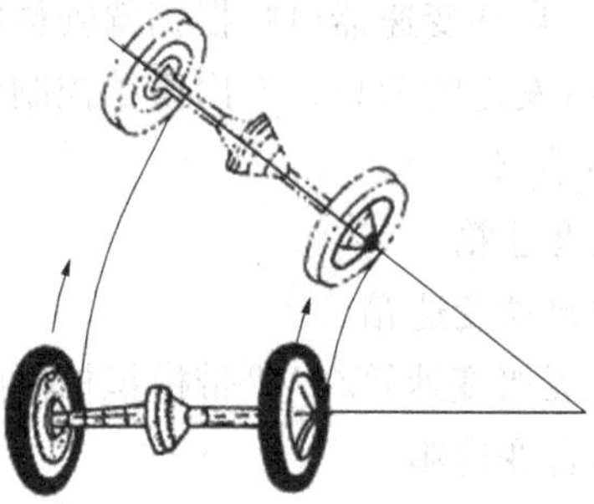

图 2.3－75　汽车转向时车轮运动示意图

3. 半轴

半轴是一根在差速器和驱动轮之间传递动力的实心轴，内端一般制有外花键与半轴齿轮连接，外端与驱动轮的轮毂相连，如图 2.3－75 所示。

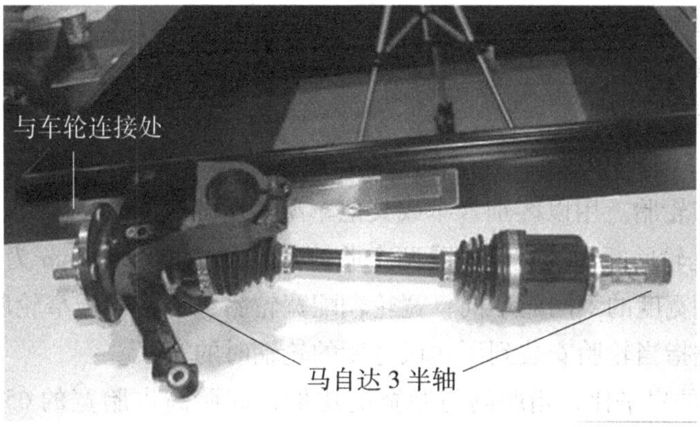

图2.3－76　半轴示意图

2.3.7　汽车行驶系统

行驶系统的作用是保证汽车的正常行驶，并对全车起支撑作用，它由车轮、车桥、车架和悬架等组成。

一、车轮

车轮与轮胎组成车轮总成，通常由轮胎、轮辋、辐板、气门嘴和平衡块等组成，如图2.3－77所示。

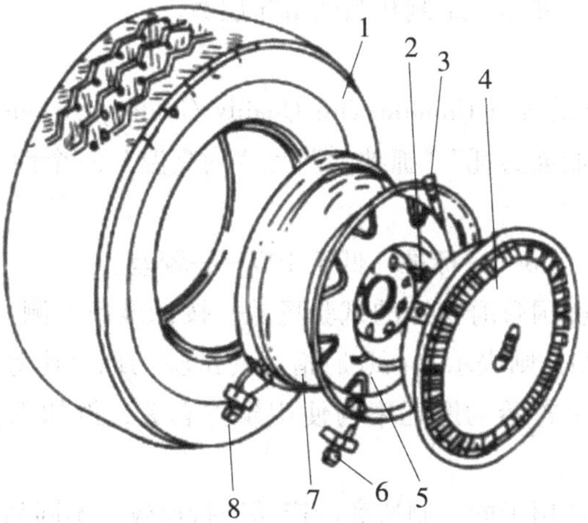

图2.3－77　车轮和轮胎

1—轮胎；2—螺栓；3—气门嘴；4—饰罩；5—辐板；6、8—平衡块；7—轮辋

轮胎按组件不同可分为有内胎轮胎和无内胎轮胎。

轮胎按胎体结构不同可分为斜交轮胎和子午线轮胎。子午线轮胎帘布层帘线排列方向与轮胎的子午断面一致，使其强度得到充分利用，所以帘布层数可比普通斜交轮胎减少40%～50%；压力小，滚动阻力小，节省油耗。

轮胎的外胎两侧标志有规格、结构代号等，轿车轮胎还有速度级别代号，购置和安装轮胎时应予以注意。

1．轮胎胎侧标志

例如：P215/65R15 89H

“P”是指轿车轮胎。用以区别卡车或其他车型适用的轮胎。

“215”指的是轮胎断面的宽度，是两个胎侧之间的宽度（以 mm 为单位）。此宽度随轮胎所匹配的轮辋宽度的不同而不同：宽轮辋配宽轮胎，窄轮辋配窄轮胎。一般在胎侧上所标示的胎宽，是指当轮胎安装到所建议宽度的轮辋时的宽度。

“65”是轮胎的扁平比，指胎高与胎宽的比例，即胎高占胎宽的65%。该数值越小，轮胎越显扁平。

“R”是指轮胎的结构，表示此轮胎为子午线结构，也就是说它的帘布层是呈辐射状排布在胎体内的。“B”表示轮胎为斜交结构，目前斜交结构的轿车轮胎已不复存在。

“15”表示轮辋直径（以英寸为单位，1 英寸 =2. 54 厘米），此轮胎必须匹配 15 英寸的轮辋，否则无法安装。

“89”表示载重指数，此轮胎最高载重为 1 279 磅。不同的载重指数代表不同的最高载重（通常以磅或千克为单位）。

“H”表示速度级别：此轮胎最高时速为每小时 130 英里（1 英里 = 1. 609344 千米）。旧式欧洲胎边标示系统中以 215/65HR15 表示。不同的英文字母表示不同的速度级别。

“DOT”表示此轮胎符合美国交通部（U. S. Department of Transportation，DOT）规定的安全标准。“DOT”后面紧挨着的 11 位数字及字母则表示此轮胎的识别号码或序列号。

胎侧通常也显示帘线种类、胎侧和胎面帘布层数。

2．轮胎分级

统一轮胎品质分级系统（Uniform Tire Quality Grading System，UTQG）除雪地胎外，DOT 要求制造厂依据“胎面磨耗”“抓地力”及“耐高温”三个性能要素将轿车轮胎分级。

（1）胎面磨耗率

超过 100——较优；100——标准；低于 100——较差。

磨耗等级是根据在美国政府指定的试验场地，按标准条件测试的磨耗率换算得出的。如某轮胎磨耗等级为 200，则表示它在政府指定的试验场地上比等级为 100 的轮胎可以多跑一倍的时间。而实际上轮胎的磨耗率与使用条件有关，例如驾驶习惯、路面状况、气候、定位等。

注意：磨耗率只能适用于同一制造商的产品进行比较，不同品牌不能予以比较。

（2）抓地力

A——最佳；B——中等；C——一般。

抓地等级是指轮胎按标准条件在美国政府指定的测试场地，在湿滑柏油路面和水泥路面所表现的直线行驶刹车性能，不包括转弯性能。

（3）温度等级

A——最佳；B——中等；C——一般。

温度等级是指按标准条件在指定室内实验室的试验车轮上测试，轮胎所表现的抗热量产生能力。持续高温会造成轮胎材质老化，从而缩短轮胎的使用寿命，温度过高则可导致爆胎。因此，美国联邦法规定所有轮胎至少通过 C 级温度等级。

3. 速度级别

速度级别是指轿车轮胎可行驶的最高时速。表 2.3－4 列出每一速度级别所对应的最高时速，此表适用于所有品牌的轮胎。

表 2.3－4　速度级别

速度代号	最高时速（km/h）	速度代号	最高时速（km/h）
M	130	U	200
N	140	H	210
P	150	V	240
Q	160	W	270
R	170	Y	300
S	180	Z	>240
T	190		

4. 载重指数

最大载重能力通过载重指数来表示，表 2.3－5 显示了载重指数（LI）与实际载重值（kg）之间的关系。

表 2.3－5　载重指数

载重指数 LI	实际载重值/kg	载重指数 LI	实际载重值/kg	载重指数 LI	实际载重值/kg	载重指数 LI	实际载重值/kg
50	190	70	335	90	600	110	1060
51	195	71	345	91	615	111	1090
52	200	72	355	92	630	112	1120
53	206	73	365	93	650	113	1150
54	212	74	375	94	670	114	1180
55	218	75	387	95	690	115	1215
56	224	76	400	96	710	116	1250
57	230	77	412	97	730	117	1285
58	236	78	425	98	750	118	1320
59	243	79	437	99	775	119	1380
60	250	80	450	100	800	120	1400
61	257	81	462	101	825	121	1450
62	265	82	475	102	850	122	1500

续表 2.3－5

载重指数 LI	实际载重值/kg	载重指数 LI	实际载重值/kg	载重指数 LI	实际载重值/kg	载重指数 LI	实际载重值/kg
63	272	83	487	103	875	123	1550
64	280	84	500	104	900	124	1600
65	290	85	515	105	925	125	1650
66	300	86	530	106	950	126	1700
67	307	87	545	107	975	127	1750
68	315	88	560	108	1000	128	1800
69	325	89	580	109	1030	129	1850
						130	1900

二、车桥

用于连接和安装左右车轮的车轴或车梁等部件称车桥，如图 2.3－78 所示，其功用是传递车架（承载式车身）与车轮之间各方向的作用力及其力矩。

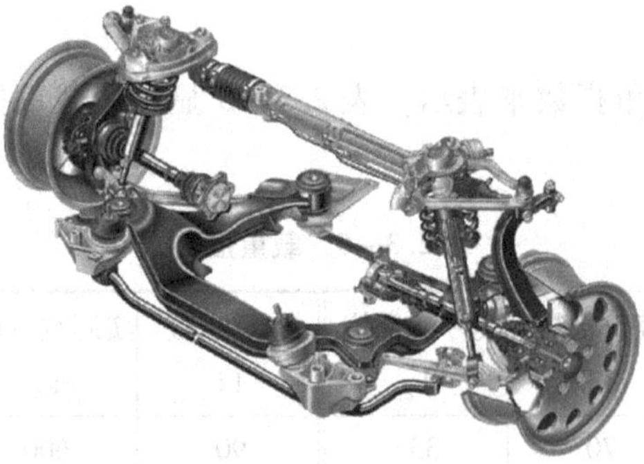

图 2.3－78　汽车车桥

车桥分为整体式和断开式两种。整体式车桥中部是刚性的实心或空心梁，而断开式车桥为活动关节式结构，与独立悬架配用。

根据车桥上车轮的作用，车桥又可分为支持桥、转向桥、驱动桥和转向驱动桥四种类型。

三、车架

车架是整个汽车的装配基体，其作用是支承连接汽车的各零部件，承受来自车内和车外的各种载荷。图 2.3－79 为轿车常用的边梁式车架。

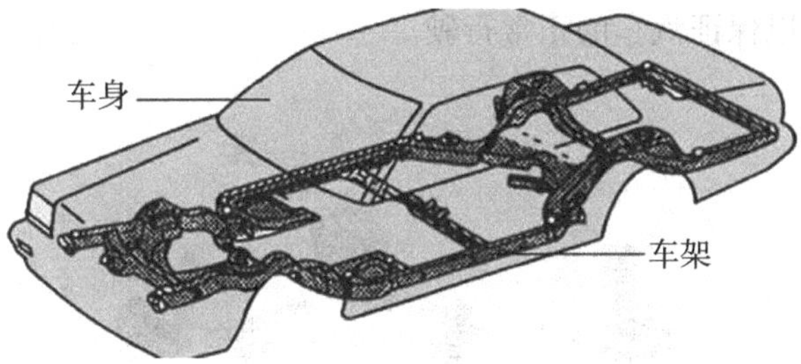

图 2.3－79　边梁式车架

四、车轮定位

所谓车轮定位，就是汽车的每个车轮（多通过转向节）和车桥、车架的安装应保持一定的相对位置以使行驶平稳、转向轻便。主要有主销后倾、主销内倾、前轮外倾和前轮前束等。

在汽车的纵向平面内（汽车的侧面）主销上部向后倾的一个角度 γ，称为主销后倾角如图 2.3－80 所示。

在汽车的横向平面内（汽车的前后方向），主销上部向内倾斜一个角度，主销轴线与垂线之间的夹角 β 称为主销内倾角，如图 2.3－81 所示。

在汽车的横向平面内，前轮中心平面向外倾斜一个角度 α，称为前轮外倾角，如图 2.3－81 所示。轮胎呈“八”字形张开时称为负外倾，而呈“V”字形张开时称正外倾。

俯视车轮，汽车的两前轮并不完全平行，在通过两前轮中心的水平面内，两前轮的前边缘距离 B 小于两前轮后边缘距离 A；A 与 B 之差称为前轮前束，如图 2.3－82 所示。像内八字一样，前端小后端大的称为前束；而像外八字一样，前端大后端小的称为后束或负前束。

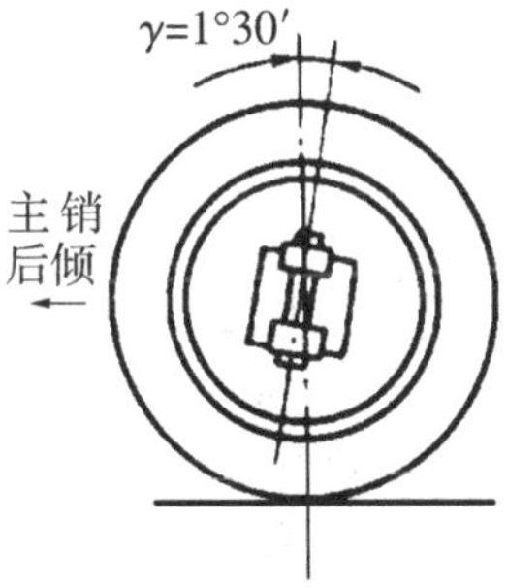

图 2.3－80　主销后倾角

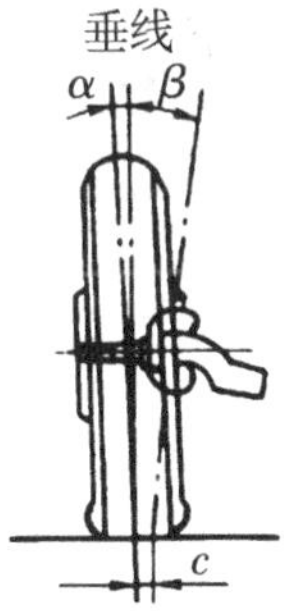

图 2.3－81　主销内倾及前轮外倾

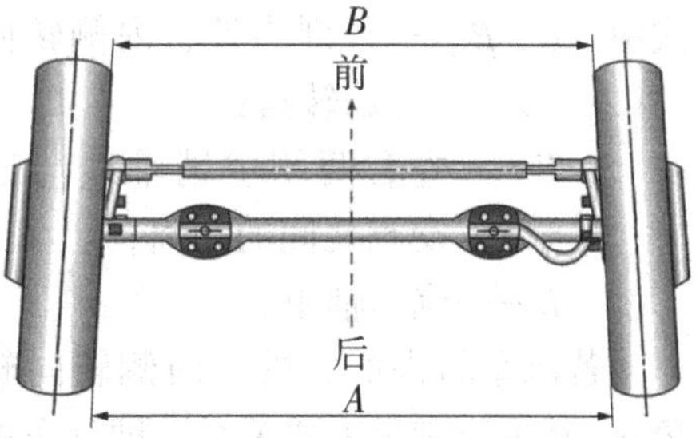

图 2.3－82　前轮前束

上述各种车轮定位角，在汽车使用中，由于车架和悬架的变形而在不断地发生变化，应该定期在四轮定位仪上进行检查调整。

五、悬架

悬架如图 2.3－83 所示，是车架（或车身）与车桥（或车轮）之间的一切传力连接装置的总称。其作用是把路面作用于车轮上的各种力所造成的转矩传递到车架（或车身）

上，减少汽车振动，以保证汽车的正常行驶。

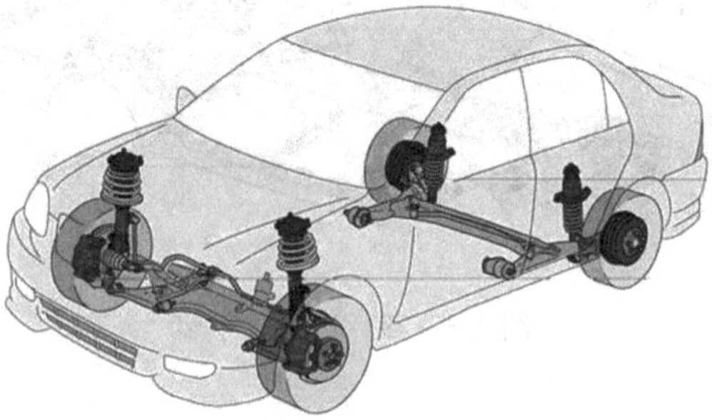

图 2.3－83　汽车悬架

汽车悬架一般由弹性元件、减震器和导向机构（横向稳定杆、摆臂以及纵向推力杆等）三部分组成。

2.3.8　汽车转向系统

汽车转向系统的功用是保证汽车能够按驾驶员的意志改变或恢复行驶方向。

一、汽车转向原理

汽车的转向是由地面的侧向力提供向心力，只有当四个车轮的轴线交于一点 O 时，如图 2.3－84 所示，才能够保证各车轮纯滚动而不滑动。分析图可知，所有刚性车轮做纯滚动的条件是：

$$\cot\alpha = \cot\beta + B/L$$

式中　α、β——分别为外、内侧转向轮的偏转角；

B——左右两侧主销轴线与地面相交点之间的距离；

L——汽车轴距。

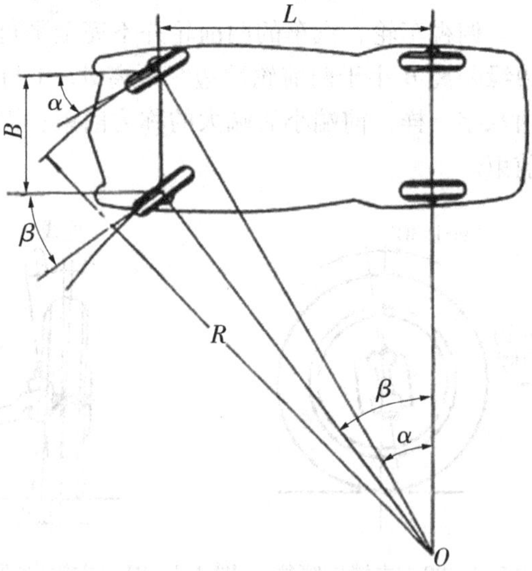

图 2.3－84　四轮汽车转向分析

若汽车转向时，外、内侧转向轮转向角 α、β 不能满足上式关系，即汽车的四个车轮轴线不能交于一点时，则汽车转向时产生路面对汽车行驶的附加阻力，使轮胎磨损过快，并且对汽车的行驶稳定性产生影响，高速行驶时更为突出。汽车转向系统应尽可能满足上述要求。

二、汽车转向系统类型

汽车转向系统分为机械转向系统和动力转向系统两大类。机械转向系统以驾驶员的体力作为转向能源，传力件都是机械的；动力转向系统以发动机或电动机的动力作为主要转向能源，转向轻松省力。

三、汽车转向系统组成

以机械转向系统为例，它主要由转向操纵机构、转向器和转向传动机构组成，如图2.3－85所示。

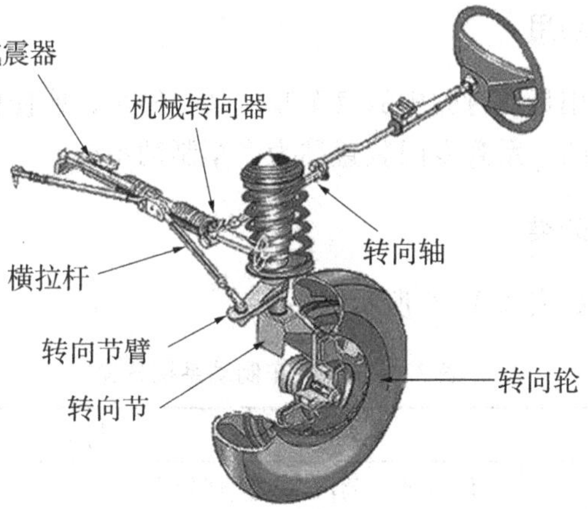

图2.3－85　汽车转向系统

1．转向操纵机构

转向操纵机构包括转向盘、转向轴及转向管柱等。它们的作用是将驾驶员的操纵力传给转向器。

由于转向系统各传动件之间存在着装配间隙，所以在转向盘转动过程的开始阶段，有一段转向盘空转行程，该行程称转向盘的自由行程，它对于缓和路面冲击，减轻驾驶员疲劳是有利的，但也不宜过大，过大会影响转向灵敏性，一般不超过15°，当零件磨损严重到使转向盘自由行程超过25°～30°时，必须进行调整。

2．转向器

转向器是转向系统中的减速增矩装置，可改变转向力矩的传动方向。目前应用广泛的机械转向器有齿轮齿条式转向器、循环球式转向器和蜗杆曲柄指销式转向器等。

3．转向传动机构

转向传动机构的功用是将转向器输出的力和运动传给转向桥两侧的转向节，使两侧转向轮按要求的角度关系偏转，以保证汽车转向时各车轮与地面的相对滑动尽量小。

四、电子控制动力转向系统

理想的转向系统应使汽车在静止或低速行驶时，转向所需操纵力小；而在中高速行驶时，转向操纵力稍大，增加驾驶员的“路感”，提高操作稳定性，保证高速行车的安全。传统的机械式转向系统不能达到这个要求，而电子控制动力转向系统可以满足。

五、汽车四轮转向（4WS）

汽车四轮转向是对后轮也进行转向操纵的系统。前后转向轮的转向控制有同相和逆相两种情况，逆相式的转弯半径比两轮转向的转弯半径小，提高了汽车转向的机动性，适于汽车低速行驶；同相式在转向时车身与行驶方向的偏转角小，提高了操纵稳定性，适于汽车的高速行驶。

2.3.9　汽车制动系统

一、汽车制动系统功用

汽车制动系统的功用是使行驶中的汽车减速甚至停车，或使已经停下来的汽车保持不动。实现汽车制动功能的一系列专门装置称为汽车制动系统。

二、汽车制动系统分类

汽车制动系统分类如表2.3－6所示。

表2.3－6　汽车制动系统分类

分类方法	类型	特点
按功能分	行车制动	使行驶中的汽车减速或停车
	驻车制动	使汽车停在各种路面驻留原地不动
	应急制度	在行车制动系统失效后使用的制动系
	辅助制动	增设的制动装置，以适应山区行驶及特殊用途汽车需要
按制动能源分	人力制动	以人力为唯一能源
	动力制动	以发动机动力转化为液压或气压制动
	伺服制动	兼用人力和发动机动力制动
按制动能量传输方式分	机械制动	以机械传输制动能量
	液压制动	以液压传输制动能量
	气压制动	以气压传输制动能量
	电磁制动	以电磁力传输制动能量
	组合制动	多种传输制动能量综合
按制动回路分	单回路	全车制动用一条制动回路
	双回路	全车制动用两条制动回路

三、汽车制动系统基本组成与工作原理

1. 汽车制动系统基本组成

以液压鼓式制动系统为例，其主要由车轮制动器和液压传动机构组成，如图2.3－86所示。

液压传动机构主要由制动踏板1、推杆2、制动主缸活塞3、制动主缸4、油管5、制动轮缸6、制动轮缸活塞7等组成。

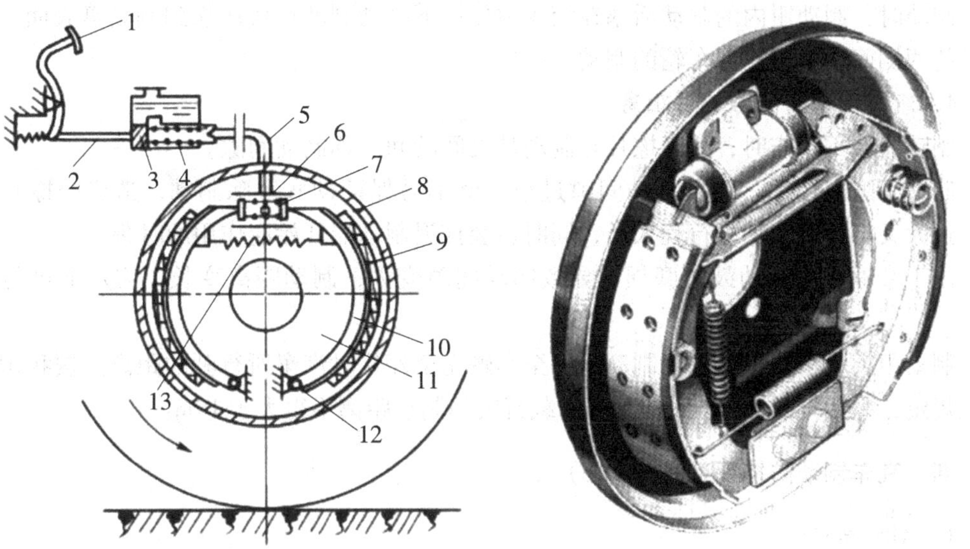

图 2.3－86 制动系的组成

车轮制动器由制动鼓 8、摩擦片 9、制动蹄 10、制动底板 11、支承销 12 和回位弹簧 13 等组成。

2. 汽车制动系统基本工作原理

制动系不工作时，制动鼓的内圆面与制动蹄摩擦片的外圆面之间保留有一定的间隙，使制动鼓可以随车轮自由旋转。

制动时，驾驶员踩下制动踏板，推杆 2 便推动主缸活塞 3，使制动主缸 4 中的油液以一定压力流入制动轮缸 6，通过轮缸活塞 7 使两制动蹄 10 的上端向外张开，从而使摩擦片压紧在制动鼓的内圆面上。这样，不旋转的制动蹄就对旋转着的制动鼓产生一个摩擦力矩，方向与车轮旋转方向相反，迫使车轮停止转动。

当松开制动踏板时，制动蹄回位弹簧 13 将制动蹄拉回原位，制动作用即行解除。

3. 盘式制动器结构及工作原理

盘式制动器由制动盘、制动钳及车轮轴承等组成，如图 2.3－87 所示。

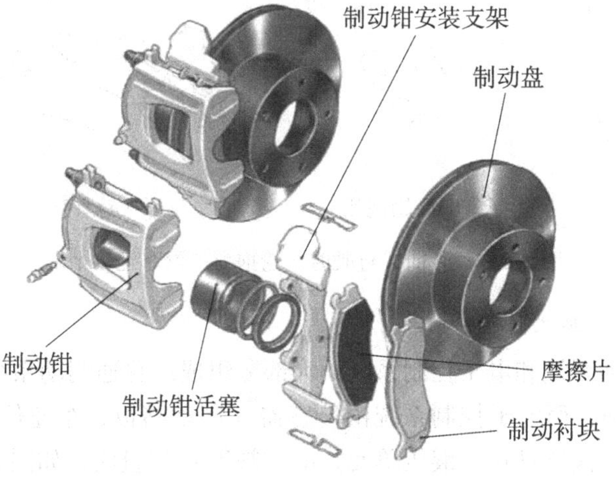

图 2.3－87 盘式制动器结构

制动时，制动钳内的制动活塞在液压力作用下推动制动衬块压靠到制动盘表面，将制动盘的两侧面压紧，实现车轮的制动。

4. 汽车制动间隙与制动距离

制动器在不工作时，其摩擦片与制动鼓之间的间隙称制动间隙。

制动间隙应合适，如果制动间隙过小，就不易保证彻底解除制动，造成摩擦片的拖磨；过大又将使制动踏板行程太长，同时也会推迟制动器开始起作用的时刻。

由于摩擦片与制动鼓的磨损，导致制动间隙变大，制动距离变长，应定期进行检查调整。

制动距离是指驾驶员踩下制动踏板至车辆完全停住时汽车所行驶的距离。按我国国家标准规定，乘用车以50km/h初速度空载行驶的制动距离不得大于19m。

四、汽车制动防抱死系统（ABS）

1. ABS功用

制动防抱死系统（Antilock Braking System，简称ABS）是防止制动时车轮抱死的装置，并把车轮的滑移率保持在最佳范围内。

试验和实践表明，当汽车曲线行驶制动只有前轮抱死时，由于前轮的转弯力基本为零，无法进行正常的转向操作，驾驶员无法控制汽车的运动方向，这时汽车将沿行驶曲线的切线方向滑行，如图2.3－88a所示。而当只有后轮抱死时，后轮的侧向力接近于零，由于离心力和前轮转向力的作用，汽车不能保持原来的行驶方向，汽车将一面旋转一面沿曲线行驶，即发生甩尾现象，如图2.3－88b所示。而当所有的车轮全部抱死时，转弯力、侧向力均接近于零，汽车完全失去操纵性和方向稳定性，兼有前、后轮单独抱死时的两种运动，如图2.3－88c所示，即一面作与驾驶无关的不规则运动，一面沿曲线的切线方向滑行。

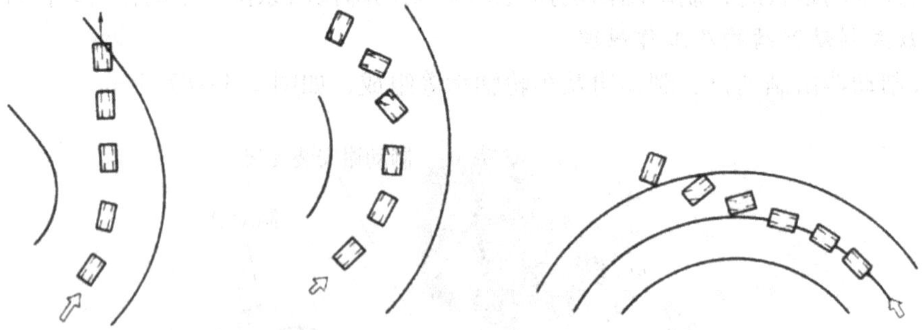

(a)前轮抱死　(b)后轮抱死　(c)所有车轮抱死

图2.3－88　曲线行驶时车轮抱死的汽车运动情况

2. ABS基本组成与工作原理

ABS由普通制动系统和电子控制系统两大部分组成。普通制动系统的组成和工作原理与传统制动系统相同，而电子控制系统由传感器（制动踏板、车速传感器）、ABS控制单元和制动压力装置（液压马达、液压单元、电磁阀等）等组成，如图2.3－89所示。

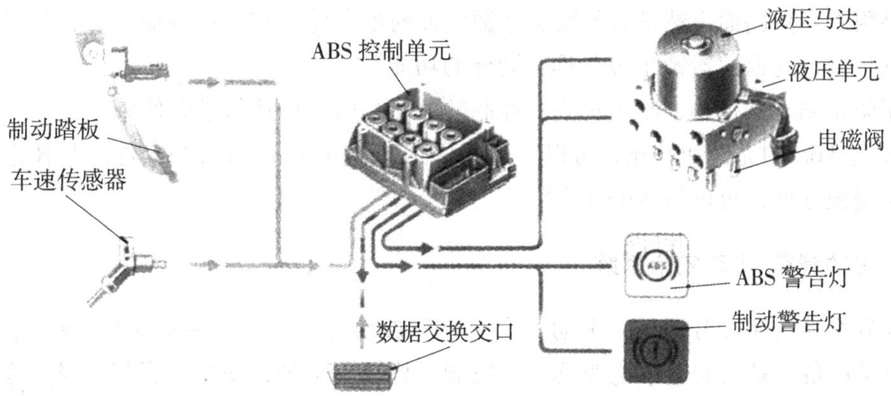

图 2.3－89　汽车 ABS

汽车制动时，ABS 控制单元根据传感器传递来的汽车行驶和制动信号，经过计算、比较和判断后，向执行器（制动压力装置）发出控制指令，使车轮制动时滑移率保持在最佳范围内，始终处于理想的运动状态，以有效防止制动时汽车侧滑、甩尾及失去转向等现象发生，同时将制动力保持在最佳的范围内，缩短了制动距离。

在制动过程中，ABS 系统只在车速超过一定值时才起作用。ABS 系统具有自诊断功能，并能确保系统出现故障时，常规制动系统仍能正常工作。

五、驱动防滑系统（ASR）

1. ASR 的作用

当汽车在冰雪路面行驶时，驱动轮很容易发生滑转，这是由于汽车的驱动力大于地面附着力的结果。一旦车轮滑转，车轮的横向附着力几乎为零，将发生侧滑等现象。对于后轮驱动汽车，驱动轮滑转将使汽车发生不规则的旋转；对于前轮驱动汽车，会使方向失去控制。

汽车防滑转系统（Anti Slip Regulation，简称 ASR），又称牵引力控制系统（TRC），其作用就是防止汽车在起步、加速和低附着系数路面行驶时驱动轮的滑转，以提高汽车的牵引性和操纵稳定性。

2. ASR 的基本工作原理

为了防止滑转，必须适当降低驱动力，大幅度提高侧向力，增大抵抗侧滑的能力。目前，常采用以下两种方法防止驱动轮的滑转。

（1）发动机输出转矩调整方式

通常通过控制节气门开度和点火提前角的方式调节发动机的输出转矩，从而使驱动车轮的转速迅速降低，或者使两侧驱动车轮的驱动力矩进行调节。由于发动机已经实现了电子控制，因此，这种控制方法容易实现。

（2）驱动轮制动控制方式

当驱动轮发生滑转时，对滑转的车轮施加一定的制动力，使车轮的滑转率控制在合适的范围内。制动控制方式比发动机输出转矩控制方式反应速度快，能有效地防止汽车起步时或从高附着系数路面突然进入低附着系数路面时的车轮空转。该控制方式还能对每个驱动轮独立控制，与差速器锁止装置具有同样的功能。

为了防止制动器过热，驱动轮制动控制的方法只限于低速行驶时使用。

ASR 是 ABS 的完善和补充，可以与 ABS 共用车轮转速传感器等部件。ASR 电子控制装置既可是独立的，也可与 ABS 共用。

六、主动刹车/主动安全系统

汽车安全系统主要分两种：主动安全系统和被动安全系统。主动安全系统包括 ABS、ESP 等电子设备；被动安全系统涉及车体吸能结构、安全带、安全气囊等。时至今日，主动安全系统前沿技术已发展到预碰撞安全系统，其中最为典型的就是主动刹车系统，如图 2.3－90 所示。世界首个在车型上标配此类技术的是沃尔沃 City Safety（城市安全自动刹车系统），此外奔驰、斯巴鲁、雷克萨斯等高端车型上也有类似装备，主动刹车有普及之势。

图 2.3－90　主动刹车

有数据统计表明，75% 的追尾事故都发生在大约 30km/h 的速度下，而沃尔沃的这项“城市安全”系统，正是这些事故的克星：当车辆的速度达到 30km/h 时，这套系统就会自动启动，通过前风挡上的光学雷达系统监视交通状况，尤其是车头前 6m 内的情况。当前车刹车、停止或有其他障碍物的时候，这套系统首先会自动在刹车系统上加力，以帮助驾驶员在做出动作前缩短刹车距离；或者它还可以通过调整方向盘，来改变车辆行驶路径，以避开障碍物。当然，如果距离障碍物已经很近，这套系统会自动紧急刹车而无须驾驶员的操作。

目前，出现在汽车安全配置上的、有代表性的主动刹车技术分别是斯巴鲁 Eye Sight、沃尔沃 City Safety、奔驰 Pre－safe、雷克萨斯 Pre-Collision System（PCS）、大众 Adaptive Cruise Control（ACC）、英菲尼迪 Distance Control Assist（DCA）。作为一项最新的主动安全技术，它能够帮助司机避免城市交通常见的低速行驶时的追尾事故。

在各方媒体长期的试驾测试中，也得出这样的结论：大众 Adaptive Cruise Control（ACC）、斯巴鲁 Eye Sight 和沃尔沃 City Safety 等之类的驾驶辅助技术尤其适合交通拥堵的大中城市，因为城市驾驶中长时间的堵塞会令驾驶员注意力分散，有了这个功能后能避免发生追尾事故；而在高速行驶时，这些主动刹车技术系统能实现主动减速，因而也能降低损失和风险。

2.3.10　汽车车身及附件

汽车车身是供驾驶员操作，以及容纳乘客和货物的场所。其主要作用是为乘员提供安全、舒适的乘坐环境，隔绝振动和噪声，不受外界恶劣气候的影响。同时车身也是一件精致的艺术品，给人以美的享受，反映现代的风貌、民族的传统以及独特的企业形象。

汽车车身如图2.3-91所示，主要由车身本体、开启件（各种门、窗、行李箱和车顶盖等）、附件（各种座椅、内外饰、仪表电器、刮水器、洗涤器、风窗除霜装置及空调等）和安全保护装置（保险杠、安全带及安全气囊等）组成。货车及专用车辆还有货箱及专用设备。

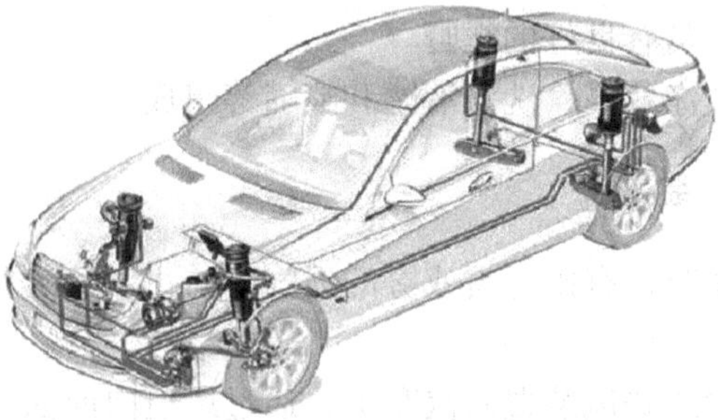

图2.3-91　汽车车身

一、车门门锁

现代轿车普遍采用电控式中央门锁，可以在车内、车外集中控制所有车门。电控式中央门锁在车门钥匙上配置无线电发射装置，在车内配置无线电接收装置，实现无线电遥控。有的电控式中央门锁还具有服务、报警和防盗等多种功能。

二、刮水器

用于清除玻璃外表面的雨水、雪及灰尘的装置，以保证驾驶员在雨雪天行驶有良好的视野。

现代汽车都采用电动机驱动的电动刮水器，其基本结构如图2.3-92所示，电动机通过蜗杆蜗轮、摇臂和拉杆，带动刮水臂摆动，刮水片便可以刮除玻璃表面的雨水、雪及灰尘。

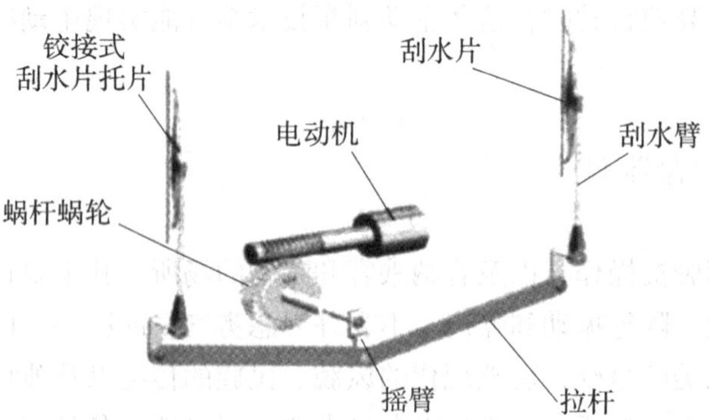

图 2.3－92　刮水器

三、风窗洗涤器

其功用是将清洁的水或洗涤液喷射到风窗玻璃上，在刮水器的作用下，清洗风窗玻璃上的尘土和污物，使驾驶员有良好的视野。

风窗洗涤器主要由洗涤液泵、洗涤液罐和喷嘴等组成。

四、风窗除霜（雾）装置

其作用是在较冷的季节，有雨、雪或雾的天气，防止水蒸气在风窗玻璃上凝结成细小的水滴甚至结冰。

该装置是在装有空调或暖风装置的汽车上，通过风道向前面及侧面风窗玻璃吹热风以加热玻璃，防止水分凝结。对后风窗玻璃的除霜，常常是利用电热丝加热实现的。

五、安全带

安全带用于乘员由于惯性而急剧向前冲撞时产生束紧力，保护成员，避免发生碰撞事故。安全带的布置形式很多，用得最多的是三点式安全带，如图 2.3－93 所示。

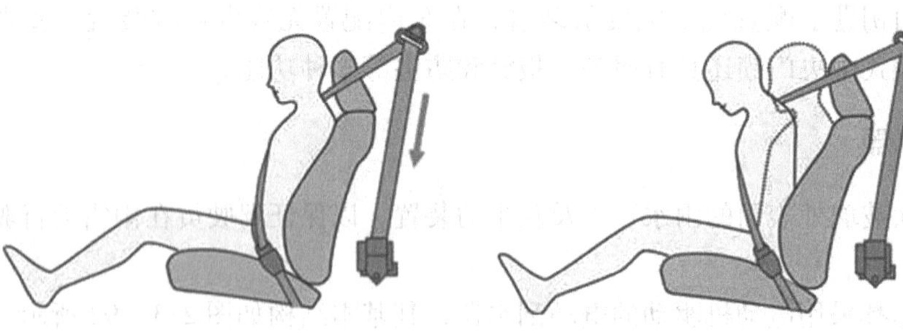

图 2.3－93　三点式安全带

六、安全气囊

1. 安全气囊的作用

安全气囊（Supplemental Restrain System，简称 SRS）是为了减少汽车在发生碰撞时因巨大的惯性对乘员造成伤害而设置的。统计表明，交通事故中，头部受伤占66%左右。使用安全气囊，头部受伤率可减少30%～50%，面部受伤率可减少70%～80%。

2. 安全气囊的类型

按照安全气囊安装的位置，分为正面、侧面和顶部安全气囊。

正面安全气囊如图2.3-94所示，安装在驾驶员和乘客的正面，对汽车正面碰撞起安全保护作用，有较高的装车率。正面安全气囊一般安装在转向盘中央的衬盖内，前排乘客侧安装在仪表板上，有的车辆还在仪表板下方安置了膝部免受伤害的安全气囊。

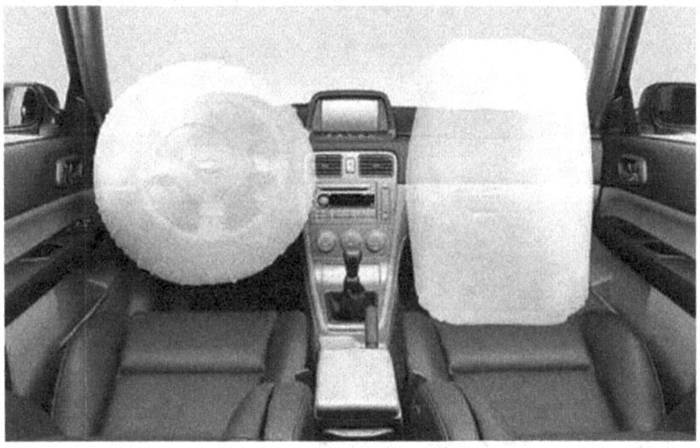

图2.3-94　安全气囊

侧面和顶部安全气囊分别安装在驾驶员、乘客的侧面和顶部，对汽车侧面碰撞和汽车翻倾起安全保护作用。

3. 安全气囊结构及其工作原理

安全气囊主要由碰撞传感器、气体发生器、气囊、安全带收紧器、控制装置以及显示装置等组成。

气囊一般用尼龙布制成，在尼龙布上开有排气的小孔，以便在气囊充气后进行排气，使气囊逐渐变软，加强缓冲作用和不至于影响人员活动。安全气囊只能使用一次，用完即报废。

气体发生器用来产生气体，安装于气囊下，能在极短的时间内（30ms内）将气体充满整个气囊。气体的产生方法主要有高压储气式、固体推进剂式和混合式三种。

当汽车发生碰撞时，碰撞强度通过传感器转化为电信号，被电控装置接收，进行分析，发出相应指令，由执行器执行。轻度碰撞时，电控装置指令执行器收紧安全带，保护乘员；碰撞达到一定程度，电控装置指令引爆气体发生器，安全气囊急速膨胀，挡住驾驶员或乘员的身体，起到缓冲保护作用。之后安全气囊小孔排气，使气囊逐渐变软，加强缓冲作用。整个工作过程如图2.3-95所示。

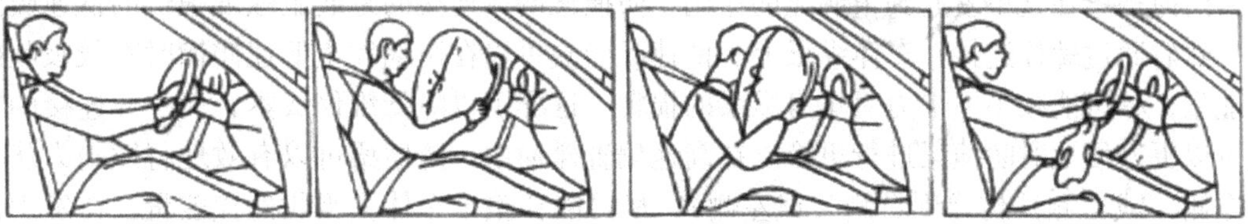

(a)触发前　(b)充气膨胀　(c)头部陷入　(d)气囊压扁

图2.3-95　安全气囊的作用过程

安全气囊应注意与安全带同时使用，以发挥更好的作用。同时注意平时保养维修时，不要重度碰撞安全气囊的各传感器，以免引起误触发，造成不必要的损失。

七、防撞梁

防撞梁是用来减轻车辆受到的震动力的一种装置，如图 2.3－96 所示，它的两端连接的是屈服强度很低的低速吸能盒，然后通过螺栓连接在车体纵梁上。低速吸能盒可以在车辆发生低速碰撞时有效吸收碰撞能量，尽可能减小撞击力对车身纵梁的损害，从而保护车辆。

图 2.3－96　防撞梁

比较标准的防撞梁结构应该能保证低速吸能盒通过溃缩有效吸收低速撞击时的能量，防撞梁通过螺栓连接到车身，方便拆卸和更换。现在很多车型的防撞梁上都加装有一层泡沫缓冲区，它的主要作用是，在车速 4km/h 以下的碰撞时，对外部塑料保险杠起到一个支撑作用，缓解碰撞力，减小碰撞对塑料保险杠的损伤，降低维修成本。

1. 防撞梁的安装位置

防撞梁的安装位置需要根据车身高度、轮毂直径的大小来综合评定，并没有一个明确的标准，同时还要考虑到相容性原理，即两车发生正面相撞时，不合适的防撞梁高度既保护不到自身，还会对对方车辆造成巨大伤害。一般车型的安装高度在 40～50cm，但如果超过 52cm，则会对 C-NCAP 等相关碰撞试验的成绩造成影响。

2. 前后防撞梁的作用

前后防撞梁的意义就是车辆第一次承受撞击力的装置。在车身被动安全方面有一个重要理念就是：一点受力全身受力。也就是说，当汽车车体的某一个位置受到了撞击，如果仅仅让这一部位去承受力的话，那么达到的保护效果会很差；如果在某一点受到力的时候，让整个骨架结构去承受力，则可以最大限度地降低一个点所受到的力的强度。特别是前后防撞钢梁在这里就起到很明显的作用。防撞梁两端连接的是屈服强度很低的低速吸能盒，然后通过螺栓连接在车体纵梁上。低速吸能盒可以在车辆发生低速碰撞时有效吸收碰撞能量，尽可能减小撞击力对车身纵梁的损害，这样可以降低维修成本，而螺栓连接的方式可以更方便地对防撞梁进行更换。在高速偏置碰撞中，防撞梁可以有效地将撞击力从车身左侧（或右侧）传递到右侧（或左侧），尽可能让整个车体去吸收碰撞能量。在发生低速碰撞时（一般为 15km/h 以下），防撞梁可以避免撞击力对车身前后纵梁的损害，降低维修成本。

综上，防撞梁的作用主要是在中低速碰撞时减少维修成本，并能在一定程度上减轻对成员的伤害。在现有的汽车结构之下，防撞梁就像汽车的轮胎一样必须有，任何的取消、缩水或者简配只能说明厂家对消费者不负责任。

八、前排座椅通风

座椅通风是汽车座椅空调的“避暑装置”。夏季虽然有自动空调能够保持车内恒定温度，但由于乘员身体与座椅紧密接触，接触部分空气不流通，不利于汗液排除，会使人感觉不舒服。座椅通风的原理就是用风扇向座椅内注入空气，空气从椅面上的小孔中流出，实现通风功能。座椅通风有效改善了人体与椅面接触部分的空气流通环境，即使长时间乘坐，身体与座椅的接触面也会干爽舒适，如图 2.3－97 所示。

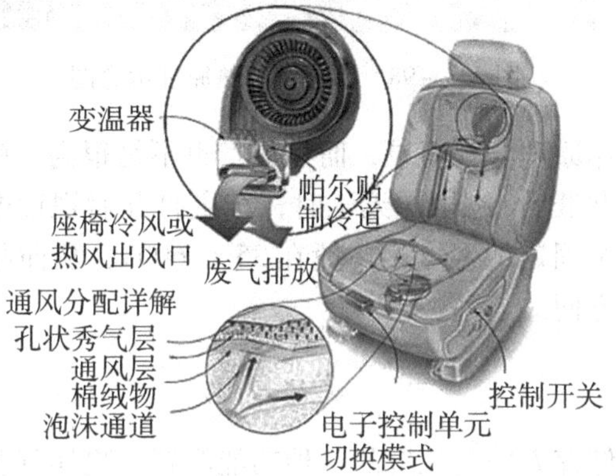

图 2.3－97　通风座椅示意图

1. 座椅通风的分类

座椅通风分为送风式和吸风式。

2. 座椅通风的主要功能

通风循环，抽湿制冷，座椅加热，微震按摩，远红发射，智能温控，人体感应，过压/欠压保护，漏电安全保护，蓄电池低压保护，低能耗技术，传感器关闭延时。

3. 座椅通风的设计理念与构造

- 模拟人体假臀 75kg 重力冲击 20 万次、扭转 2.5 万次的试验；
- 8 小时 5% 浓度盐水浸泡试验；
- 3 小时 80℃高温及 3 小时 －40℃低温试验，5 个循环周期的试验。

座椅通风内总共九个轴向流动风扇集成在座椅内的优质泡沫填料中：四个位于靠背中，五个位于座椅中。风扇抽取新鲜的客舱空气进入座椅内，并引导空气通过透气的中间层，将空气均匀分配在整个座椅范围内。内饰中的特殊穿孔使得空气能够通过真皮，将排汗保持在最低水平。不同的车型，可相应使用中控台上或者座椅本身上的一个控制装置控制三挡风扇。最高风扇转速能立刻冷却被阳光直射过的座椅，即使在夏季也能确保登车后的舒适。

九、外后视镜加热

后视镜加热功能是指当汽车在雨、雪、雾等天气行驶时，外后视镜可以通过镶嵌于镜片后的电热丝加热，确保镜片表面清晰，如图 2.3－98 所示。

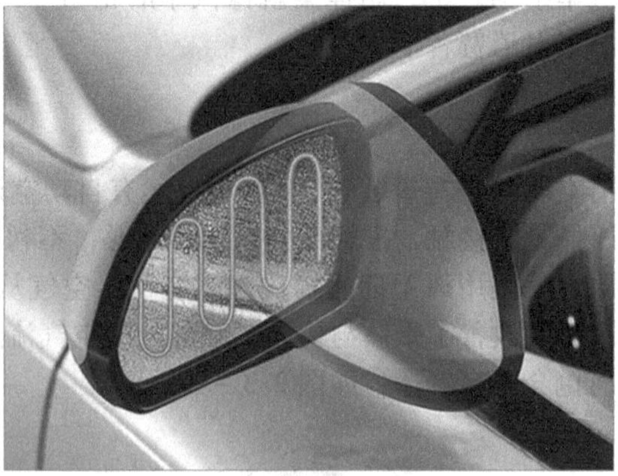

图 2.3－98　后视镜加热原理示意图

电加热后视镜的工作原理非常简单，而且成本也不是很高，就是在两侧后视镜的镜片内安装一个电热片（电热膜）。在雨雪天气时，车主打开后视镜电加热功能，电热片会在几分钟内迅速加热至一个固定的温度，一般在 35 ～ 60℃，从而起到对镜片除雾除霜的效果，给司机带来极大的方便。

十、方向盘记忆

方向盘记忆是用来储存方向盘位置的一种功能配置，更换驾驶员时可一键调节到设定好的位置。方向盘记忆通常与座椅和后视镜记忆集成在一起，一般车型提供 2 ～ 3 组记忆。需要注意的是，只有电动调节的方向盘才能实现记忆功能。

方向盘记忆技术是内置了记忆芯片，可以储存用户设定的信息，需要调取不同用户信息时，方向盘会通过电动调节方式还原用户设定的位置。实现了智能化管理，但记忆功能的前提是方向盘必须为电动调节。

有些车型不仅有方向盘记忆功能，而且还有人性化设计，在车辆熄火时，方向盘会自动回收部分距离，给驾驶位腾出空间，以方便驾驶员上下车，通电后方向盘会恢复原来的位置。

十一、汽车天窗

汽车天窗安装于车顶，能够有效地使车内空气流通，增加新鲜空气的进入，为车主带来健康、舒适的享受。同时汽车车窗也可以开阔视野，常用于移动摄影摄像的拍摄需求。汽车天窗可大致分为外滑式、内藏式、内藏外翻式、全景式和窗帘式等。主要安装于商用SUV、轿车等车型上。

天窗的功用主要有：

（1）开天窗可以促进车内空气流通

天窗的位置使它具备了促进车内空气流通的能力，如图 2.3－99 所示。

图 2.3－99 天窗换气

天窗位于车辆顶部，在行车过程中打开天窗，车外空气快速流动形成“负压区”，车内气压高于车外，车内含有害物质的污浊空气就会被抽出车外，同时新鲜空气也会通过空调系统补充进车内，不断循环，相当于加快了车内空气的流动速度，如图 2.3－100 所示。

图 2.3－100 负压区形成

（2）开天窗能防止玻璃起雾

很多车主都习惯在冬天紧闭车辆门窗，在车内开启暖气。但时间一长，车内外的温差就会越来越大，车窗玻璃很容易起雾，影响视野和行车安全，而且人也容易犯困。其实，只要将天窗打开一些，这个问题就能解决。

不用把天窗完全打开，开启至后翘状态就可以了，如图 2.3－100 所示。这样操作也是利用了天窗的负压原理，既能保证车内温度不会下降太多，又能促进空气流动，避免温差太大，玻璃也就不会老是起雾了。这个方法同样可以在雨天时使用。

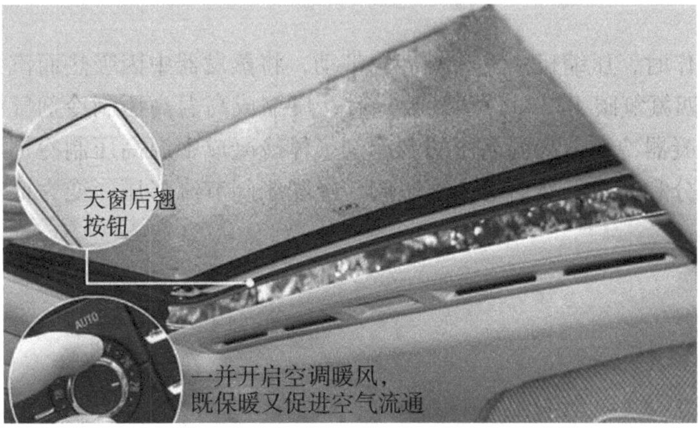

图 2.3－101 天窗后翘

此外，天窗始终属于比较娇气的配置，平常要注意清洁和润滑天窗导轨。

2.3.11 汽车空调系统

汽车空调系统是实现对车厢内空气进行制冷、加热、换气和空气净化的装置。它可以为乘员提供舒适的乘车环境，降低驾驶员的疲劳强度，提高行车安全。

空调系统主要由制冷系统、供暖系统、通风和空气净化装置及其控制系统组成，如图2.3-102所示。

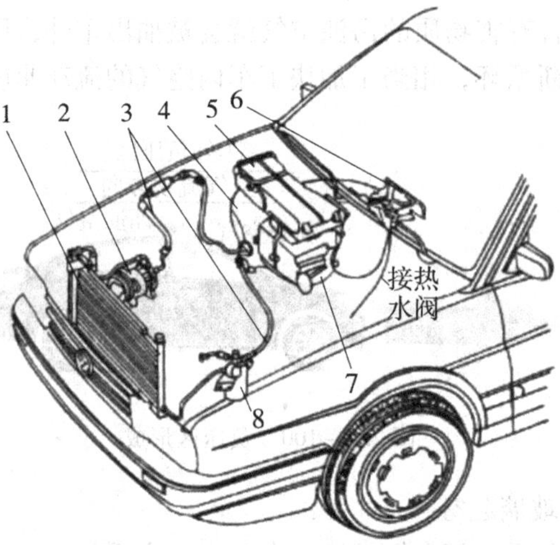

图2.3-102 汽车空调系统

1—冷凝器；2—压缩机；3—制冷剂管路；4—蒸发器箱；5—进风罩；6—空调控制装置；7—加热器；8—储液干燥器

一、制冷系统

汽车空调制冷系统由压缩机、冷凝器、膨胀阀、储液干燥器及蒸发器等组成，如图2.3-103所示。

制冷系统工作时，压缩机由发动机带轮带动，将蒸发器中因吸热而汽化的低压制冷剂（氟利昂R12或四氟氢碳R134a）蒸气吸入后，压缩成高温高压制冷剂气体，经高压管送入冷凝器，经冷凝器冷却使高温高压的制冷剂气体冷凝成中温高压制冷剂液体，送入储液干燥器中除去水分和杂质，然后送入膨胀阀，经膨胀阀节流降压，变为低温低压液态制冷剂后进入蒸发器。

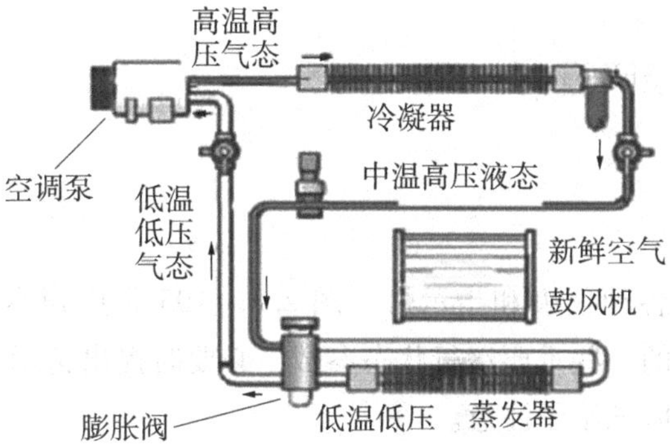

图 2.3－103　制冷系统

当鼓风机将空气吹过蒸发器表面时，液态制冷剂汽化吸热，从而降低车内温度。汽化后的制冷剂再次被压缩机吸入，重复上述过程。

二、其他系统

1. 供暖系统

一般采用发动机工作时冷却液供暖，称为水暖式暖风装置，如图 2.3－104 所示。

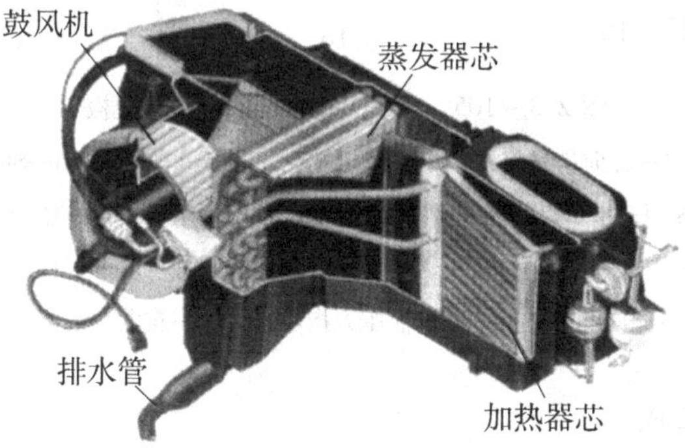

图 2.3－104　暖风装置

水暖式暖风装置主要由加热器、鼓风机、热水阀及通风道组成。

2. 通风装置

通风装置分自然通风和强制通风两种。

自然通风利用汽车行驶时车内外的空气压力差，通过进、出风口进行自然换气；强制通风利用鼓风机对车内空气进行置换。

3. 空气净化装置

常用的空气净化装置有灰尘滤清器、电子集尘器及负离子发生器等，安装在空调器总成内。

2.3.12 汽车仪表及照明

一、汽车仪表系统

汽车仪表系统包括各种仪表和指示灯，图 2.3－105 是广州本田雅阁轿车的仪表板。仪表系统用来反映汽车的一些重要运行状态参数，必要时提出警示，保证汽车可靠而安全地行驶，驾驶员行车时应该给予注意。

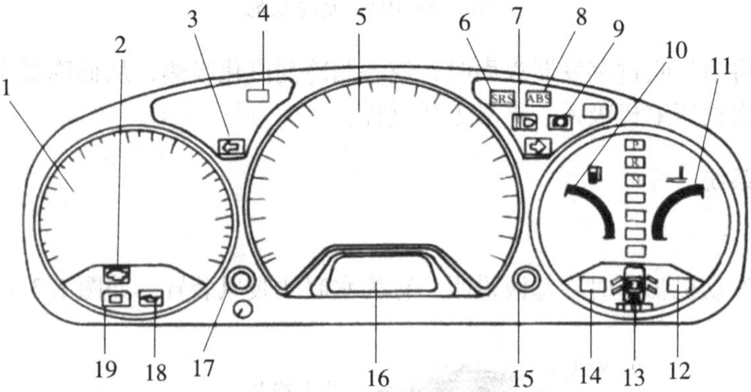

图 2.3－105　广州本田雅阁轿车仪表板

1—转速表；2—故障指示灯；3—转向信号灯；4—巡航控制指示灯；5—车速表；6—SRS（安全气囊系统）指示灯；7—远光指示灯；8—ABS 制动指示灯；9—驻车制动与制动系统指示灯；10—燃油表；11—冷却液温度表；12—座椅安全带提示灯；13—车门和制动灯监视器；14—低燃油指示灯；15—行程选择/复位按钮；16—里程表；17—亮度调节；18—低机油压力指示灯；19—充电系统指示灯

1. 汽车仪表系统组成

汽车常用仪表系统组成及功用见表 2.3－7。

表 2.3－7　汽车常用仪表系统组成及功用

仪表系统		功　用
充放电显示系统	电流表	指示蓄电池充电或放电的电流值
	电压表	指示蓄电池充电或放电的电压值
	充电指示灯	指示蓄电池充电或放电状态
机油压力显示系统	机油压力表	指示发动机主油道中机油压力大小
	机油压力报警灯或蜂鸣器	机油压力过低时报警
燃油量显示系统	燃油表	指示汽车燃油箱内储存燃油量的多少
	液面报警灯	燃油箱内燃油量过少时报警
冷却液温度显示系统	冷却液温度表	指示发动机水套中冷却液温度的高低
	冷却液温度报警灯或蜂鸣器	冷却液温度过高时报警

续表 2.3－7

仪表系统		功　用
车速里程显示系统	车速表	指示汽车行驶速度
	里程表	指示汽车累计行驶里程
	转速表	指示发动机转速的高低

2. 仪表板常见图标

仪表板上每个仪表通常用图标表示，常见图标的含义如图 2.3－106 所示。

图 2.3－106　仪表板常见符号含义

这些图标对日常行车有着十分重要的作用，看懂这些图标所代表的含义，可以帮助人们及时发现车辆存在的故障，及早修复从而保证行车安全。下面介绍一些日常行车中比较重要的图标。

（1）发动机自检指示灯

在每次着车启动车辆之后，在仪表盘中间会有一大堆图标出现，几秒后会自动熄灭，这个过程就是汽车的自检过程。当自检完后，对应的图标便会熄灭，而存在故障的图标会继续亮着，提示驾驶员注意。

发动机自检指示灯在每次启动汽车后都会亮起，表示发动机正在进行自检。当自检完毕后，若没发现发动机存在故障，图标就会消失（整个自检过程维持几秒时间）；若该图标没有熄灭，则说明车辆的发动机存在故障，如图 2.3－107 所示，这时最好前往 4S 店做进一步的检测。

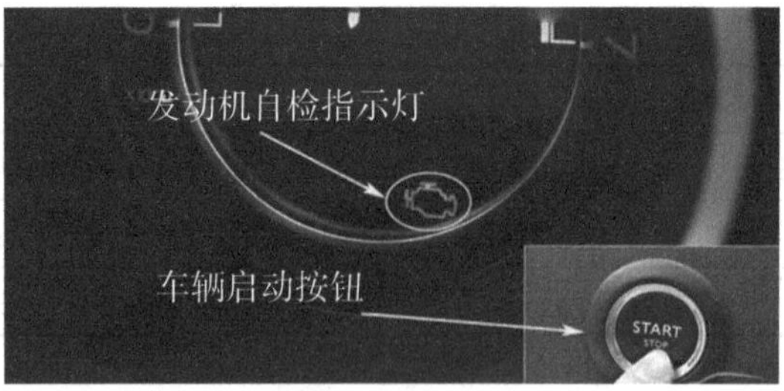

图 2.3－107　发动机自检指示灯

（2）机油压力指示灯

仪表板上那个类似于“水壶”形状的图标就是机油压力指示灯，如图 2.3－108 所示。

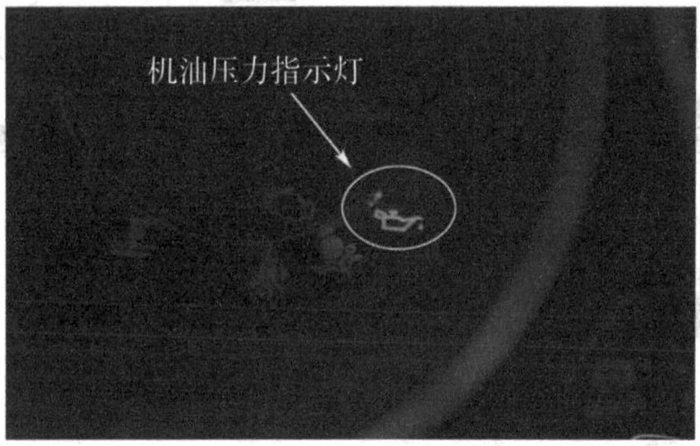

图 2.3－108　机油压力指示灯

与发动机自检指示灯一样，车辆启动时，机油压力指示灯也会点亮。若机油压力正常，其随后也跟着熄灭。若机油压力存在异常，其便会一直点亮。这时应该为车子做进一步检查以排查故障。

（3）加油指示灯

加油指示灯是用来提醒车辆驾驶员及时为车辆添加燃油的，如图 2.3－109 所示，当燃油不足时，加油指示灯亮黄灯；当燃油极度不足时，加油指示灯亮红灯。要注意，有些车型是一直亮黄灯的。

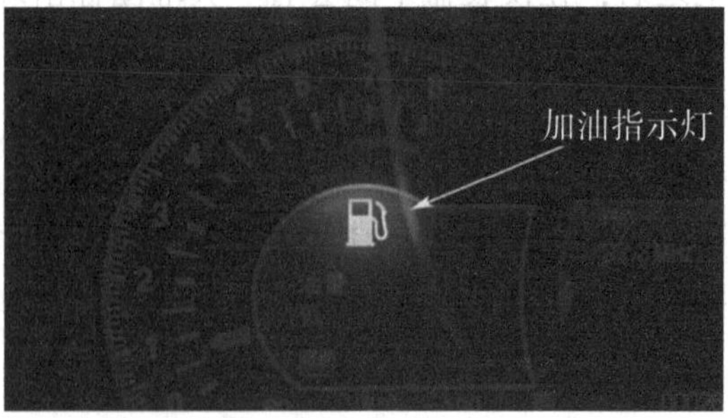

图 2.3－109　加油指示灯

一般情况下，当加油指示灯亮黄灯时，最好尽快为车辆添加燃油，不要等到亮红灯时才加。这主要是出于对油泵的保护考虑，目前多数汽油油泵都需要浸泡在燃油里面，以便于散热，倘若燃油不足，油泵的散热效果明显下降，从而会加速油泵的损坏。

（4）冷却液温度指示灯

顾名思义，冷却液温度指示灯就是用以指示冷却液温度的，正常状态下它是熄灭的，若冷却液温度过高或过低，其将会点亮，如图 2.3－110 所示。

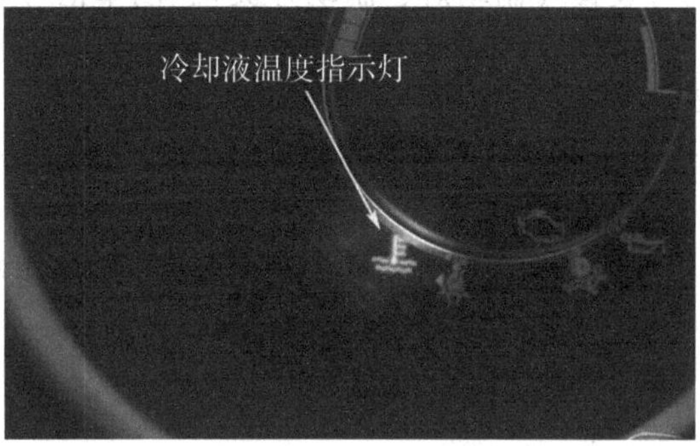

图 2.3－110　冷却液温度指示灯

二、汽车照明系统

汽车照明系统可保证汽车在夜间及能见度低的情况下，安全、高速行驶，改善车内驾乘环境，便于交通安全管理和车辆使用、检修。

汽车照明系统由电源、照明装置及其控制部分组成。控制部分包括各种灯光开关、继电器等。

照明装置包括车外照明、车内照明和工作照明三部分，其具体组成及作用见表 2.3－8。

表 2.3－8　汽车照明装置的组成及作用

照明装置		作　用
车外照明装置	前照灯	夜间行驶照明，可发出远光和近光两种光束
	前小灯（示宽灯）	夜间示宽、近距离照明等
	后灯	红色，起警示作用，兼作牌照灯
	雾灯	黄色，在有雾、下雪、暴雨或尘埃弥漫时行车照明，具有信号作用
	倒车灯	倒车时车后照明，并起信号作用
	牌照灯	照明汽车后牌照
车内照明装置	仪表灯	仪表板照明
	顶灯	车内照明
	阅读灯	乘客阅读照明
工作照明装量	行李箱灯	夜间行李箱门打开时照明
	发动机罩灯	夜间发动机罩打开时照亮发动机

汽车前照灯应定期检查调整，以保证照射距离和位置符合要求。

三、汽车信号装置

汽车信号装置通过灯光和音响等手段，向行人和车辆发出警告，以保障行车安全。

常见的汽车信号装置有喇叭音响信号装置（电喇叭、气喇叭等）、转向信号装置（转向灯、闪光器）、制动信号装置（制动灯、制动开关）、倒车信号装置（倒车信号灯、蜂鸣器）和危险警告信号装置等。

1. 喇叭音响信号装置

目前电喇叭在所有汽车上都安装，因而介绍电喇叭的结构与工作原理。电喇叭分为有触点和无触点两类。

触点电喇叭有筒形、螺旋形和盆形等不同的结构形式。盆形电喇叭结构如图 2. 3－111 所示。

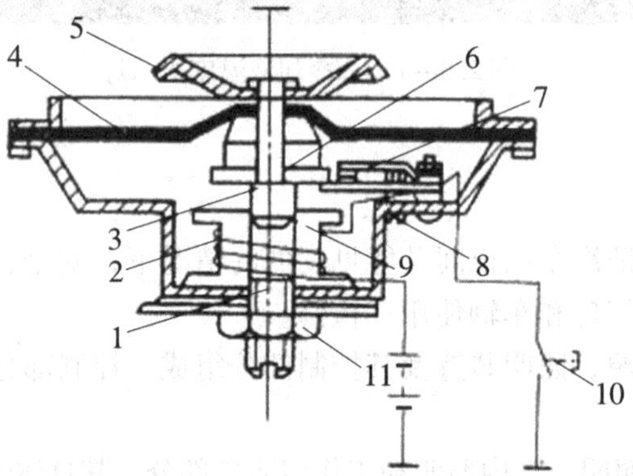

图 2. 3－111　盆形触点式电喇叭

1—下铁芯；2—线圈；3—上铁芯；4—膜片；5—共鸣板；6—衔铁；7—触点；8—调整螺钉；9—铁芯；10—按钮；11—锁紧螺母

按下电喇叭按钮 10，线圈 2 通电后产生磁力，吸动上铁芯及衔铁下移，使膜片下拱，衔铁下移中将触点顶开，线圈电路被切断，其磁力消失，上铁芯、衔铁及膜片又在触点和膜片自身弹力的作用下复位，触点又闭合。触点闭合后，线圈又通电产生磁力吸动上铁芯和衔铁。如此循环，使膜片振动，产生较低频率的振动，促使共鸣板产生谐振，发出音量适中、和谐悦耳的声音。

盆形电喇叭音调的高低取决于其膜片的振动频率。通过改变上、下铁芯之间的间隙来改变膜片的振动频率。需要调整音调时，松开锁紧螺母 11，旋动下铁芯 1，旋入下铁芯时，上下铁芯之间的间隙减小，音调升高；旋出下铁芯则使音调降低。调至合适的音调后，旋紧锁紧螺母即可。

盆形电喇叭音量的高低取决于线圈电流，通过线圈的电流大，膜片振动也大，喇叭发出的音量也就大。线圈电流可以通过调整螺钉 8 来调整触点的接触压力。调整螺钉旋出，触点接触压力增大，电喇叭音量增大；螺钉旋入则会抵消部分触点臂自身弹性，使电喇叭音量减小。

触点式电喇叭的触点容易烧蚀和氧化，工作不稳定，故障率较高，现代汽车广泛采用无触点电喇叭，即用晶体管代替触点，不存在触点烧蚀问题。

为使电喇叭声音更加悦耳，有的汽车上设置了双音（高、低音两只）喇叭或三音（高、中、低三只）喇叭，由于通过喇叭按钮的电流较大，一般采用喇叭继电器，以减小通过喇叭按钮的工作电流。

2. 转向信号装置

转向信号装置用于显示汽车的转弯方向。它由转向灯、转向灯开关和闪光器等组成。

转向灯安装于车身前端和后端的左右两侧，驾驶员转向时，通过转向灯开关，控制转向灯闪烁，发出警示。转向灯闪烁靠闪光器来完成。

3. 制动信号装置

制动信号装置用于汽车制动时发出警示信号。它由制动信号灯、信号灯开关和制动灯断线报警开关等组成。

制动信号灯安装在汽车尾部，当驾驶员踩下制动踏板时，制动信号灯发出强烈红光警示。为了增强显示效果，有的汽车设有高位制动灯。

4. 倒车信号装置

倒车信号装置用于倒车时发出警示信号。它由倒车信号灯和倒车蜂鸣器组成。

2.3.13　汽车总线路

一、汽车整车电路

汽车整车电路通常由电源电路、启动电路、点火电路、照明与灯光信号装置电路、仪表信息系统电路、辅助装置电路和电子控制系统电路组成。

（1）电源电路，也称充电电路，是由蓄电池、发电机、调节器及充电指示装置等组成的电路，电能分配（配电）及电路保护器件也可归入这一电路。

（2）启动电路，是由启动机、启动继电器、启动开关及启动保护电路组成的电路。也可将低温条件下启动预热的装置及其控制电路列入这一电路内。

（3）点火电路，是汽油发动机汽车特有的电路。它由点火线圈、分电器、电子点火控制器、火花塞及点火开关组成。微机控制的电子点火控制系统一般列入发动机电子控制系统中。

（4）照明与灯光信号装置电路，是由前照灯、雾灯、示廓灯、转向灯、制动灯、倒车灯、车内照明灯及有关控制继电器和开关组成的电路。

（5）仪表信息系统电路，是由仪表及其传感器、各种报警指示灯及控制器组成的电路。

（6）辅助装置电路，是为了提高车辆安全性、舒适性等而设置的各种电器装置组成的电路。辅助电器装置的种类随车型不同而有所差异，汽车档次越高，辅助电器装置越完善。一般包括风窗刮水及清洗装置、风窗除霜（防雾）装置、空调装置、音响装置等。较高级的车型上还装有车窗电动举升装置、电控门锁、电动座椅调节装置和电动遥控后视镜等。电子控制安全气囊归入电子控制系统。

二、汽车电路的特点

（1）低电压。汽车一般采用12V电压，部分大功率柴油机采用24V电压。低电压的优点是安全、电源简单，但电功率较小。

（2）单线制。由于电压低，汽车采用机体作为电流的一条公共回路，所以从电源到用电设备一般只用一条导线，称单线制。部分要求较高的线路会采用双线制。

（3）并联制。所有低压用电设备均采用并联制，电压相同。

（4）负极搭铁。现代汽车都采用负极搭铁，即蓄电池的负极直接与机体连接。

三、汽车电路使用注意事项

（1）经常检查各电器设备及导线安装连接是否牢固，不得有松动。

（2）发动机熄火后应及时关闭点火开关。

（3）发现异常（如导线烧焦味或电流表不显示充电等）应及时停车检查。

（4）现代汽车电气线路复杂，应请专业维修人员进行检查、维修。

2.4　工作计划：与师傅和客户沟通工作计划

根据操作规程，制订相应的工作计划表，并通过与师傅和客户沟通，确定任务计划实施的可能性。

序号	任　务	关键词
1	车辆识别码的查找与识别	
2	发动机舱的认识与检查	
3	车身、车门、座椅及安全带功能是否正常检查	
4	底盘螺栓紧固与管路是否漏液情况检查	
5	仪表盘指示灯与照明系统检查	
6	空调制冷效果的检查	

2.5　任务实施：根据制订的任务计划，按照规程实施任务

根据制订的任务计划，准备好需要的工具、设备，按照操作规程实施任务。

序号	工作内容	工具、设备	安全环保	标准规范	检测值	检测结论

续表

序号	工作内容	工具、设备	安全环保	标准规范	检测值	检测结论
预估时间			成本预算			

2.6　评价反思：总结知识点、技能点和素养点

评价项目	评价内容				自我评价	小组评价	教师评价
	A	B	C	D			
工作态度	严谨专注，尽全力克服困难，敢于承担责任，努力改进方法	努力克服困难，遇到困难，积极听取各方意见，乐意尝试新方法	依据指令，规范操作，能够按要求完成任务，偶有抱怨	遇到困难，时有抱怨，被动完成任务			
学习能力	成长意识强，信息捕捉能力强，并能快速转化为能力	重视自我完善，信息捕捉能力较强，努力汲取新知识，具备一定的转化能力	愿意接收新信息、新知识，重视积累，具备初步的转化能力	在他人帮助下，能够学习新的知识，有转化能力			
自控能力	严格遵守学习纪律，严守任务时间，能够调节队友情绪，协调队友观点	遵守纪律，按时完成任务，能够控制情绪，积极采纳队友观点	有时间观念，服从教师、组长管理，愿意倾听队友意见	有迟到早退现象，有违反学习纪律现象			
沟通能力	乐于倾听，感情传达准确，观点能够得到队友认可	愿意倾听，表达流畅，能够接纳不同观点	理解队友，并能够明确地阐述自己的想法	能够理解队友的想法			
合作能力	理解服从的意义，迅速调整自我情绪，主动推动项目完成	服从团队管理，分担团队重要任务	尽力服从管理，分担团队基础任务	愿意完成自身任务			
5S标准	按照5S的标准进行操作，使用工具正确规范，顺利完成任务						
安全操作	严格遵守操作规程，无安全事故						

续表

学生自查	1. 本人分担的学习任务： 完成情况： 2. 本人在本次学习中，解决的问题有： 仍未解决的问题有：
教师点评	1. 表扬的小组是第　　组，理由是： 2. 对本小组的评价是： 3. 表扬的个人有： 理由是：

学习情境三　汽车美容

3.1　学习情境描述：任务接受

一位客户到4S店准备清洁车辆，请你接待客户，并对此车进行清洁。

（按照标准的接待礼仪，给客户打开车门）

前　台：您好，有什么可以帮助到您？

客　户：您好，我这辆车很久没有清洗了，看起来很脏，麻烦帮我清洁一下。

前　台：好的，根据您的要求，本次我们将对您的爱车进行全车清洁。请您把车钥匙给我，帮您做一下检查和登记。（检查车身划痕情况并登记车辆基本信息）

前　台：您好，您的车辆车身情况良好，没有明显划痕。另外，请问您的爱车在驾驶过程中有没有异常？

客　户：车子的情况都可以。

前　台：好的，车辆清洁时间是30分钟左右，请您移步到客户休息区等待，如有需要，我会及时和您联系。

3.2　任务分析：汽车美容

3.2.1　学习目标

【知识目标】

（1）能够描述汽车美容新技术；

（2）能够列写车辆清洁步骤；

（3）能够列出汽车美容的分类。

【技能目标】

（1）能够正确使用车辆清洁工具；

（2）能够熟练完成车辆清洁流程；

（3）能够按照5S的规范进行车辆清洁和整理工作。

【素养目标】

（1）能够有效地与客户沟通；

（2）能够团结伙伴，控制时间，共同完成任务；
（3）能够克服遇到的困难，主动寻找方法解决。

3.2.2 学习任务

（1）清洗汽车前对汽车的检查准备；
（2）汽车车身、车门、翼板、舱盖、保险杠、轮胎的清洗；
（3）汽车的抛光上蜡；
（4）汽车清洗效果的检查。

3.2.3 学习准备

根据学习任务，查阅网络材料、书籍，了解关于车辆美容的分类及车辆清洁的步骤，确定基本素养要求、知识准备和设备准备。

3.3 信息收集：车身及内饰的清洁养护

3.3.1 汽车清洁护理——汽车美容

“汽车美容”源于西方发达国家，英文为 Car Care。由于汽车工业的发展，社会消费时尚的流行，以及人们对事物猎奇、追求新异思想的影响，西方发达国家的新车款式更新换代速度非常快，追新族们为得到新车而不愿旧车贬值，因而在汽车消费与二手车市场之间，汽车美容装饰业也就应运而生。换句话说，汽车美容是工业经济高速发展、消费观念进步以及汽车文化日益深入人心的必然产物。

随着社会进步及人类文明程度的不断提高，汽车正以大众化消费品的姿态进入百姓生活，而汽车的款式、性能以及汽车的整洁程度，无一不体现出车主的性格、修养、生活观及喜好。所以，许多人想让自己的“座驾”看起来干净漂亮，用起来风光舒适。围绕这一目的，进行的一系列工作，就是许多人眼里笼统意义的“汽车美容”。

现代意义的汽车美容，不只是简单的汽车打蜡、除渍、除臭、吸尘及车内外的清洁等常规美容护理，还包括利用专业美容系列产品和高科技技术设备，采用特殊的工艺和方法，对漆面增光、打蜡、抛光、镀膜、镀晶及深浅划痕处理、全车漆面美容、底盘装甲和发动机表面翻新等一系列养车技术，以达到“旧车变新，新车保值”的功效。

汽车美容在英文又叫 Detailing，所以说汽车美容是从细节开始的，一切的汽车美容都是从洗车开始。洗车的好坏决定着技术基础，因而不可忽视。

我国汽车美容发展迅速，已经存在一些很成熟的经营模式，近两年消费者的消费理念也逐步成熟。比如，晶盾已成为汽车美容界最关注的话题，其内容包括提升漆面的光泽度，保护漆面免受外界的酸、碱、紫外线等侵蚀，提供漆面极佳的泼水性和易清洁性能。从简单的洗车—上蜡—封釉—镀膜—镀晶—晶盾，国内汽车美容行业进入一个不断升级的阶段。汽车美容养护业的巨大市场不断吸引商家进入，推动了整个汽车美容市场的前进。国内汽车美容行业已经走过了起步阶段，汽车美容项已出现多样化、高端化的趋势，因此，有企业推出“星级美容”的概念。今后汽车美容业的发展将更加迅速，美容项目的更新，美容技术的不断升级已经成为很重要的课题。

汽车美容的项目主要包括以下几个大类：

1. 车表护理

包括无水洗车、泡沫精致洗车、全自动电脑洗车、底盘清洗、漆面污渍处理、漆面飞漆处理、新车开蜡、氧化层去除、漆面封蜡、漆面划痕处理、抛光翻新、金属件增亮、轮胎增亮防滑、玻璃抛光、轮毂清洁处理、外饰条清洗、发动机外部美容、划痕快速修复、汽车漆表的沥青和焦油的去除、顶篷去污翻新处理、汽车玻璃防雨防雾处理。

2. 内饰翻新

包括顶棚清洗、车门衬板清洗、仪表盘清洗护理、桃木清洗、丝绒清洗、地毯除臭、塑料内饰清洗护理、真皮座椅清洗、全车皮革养护、全车桑拿、空调风口清洗、座套坐垫清洗、行李箱清洁护理、全车吸尘处理

3. 高级美容

包括漆面封釉、漆面镀膜、漆面镀晶、漆面晶盾、汽车桑拿、底盘装甲、臭氧消毒、划痕修复、专业真皮修护。

汽车内外部规范性清洗、车身上蜡、车身漆面研磨抛光、轻度划痕处理、中度划痕处理、封釉、镀膜、车身沥青处理、轮辋结焦处理、轮胎护理、汽车玻璃美容及保养、发动机外部护理、清洗设备以及辅助工具的维修。

地板更换、座套更换、安全带的安装维修、桃木内饰安装与维护、手工缝制真皮方向盘安装、真皮座椅安装、窗帘雨挡的安装、车内空间装饰设计。

雨眉、轮眉、灯眉的安装与维护、安全保险杠的安装、行李架的安装、挡泥板的安装、尾翼的安装、牌照架的安装、无骨雨刷的安装。

3.3.2　人工清洗汽车

一、汽车清洗用品

1. 清洗剂的优点

采用清洗剂除垢是当前国内外大力推广应用的新技术。清洗剂在汽车清洗中具有以下优点：

(1) 快速高效。由于清洗剂去污力强，采用清洗剂可大大提高清洗速度，并可将清洗与护理合二为一，减少美容工序，提高作业效率。

(2) 确保质量。用清洗剂洗车不仅可彻底地清除各种污渍，而且不损伤漆面，对车身

表面具有保护作用。

(3) 保护环境。采用环保型清洗剂清洗汽车，可减少对环境的污染。

2. 清洗剂种类

由于汽车污垢具有多样性，为能“对症下药”，有针对性地清除污垢，汽车清洗剂的产品也是多种多样、名目繁多的。汽车漆面清洗剂主要有以下几类：

(1) 不脱蜡清洗剂。当汽车进行不脱蜡清洗时，应选用不脱蜡清洗剂。该清洗剂含有表面活性剂，有很强的分解能力，能有效地去除车身漆面的油污和尘垢类污物；性质温和，不破坏蜡膜、不腐蚀漆面，液体浓缩（使用时按比例加水稀释），泡沫丰富，使用方便且经济。不脱蜡清洗剂名称较多，有的叫汽车香波，有的叫清洁香波，有的就叫洗车液，等等。

(2) 脱蜡清洗剂。当汽车需要重新上蜡时，应使用脱蜡清洗剂对汽车进行清洗。此类清洗剂含柔和性溶剂，具有较强的溶解功能，不仅可去除车身油垢，而且能把以前的蜡洗掉。

(3) 二合一清洗剂。所谓“二合一”即清洁、护理合二为一，既有清洗功能，又有上蜡功效，可以满足快速清洗兼打蜡的要求。此类产品主要由多种表面活性剂配制而成，上蜡成分是一种具有独特配方的水蜡，可以在清洗作业中在漆面形成一层蜡膜，增加车身的鲜艳程度，有效保护车漆。二合一清洗剂适用于车身比较干净的汽车，洗车后直接用毛巾擦干即可。

(4) 环保型清洗剂。此类清洗剂的主要成分为天然原料，对环境无污染，并具有特殊的清洗效果。如“洁碧”变色水蜡（龟博士 T－68）是一种双重配方水蜡，瓶内上半截的白色为天然巴西棕蜡，下半截的蓝色是环保型润滑洗车液，使用时先将液体晃匀呈乳白色。该清洗剂含流线式催干剂，自动驱水，几乎不用毛巾擦干，使用方便快捷，洗车的同时便可完成打蜡工序。

(5) 专用清洗剂。当车身有沥青、焦油、鸟粪等污物时，需使用专用清洗剂方能清除。清洗时，应根据污物的种类选用合适的专用清洗剂。

①焦油沥青去除剂。该清洗剂具有很强的乳化分解能力，通过软化功能去除附着在车体和镀铬表面的焦油、沥青等污垢。它品质温和，对漆面、塑胶无腐蚀，使用时只需晃匀后取少许涂于污垢表层，2min 后用软毛巾擦拭去除即可。

②树粘清洗剂。该清洗剂以其特有的软化功能，使鸟粪、树粘与漆面“脱离”，最大程度防止了对车漆的伤害。使用时将产品涂于有污垢处，2min 后用毛巾擦拭，并用清水冲净即可。

二、人工洗车工具

洗车前要准备好自来水胶管、刷子、毛巾、海绵及备用水桶等清洗工具，如图 3.3－1 所示。

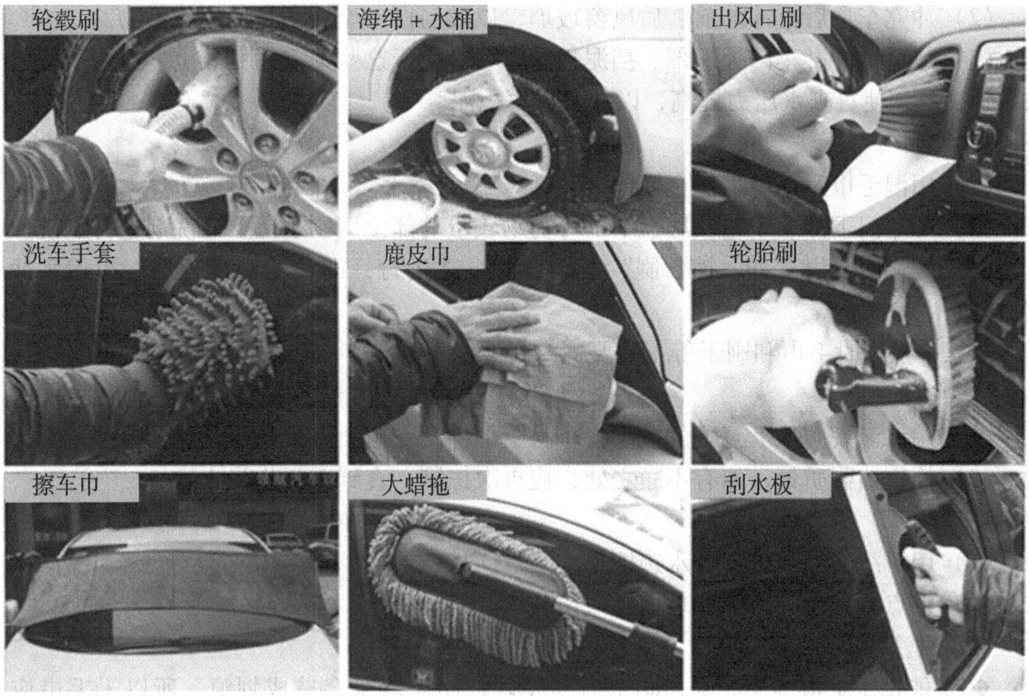

图 3.3－1　人工洗车工具

人工洗车主要是用自来水对汽车进行冲洗，并配合擦洗和刷洗，清除汽车表面的尘土和污垢。人工洗车简便易行，成本低，但清洗效果不稳定，质量不易控制。

三、人工洗车的操作步骤

人工洗车的操作步骤如图 3.3－2 所示。

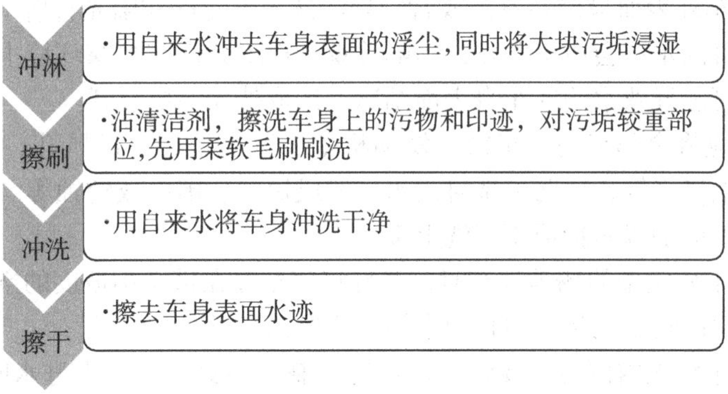

图 3.3－2　人工洗车的操作步骤

四、人工洗车的操作方法

1．冲淋

（1）用自来水冲淋车身，先从车顶开始冲淋，使污物由上向下流出。

（2）冲完车顶后再冲淋前、后风窗玻璃，以及门窗玻璃和车身四周的污物。

（3）最后再冲淋车门板下部、挡泥板及车轮。由于这些地方污垢较重，可用手捏紧自来水管头部，使自来水压力提高，以冲去大块积泥。

2. 擦刷

（1）用湿毛巾对车身进行全面擦洗。

（2）对车门下部、车轮及底盘下部等污物较重的部位用刷子蘸上清洗剂进行刷洗。

（3）擦刷时要以“冲、擦、刷”三结合的方式进行，即边用水冲边擦、边用水冲边刷，直到洗净为止。

注意：擦刷时毛巾和刷子等工具要适时在清水中清净，以防硬质颗粒划伤漆面。

3. 冲洗

（1）用水流按照从上至下的顺序将车身全部冲洗一遍。

（2）检查擦刷质量，如有不净之处，应再次擦刷，直到无污物为止。

4. 擦干

（1）用干净的毛巾将车身水迹擦干。

（2）重点擦干前、后风窗玻璃及门窗玻璃。

擦车时注意事项：

◆ 不能用干毛巾擦车。毛巾晒干后易发硬，用来擦车会造成划痕，所以干毛巾应湿透后再拧干才能擦车。

◆ 擦车时不能用力过大。因用力过大会损伤漆面，所以擦车时只需要将水迹擦干即可。

五、汽车清洗的注意事项

清洗汽车表面时，会涉及许多材质和不同的表面涂层及内、外装饰等，因而在进行清洗时，应注意以下事项：

（1）清洗汽车外表面最好在室内或背阴处清洗，不允许在阳光直射下清洗，因为在阳光下，干涸在车身的水滴会留下斑点，影响美观；也不允许在严寒环境中清洗，因为这样既清洗不净，又可能导致水滴在车身表面结冰，造成外壳涂层裂开。

（2）清洗前应将全部车门、车窗、发动机罩、行李箱盖、通风孔、空气入口严密关闭，封严发动机电气系统，以防清洗时进水，造成短路、窜电或锈蚀等。清洗货车时，如所载货物怕潮湿，应加以防护或不清洗上部。

（3）在没有干燥设备的场地洗车时，最好将汽车停在带有小坡度的空地或路边，以便清洗后清洗剂和水能自己流尽，防止积水污染或腐蚀车身。

（4）清洗汽车轮毂内侧时，要防止进水造成制动不灵。如发现进水时，可低速运行，反复踏踩制动踏板，利用摩擦产生的热量使其自行干燥。

（5）人工洗车时，要用软管，水的压力要适宜。如水压过高，会造成车外表污物硬粒划伤漆面。

（6）如清洗时车内、外装饰件不慎被沾溅上污物，应趁污物未干时尽快清洗。如污物已干，要用清水或清洗剂、软毛刷慢慢刷洗，不允许用硬质工具刮除。

（7）不允许用碱、煤油、汽油、矿物油及酸等溶剂直接清洗汽车外表面。橡胶件可用工业甘油擦去未洗净的灰色沉积物。

（8）镀铬件清洗后如有锈迹，可用白垩粉或牙粉撒在法兰绒上，蘸上氨水或松节油擦拭，擦完再涂上防锈透明漆。

3.3.3　高压设备洗车

一、高压清洗用品

高压清洗机清洗汽车的清洗用品参见人工洗车清洗用品。

二、高压清洗设备

1. 冷水高压清洗机

用冷水高压清洗机清洗汽车质量较好、设备投资少，但清洗时间长、耗水量大，属半机械化清洗。

冷水高压清洗机如图3.3－3所示，主要由电动机、水泵、软管、喷枪等组成。电动机通过弹性联轴器直接驱动离心水泵。水泵由壳体、叶轮及进、出水口组成。水泵出水口用胶管与喷枪相连，喷枪由枪体、手柄、扳机及喷嘴等组成。部分型号的冷水高压清洗机的技术参数见表3.3－1，其标准配置见表3.3－2。

图3.3－3　冷水高压清洗机

表3.3－1　冷水高压清洗机的技术参数

型号	高压管/m	旋转喷杆/mm	喷头	清洁剂箱/kg
HD650	10	850	0/25/40	3
HD895S	10	850	0/25/40	6
HD10/25S	10	1050	0/25/40	6
HD13/118S	10	1050	0/25/40	6
HD1040 B	10	1050	0/25/40	—
HD1050 B	10	1050	0/25/40	—
HD1050 DB	10	1050	0/25/40	—

表3.3－2　冷水高压清洗机的标准配置

型号	流量/(L/h)	压强/MPa	电压/V	功率/kW	质量/kg	长×宽×高/mm
HD650	180～550	2～15	220	3.1	26.5	400×340×900
HD895S	150～850	1～19.5	380	6.5	37	415×386×965
HD10/25S	500～1000	3～25	380	9.2	62	560×500×1090
HD13/118S	65～1300	3～18	380	9.2	62	560×500×1090
HD1040 B	200～850	1～21	汽油机	8.0	60	1045×582×670

续表 3.3-2

型号	流量/(L/h)	压强/MPa	电压/V	功率/kW	质量/kg	长×宽×高/mm
HD1050 B	200～850	3～23	汽油机	9.75	66	1044×549×662
HD1050 DB	330～880	3～21	柴油机	9.75	103	1050×540×720

冷水高压清洗机的使用方法。

(1) 先将水泵进水口与水源接通。

(2) 再接通电动机电源，电动机带动水泵中的叶轮旋转。

(3) 按下喷枪开关，水流经水泵出水口、胶管、喷枪、喷头射向汽车表面。

2. 冷/热水高压清洗机

用热水冲洗汽车，有利于将油污、泥土去除，同时不会对漆膜表面造成损伤，清洗质量好。另外还可减少清洗剂的使用，有利于环境保护。

图 3.3-4 HDS558c 型冷/热水高压清洗机

冷/热水高压清洗机一般由电动机、水泵、加热装置、传动机构、软管、喷枪等组成。图 3.3-4 所示为 HDS558c 型冷/热水高压清洗机，其结构特点为：结构紧凑，单钮开关，水箱和油箱采用一体化设计，全部安装于设备底盘上；采用伺服喷枪，操作者可以轻松调整水流量和出水压力；采用三柱塞轴流泵，由电动机直接驱动，效率高、损耗低；采用一体化坚固塑料底盘，油箱、清洁剂箱和底盘一体化，保证无泄漏；采用高密度塑料，质量轻，抗冲击能力强，噪声低，无锈蚀；采用大橡胶脚轮，使设备更容易移动和搬运。

HDS558c 系列冷/热水高压清洗机的技术参数见表 3.3-3。

表 3.3-3 HDS558c 系列冷/热水高压清洗机的技术参数

设备型号	HDS 558 c	HDS 558 c Flamm	HDS 558 cCSX
电源	单相/230V/50Hz		
水流量/(L/h)	290～550	290～550	290～550
工作压强/MPa	3～14	3～14	3～14
最高温度/℃（供水 12℃）	140/80	140/80	140/80
轻质燃油 $\Delta t=45$℃耗油/(kg/h)	3.0	3.0	3.0
配套负载/kW	3.2	3.2	3.2
燃油箱/L	16	16	16
洗涤剂箱/L	8	8	8
质量/kg	94	94	94
外形尺寸（长×宽×高）/mm	940×600×740	940×600×740	1040×600×740
长寿命高压管/m	10	10	10
高压管卷轴	—	—	标准附件
AVS	标准附件	标准附件	标准附件

续表 3.3－3

设备型号	HDS 558 c	HDS 558 c Flamm	HDS 558 cCSX
喷枪杆（550mm）	—	—	—
轴向转动喷枪杆（1050mm）	标准附件	标准附件	标准附件
强力喷嘴	标准附件	标准附件	标准附件
两孔喷嘴	—	—	—
加长喷枪	—	—	—
软护套柄喷枪	标准附件	标准附件	标准附件
伺服喷枪	标准附件	标准附件	标准附件
火焰监测器	—	标准附件	—
可换相线电源插头	—	—	—

冷/热水高压清洗机的使用方法：

（1）接通清洗机用的水源、电源，用电动机带动水泵工作。

（2）按下喷枪开关，水流经水泵出水口、胶管、喷枪、喷头射向汽车表面。

（3）用热水清洗时，启动清洗加热装置，使喷枪能喷出 70～80℃的热水。

（4）水源一般采用自来水。采用其他水（如水池、水塘中的水）时，需要经过清洁过滤处理，以免影响清洗质量。

三、高压清洗机洗车的工艺流程

高压清洗机洗车的工艺流程如图 3.3－5 所示。

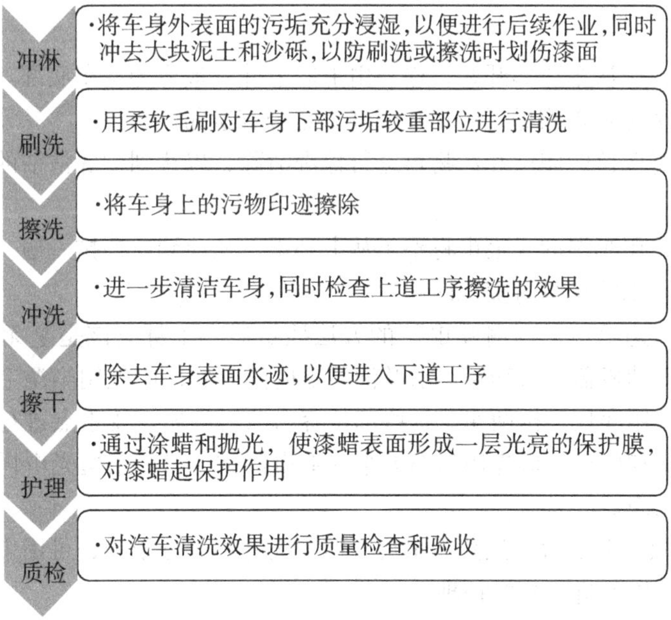

图 3.3－5　高压清洗机洗车的工艺流程

四、高压清洗机洗车的操作方法

1．冲淋

（1）操作者引导车主把待清洗的汽车开到洗车的停车位置并停放平稳，拉紧驻车制动器，将发动机熄火，关好车窗和车门。车内不要留人。

（2）用高压清洗机水枪冲洗车身污物，先从车顶开始，依次逐一向下冲洗。

注意：在冲洗过程中，要自上而下始终由一个方向，向另一边的斜下方向冲淋，不要正向或反向冲淋，以防止泥沙冲回已冲洗过的部位。

（3）对车身下部、底部、车门框下部、前后保险杠与车身相连接处等污垢较重部位，要重点冲淋。

注意：冲淋水压不能过高。有些人认为用高压冲淋可直接将泥沙冲掉，这是错误的。因水压过高会损伤车身漆面，所以冲淋车身时应用分散水流，冲淋底盘时可适当提高水压。如遇车身上有坚硬的泥土，可先用水浸润，而后用水冲去。

2．刷洗

（1）准备好刷洗用的柔软毛刷、清水和清洗剂。

（2）检查污垢是否充分湿透，然后用毛刷刷洗。

（3）如有油脂等不溶于水的污垢，可用毛刷蘸上清洗剂进行刷洗。

3．擦洗

（1）准备好擦洗用的清洗剂和擦洗工具。

（2）用泡沫清洗机装入清洗剂，对车身均匀喷洒清洗剂，然后用大海绵或毛巾按照从上向下的顺序擦洗车身。若无喷洒清洗剂的设备和工具时，也可用干毛巾蘸上清洗剂涂抹于车身表面，还可用海绵蘸上清洗剂进行擦拭。

4．冲洗

（1）冲洗时，先从车顶部开始，逐一由上向下冲，最后冲洗车底部。

（2）检查擦洗时是否擦尽了污物和印迹，是否有遗漏。

（3）对擦洗时残留的印迹和污物再进行擦洗清除，以达到彻底清洁的目的。

5．擦干

（1）冲洗后，用半湿的大毛巾将整车从上到下、从前到后擦拭一遍。

（2）用麂皮仔细将车身再擦拭两遍。

采用上述“一遍毛巾、两遍麂皮”的方法擦拭后，车身应该是毫无水痕且十分干净的。对车门边、发动机盖、行李箱边沿及油箱盖内侧等处，应先用半湿毛巾擦拭，然后用干毛巾擦拭，最后用麂皮擦拭两遍。这些部位容易藏污纳垢，要重点进行擦拭，直到彻底擦净为止。对风窗和门窗玻璃先用洁净的半湿毛巾擦拭，然后用抛光巾再认真擦拭，可使风窗和门窗玻璃明净。

（3）一般在擦拭完之后，虽然无水痕，但表面并不十分干燥，可用干净的压缩空气将车身进一步吹干，以便进行打蜡护理。

6．护理

车身擦干后，应根据客户要求对汽车进行护理作业。

7. 质检

验收标准是：外部饰件无尘土、污垢、水痕；玻璃光亮如新，无划痕。质检可采取自检和共同检查两种方法进行。

（1）自检。在验收前，操作者应提前做好准备，按验收标准，自行检查一次，看是否还有遗漏，是否达到了标准要求。如发现存在问题，应及时补救处理，以便顺利通过验收。自检时，尤其要对发动机边沿及内侧、车门边沿及内侧、车门把手及内侧、油箱盖内侧、车身底部、轮胎及排气管等处进行重点检查。

（2）共同检查。即由车主、质检员和操作者代表三方参加对汽车清洗效果的检查验收。

3.3.4　电脑洗车设备清洗汽车

一、电脑洗车清洗用品

电脑洗车设备清洗汽车的清洗用品参见人工洗车清洗用品。

二、电脑洗车清洗设备

电脑洗车设备是利用电脑对毛刷和高压水实施控制来清洗汽车的一种设备。其特点：一是高效省时，人工简单清洗一辆车通常要花费25min，而电脑洗车设备1min左右即可清洗一辆车；二是不伤漆面，据测试，电脑洗车50次后车身油漆磨损小于0.000 3mm，而人工洗车的磨损大于0.001mm；三是耗水量少，电脑洗车设备一般都能对水进行循环利用，通常人工清洗一辆车用水量50L左右，而配备污水循环净化器的电脑洗车设备清洗一辆车仅耗水0.7L左右。电脑洗车设备主要由电脑控制装置、电路、气路、水路、机械结构和控制机构组成，按其工作方式可分为固定式和移动式两种。所谓固定式，就是洗车机不动，汽车缓慢通过洗车机的工作区域，洗车机按照相应的指令程序清洗汽车的工作方式，如隧道式连续汽车清洗机、大（中、小）型通道式汽车清洗机等。所谓移动式，就是汽车不动，洗车机按照一定的程序在导轨上来回移动，同时执行洗车指令的工作方式，如往复式汽车清洗机、大（中、小）型移动式汽车清洗机等。

1. 往复式电脑洗车设备

往复式电脑洗车设备也叫龙门式电脑洗车设备，是一种通过移动清洗机来完成汽车清洗作业的设备。该设备主要由机架、轨道、顶刷、大侧刷、小侧刷和风机等部件组成，主要用于对轿车及各种小型面包车的外表进行清洗、上蜡、风干作业。

图3.3-6所示为“海天”往复式电脑洗车设备。该设备主要有GX-370A、GX-370B、GX-370C、GX-370D等型号，其性能特点如下：

图 3. 3 - 6　“海天”往复式电脑洗车设备

（1）采用日本三菱 FX2N 系列可编程控制器，全过程自动运行，智能控制清洗、风干、打蜡，多模式组合操作，快捷可靠，洗净度高。

（2）主要电气、传感器件和气动元件均为进口知名厂家原件，性能优越，可靠性高。

（3）多组专用洗涤刷为进口耐磨、超柔毛刷，含水量特高，洗车更柔顺，能有效保护车身漆面。

（4）整机流线型设计，可安装于室内或室外，寿命持久。

（5）具有车轮、底盘清洗功能。

（6）强力风干，快捷彻底，干燥效果好。

（7）防水设计，耗水量低，并可选配污水处理系统，适应城市环保要求。

（8）适用于汽车营运、销售、服务、维护等行业。

2. 隧道式电脑洗车设备

隧道式电脑洗车设备如图 3. 3 - 7 所示，主要用于对轿车、面包车及各种小型客车的外表进行高压水冲洗、刷洗、蜡洗、风干和抛光作业。

图 3. 3 - 7　隧道式电脑洗车设备

隧道式电脑洗车设备主要由输送装置、高压喷水装置、高泡沫喷洒装置、滚刷装置、亮光蜡喷洒装置、强力吹风装置、擦干装置和控制操作装置等组成，如图 3. 3 - 8 所示。

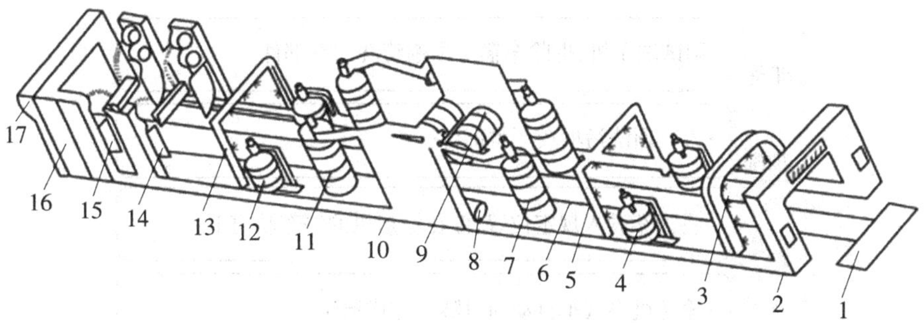

图 3.3－8　隧道式电脑洗车设备结构

1—轮胎导正器；2—隧道入口；3—高压喷水装置；4—前小刷；5—高泡沫喷洒装置；6—输送装置；7—前大刷；8—轮刷；9—前顶刷；10—后顶刷（图中不可见）；11—后大刷；12—后小刷；13—保护剂喷洒装置；14—前风机；15—后风机；16—控制箱及操控台；17—隧道出口

输送装置的作用是完成清洗汽车通过隧道的输送，该装置位于整个设备的底部，前端有轮胎导正器，使汽车停在输送机的停车轨道上。高压喷水装置的作用是将车身上的微小砂粒和灰尘除去，以便安全进行刷洗。该装置采用强力电动机和水系产生高压水，完成对汽车表面的冲洗。高泡沫喷洒装置的作用是向车身喷洒高泡沫洗车液，以增强清洗除污能力。滚刷装置的作用是刷去车身污垢。该装置由前、后两对小刷，前、后两对侧刷和前、后两个顶刷组成，前小刷位于高泡沫喷洒装置的前位，作用是先刷洗一遍汽车的下部外表，因为汽车下部污垢一般较中部和上部严重，所以此部位要多刷洗一遍；大侧刷可依车型的斜度自动倾斜，轻柔而平稳地包裹车身，以达到良好的刷洗效果；刷洗车身的前后刷毛似手臂，采用交叉式刷洗方法，洗车无死角，清洗效果最好；独创的横卧式洗刷，能将车身下方的严重污垢干净彻底地清除。亮光蜡喷洒装置的作用是在滚刷刷洗之后，对车身进行清洗后的护理，使车身漆膜更加鲜艳。强力吹风装置由前风机和后风机组成，作用是用清洁的高压空气将车身吹干。擦干装置由特殊的绒毛布条组成，作用是将风干后所残留的水痕彻底擦拭干净。控制操作装置由控制箱和操作控制台组成，其作用是完成汽车清洗过程的操控。

隧道式电脑洗车设备具有以下特点：

（1）性能优越，可靠性高。

（2）清洗、风干、打蜡、抛光多模式组合操作均为智能控制。

（3）九组超软纤维洗涤刷，刷毛更加轻盈、亮丽，其高含水量可达到良好的洗车效果，彻底保护车漆面。

（4）设备整体采用专用型钢和通体玻璃，愈显美观。

（5）配备水刀系统，清洗更全面。

（6）多风道强力风干，快捷彻底。

（7）独特的抛光系统，双重擦干。

（8）防水设计，可安装于室内或室外，寿命持久。

（9）可选配污水处理系统，适应城市环保要求。

三、电脑洗车设备洗车工艺流程

以隧道式电脑洗车设备为例，其洗车工艺流程如图 3.3－9 所示。

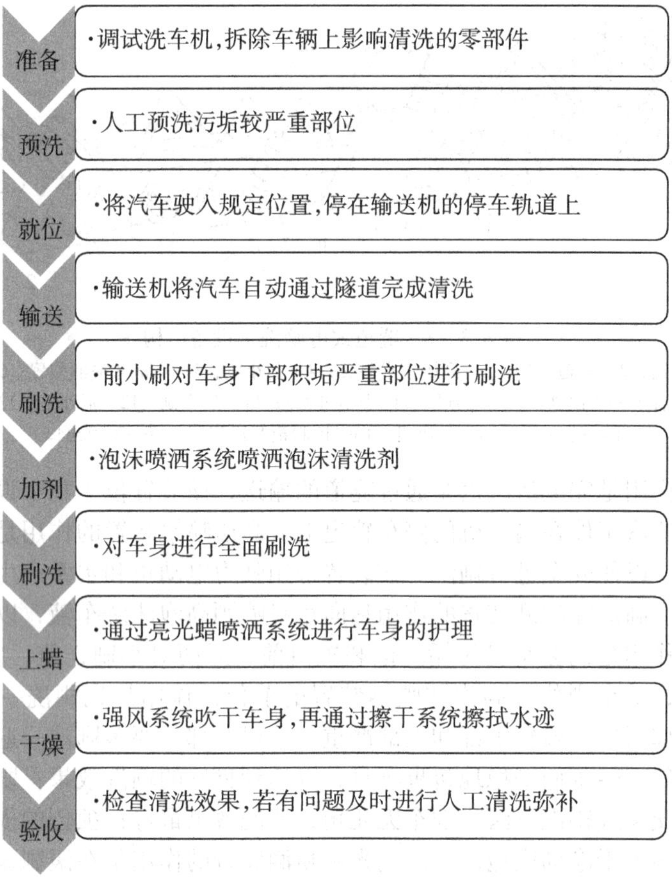

图 3.3－9　隧道式电脑洗车的工艺流程

四、电脑洗车设备洗车注意事项

（1）汽车驶入洗车设备时，必须停在规定的停车位置。

（2）洗车时，车内不要留人。

（3）刚洗完的车，车轮上还有水分，行驶时速度要慢，以防灰尘再附着在车轮上，最好是待车辆彻底干燥后才行驶。

3.3.5　无水洗车

一、无水洗车用品

目前，无水洗车用品已有多种，如由北京驰耐普公司研制开发的“无水洗车净”、由北京新科能技术开发有限公司研制开发的无水洗车美容系列产品等。不同的无水洗车用品，其特性及使用方法也不尽相同，现以“无水洗车净”为例进行介绍。

“无水洗车净”由表面活性剂、浮化剂、悬浮剂、巴西棕蜡、高分子聚合物等多种漆面保护成分组成，产品中的表面活性剂和浮化剂可将固体污垢化为悬浮液或乳浊液，使污垢与车体分离，再由悬浮剂将污垢吸附在擦车布上，达到清洗目的。由于配方中选用的是新型表面活性剂，使清洗更彻底，光洁效果更好；同时产品中的悬浮剂具有很好的吸附功能，可有效地防止车漆划伤。

该产品除了具有洗车不用水的效能外，还具有以下特性：

（1）功能全。使用该产品可以将洗车、打蜡、上光一次完成，一辆脏车只需10min左右就能彻底清洁其表面，同时还能在车漆表面形成一层光亮的、不易蒸发的高分子保护膜。此高分子保护膜具有洁净滑爽、气味芳香、抗紫外线辐射等特点，同时还可以防静电，防雨、雪水的侵蚀，并能迅速掩盖车体漆面上的瑕疵，修复细小的划痕。

（2）一物多用。一罐“无水洗车净”可以替代车辆清洗剂、长效上光蜡、防晒剂、皮塑清洁上光剂等多种汽车美容护理用品。长期使用该品，不仅保洁增亮效果持久，同时还能使车身漆面延长寿命，防止老化、龟裂、脱落等现象发生。

（3）安全环保。该产品具有无害、无毒、气味清香、不含任何有机溶剂等特点，对漆面无任何副作用。

（4）使用范围广。该产品不仅可对车身漆面进行清洁、上光、打蜡，而且可对玻璃、车室仪表盘、座椅等进行清洁、上光、打蜡，兑水稀释后加入洗车机中，还可冲洗底盘部件。

二、无水洗车设备

无水洗车设备以专用清洗剂替代清水在传统洗车过程中的冲洗，集机械力冲洗、清洗剂去污、上光保养三效合一，高效快速。

1. 性能特点

现以“欧邦士”高效环保无水洗车机（图3.3－10）为例，其性能特点如下：

（1）采用进口电力增压部件，纯铜与合金材质为主体，散热快、硬度高，进口密封件更耐磨损、耐腐蚀、密封性好，寿命长。

（2）独特工艺设计，充分保证机器工作的合理性。内置低压控制电气件，且采用防水设计，可预防内部溅水，更好地解决洗车机常见的漏水与溅水问题。

图3.3－10　“欧邦士”高效环保无水洗车机

（3）装有高灵敏漏电保护器，保证了操作者的人身安全。

（4）手、自动双向控制操作，且有电子定时及断电计时功能。

（5）自主设计的特制旋流腔高压喷液枪嘴，可进行多种形状转换，快捷实用。

（6）精钢丝编织的耐高压胶管，抗磨耐用；全塑钢罩壳，喷塑钢推把，加以载重橡胶轮和万向转轮，外形新颖美观。

2. 使用方法

“欧邦士”高效环保无水洗车机操作分两次完成（底盘清洗和车身清洗），配合两种专用清洗剂以高压方式直接喷洗。清洗剂在冲洗中代替了水的功效洗净全车，洗后用毛巾擦干即可，不留水痕。

（1）底盘冲洗——使用底盘清洗液以强压方式冲洗轮胎、挡泥板、车裙等外表面的重污垢。

（2）整车清洗——使用无水洗车液以高压喷淋方式冲洗全车，深层去污，保养车漆。

3. 配套无水清洗剂的特点

与“欧邦士”高效环保无水洗车机配套使用的清洗剂，其主要原料为天然成分，抗静电、防老化、防紫外线，具有生物可降解性，无腐蚀、无磷、无毒、无污染，性质温和，刺激少，属环保绿色产品，并含有进口杀菌剂，在洗车的同时做好杀菌、消毒的工作，提高工作效率。

（1）（底盘）快速去污。离子型硬表面活性清洗剂主要对汽车底盘、轮胎、挡泥板、车裙、保险杠等重污垢部分的颗粒物、油污、泥污等进行清除。

（2）（整车）表层清洗与漆面深层养护。极少用量的新型高分子清洗剂即能快速渗透、分解悬浮灰尘，能大大降低液体表面张力，黏度小、蒸发潜热小，易擦洗，擦洗后车漆会焕发光亮且不留水痕。主要对漆面、玻璃、底盘、轮胎等部位的灰尘、污渍进行清洗。

三、无水洗车特点

采用“无水洗车净”对汽车进行清洗非常方便，在使用中只需将其喷洒在被清洗物表面，用干净的抹布擦净即可。500mL 喷雾罐包装的“无水洗车净”可洗车 30 次左右。驾驶人可将该产品随车携带，随时随地都可洗车打蜡，另外还有 5kg、10kg、20kg 等不同规格的塑料桶包装，以方便大型洗车场、公交公司等大客户使用。

采用“无水洗车净”等无水洗车用品对汽车进行清洗，不仅大大方便了车主的汽车养护工作，而且具有很好的社会及经济效益，其主要特点有：

（1）保护环境。用传统方法洗车，不仅耗水量大，而且洗车废水会对环境造成很大的危害，尤其一些小型洗车场将洗车废水随意排放，四处流淌，废水中的油污及清洗剂残留物等有害物质严重影响到周围环境。采用无水洗车除可达到节水目的外，还可有效地解决废水排放问题，使环境得到保护。

（2）作业效率高。一般传统洗车作业，清洗与护理是分开进行的，既费时又费力，两个工人完成清洗、护理作业至少需要 30min。采用“无水洗车净”进行清洗作业，可将清洗、上光、打蜡合三为一，一次完成，只要 10min 便可完成一辆车的清洗护理作业，大大节省了作业时间。

（3）经济效益好。每位车主都想使自己的爱车经常保持洁净、亮丽，对于繁琐而又复杂的清洗、护理作业，若自己动手不仅费时、费力，而且因技术水平差，难以达到预期效果。无水洗车作业时间短，单次作业成本低，经济效益好。

（4）保护漆面。传统洗车采用的清洗剂大多是碱性化工产品，长期使用会严重腐蚀车漆，使车漆表面失去宝贵的光泽。另外，汽车清洗后的打蜡、抛光工序中，如使用的是硬蜡，一般上蜡后需等待较长时间才能抛光。在这段时间里，附着在车漆上的蜡将黏吸大气中的灰尘和微细砂粒，此时再进行抛光，就会使车漆受到伤害，在车漆表面留下无数细小的划痕，加快车漆失去光泽的速度。采用“无水洗车净”不仅不会对漆面产生任何副作用，而且对漆面具有很好的保护作用。

3.3.6　新车开蜡

汽车生产厂家为防止新车在储存和运输（尤其是海运）过程中，车漆受到酸碱侵蚀及剐蹭，在出厂前对汽车漆面喷涂了一层专用防护蜡——封漆蜡。该蜡可对车漆表面起到长达一年的保护作用，新车开蜡就是除去封漆蜡的过程。

封漆蜡应在购车后尽快除去，其原因如下：

（1）封漆蜡不同于上光蜡，该蜡没有任何光泽，透气性差，严重影响汽车美观。

（2）汽车在使用中，封漆蜡易黏附灰尘，且不易清洗。

（3）封漆蜡在车漆表面长期停留会演变成有害物质，腐蚀车体。

封漆蜡的蜡层表面厚且干硬，一般方法不易去除。为此，车主在购车后，应到专业的汽车美容店除去此蜡。

一、新车开蜡用品

不同的封漆蜡在开蜡时应选用不同的开蜡用品，所以在开蜡操作前必须正确判断封漆蜡的类型。目前，汽车生产厂家常用的保护性封漆蜡主要有以下几种：

（1）油脂封漆蜡。该蜡喷涂于车漆表面可形成半透明状极硬的保护层，即使碱性极高的海水飞溅到涂有封漆蜡的车体表面，也不能对其造成任何损害，并可防止大型双层托运车在途中遇到树枝或其他人为所造成的轻微损伤，保证新车在出厂后一年内不受其他有害物质的侵蚀。此蜡多用于长途海运的进出口汽车。

（2）树脂封漆蜡。该蜡喷涂于车漆表面可形成亚透明状硬质的保护层，能防止运输新车过程中人为的轻微剐蹭所造成的划痕，可为车身提供一年以上良好的硬质保护，但此蜡无法抵御海水的侵蚀，所以这种蜡不适合在海洋运输中为汽车提供防止碱性物质侵蚀的保护层，主要用于本国短途运输的汽车。

（3）硅油保护蜡。该蜡喷涂于车漆表面可形成透明状的保护层，能有效防止阳光中的紫外线、酸碱气体、风沙等的侵害，但对于海水或运输新车过程中所造成的剐蹭现象起不到很好的保护作用，主要用于新车出厂时为汽车提供短期的保护。

新车开蜡用品含柔和性溶剂，具有较强的溶解功能，不仅可清除封漆蜡，而且能除去车身油垢。用于新车开蜡的用品主要有油脂开蜡水、树脂开蜡水和强力脱蜡洗车液等，使用时应根据车身表面喷涂的封漆蜡种类合理选用。

（1）油脂开蜡水。油脂开蜡水用于喷涂油脂封漆蜡的车身表面开蜡。该开蜡水有两种：一种是非生物降解型，主要原料从石油中提炼，为强碱性药剂，因此使用时应注意劳动保护；另一种是生物降解型，主要原料从橙皮中提取，对环境无污染，不用稀释，可直接使用。

（2）树脂开蜡水。树脂开蜡水用于喷涂树脂封漆蜡的车身表面开蜡。该开蜡水含有一种树脂聚合物的溶解元素，所以能溶解树脂蜡。该用品不含腐蚀剂，不会侵蚀风窗玻璃、电镀层及铝合金件，在使用时必须用水以1∶3左右的比例稀释，且最好用热水，因为其中的表面活性剂在加热的情况下效果最佳。

（3）强力脱蜡洗车液。强力脱蜡洗车液用于喷涂硅油保护蜡的车身表面开蜡。该洗车液属于生物降解型产品，主要提炼于天然橙皮，并含有阴离子表面活性剂，泡沫丰富，分解性较好，因此成本也较高。

二、新车开蜡的操作方法

1. 冲洗车身

开蜡前，应先用清洗机将车身漆面冲洗干净，以免操作时因车体携有沙粒给漆面造成划痕。清洗中不必使用清洗剂，水压不要高于7MPa。

注意：开蜡前不必用清洗剂洗车。因一般清洗剂对除去封漆蜡起不到任何作用，开蜡前用清洗剂洗车将造成不必要的浪费。

2. 喷开蜡水

首先要判断车漆表面为何种封漆蜡，从而选择对应的开蜡水，然后将开蜡水装于手动喷壶或气动喷雾器内，再均匀喷洒于车身表面。

施喷开蜡水时要注意以下事项：开蜡水施喷要均匀；不要忽视边角缝隙处；喷洒开蜡水后，要等待6～7min，使开蜡水完全渗透于蜡层，将封漆蜡完全溶解。

3. 擦拭

待开蜡水渗透蜡层，封漆蜡溶解后，用半湿毛巾对车身进行擦拭。

注意：擦拭过程中，应及时清洁毛巾。如毛巾不及时清洁，清除掉的封漆蜡留于毛巾上太多，将影响到继续施工。如在擦除封漆蜡过程中发现有“吱吱”的响声，说明毛巾中存有沙粒，应立刻停止施工，将毛巾清洗干净后才可使用。

4. 清洗车身

按洗车规程，用清洗剂对全部车身进行清洗，尤其是车身连接缝隙处残留的封漆蜡要用毛刷刷洗干净，然后将车身擦干。

开蜡后应注意以下事项：封漆蜡停留于车体表面两年以上的车辆，应在开蜡后进行抛光，然后打蜡。因开蜡后新漆膜暴露在外，极易受到氧化，所以应使用耐氧化性较好的新车保护蜡进行上光。

3.3.7 车身漆面研磨与抛光

漆面研磨是通过研磨/抛光机，并配合研磨剂在车身漆面高速旋转产生摩擦，以去除漆面氧化层、轻微划痕等缺陷所进行的作业。漆面抛光是紧接着研磨的工序，车漆表面经研磨后会留下细微的打磨痕迹，漆面抛光就是去除这些痕迹的作业。

一、研磨与抛光用品

1. 研磨剂

漆面研磨剂是一种含有摩擦材料的研磨用品，其分类方法如下：

(1) 根据使用范围不同分为普通型研磨剂和透明漆研磨剂。

普通型研磨剂中作为摩擦材料的一般都是坚固的浮岩，根据浮岩颗粒的大小，分为深切（或称重度）、中切（或称中度）和微切（或称轻度）三类，主要用于处理普通漆不同程度的氧化、划痕、褪色等漆膜缺陷。坚硬浮岩如用在透明漆上很快就会把透明漆层打掉，因此它们不适合透明漆的研磨。

透明漆研磨剂中的摩擦材料为微晶体颗粒和合成磨料，它们具有一定的切割功能，但不像浮岩那样坚硬。

（2）根据切割方式可分为物理切割方式的研磨剂、化学切割方式的研磨剂和多种切割方式的研磨剂。物理切割方式的研磨剂有浮岩型和陶土型两种；化学切割方式的研磨剂有微晶体型；多种切割方式的研磨剂主要是中性研磨剂。

浮岩型和陶土型研磨剂的主要特点是材料坚硬、切割速度快，利用颗粒与漆层摩擦产生高热，去除表面的瑕疵。但操作过程中颗粒体积不会因切割的速度和粒度而发生变化，如果操作人员对漆膜厚度不了解、手法不熟练，很容易磨穿漆层，所以只适合于十分熟练的专业人员使用。

微晶体型研磨剂的主要特点是可通过摩擦产生的热量逐步化解微晶体颗粒，使其体积在操作过程中逐步变小，产生极热而去除氧化层，同时溶解表面漆层凸出的部分，并填平凹处的针眼。

中性研磨剂是目前市场上最佳的漆面护理研磨材料，内含陶土及微晶体两种切割材料，适合各类汽车漆面，而且便于操作、速度快、研磨力度小，既有物理切割作用，又有化学溶解填补功能。利用两种材料与漆层摩擦产生热量，去除氧化层，同时可迅速溶解漆层凸点，填补凹处，起到双重效果，以获得符合抛光要求的表面基材。

2．抛光剂

抛光剂其实也是一种研磨剂，是一种含颗粒更细的摩擦材料的研磨剂。抛光剂根据摩擦材料颗粒或功效的不同分为微抛、中抛和深抛三种。微抛用于去除极细微的车漆损伤，一般指刚刚发生的漆面污染及酸性侵蚀（鸟粪、落叶等），但这类的轻微损伤目前可使用含抛光剂的蜡来取代微抛。从这一点上讲，微抛存在的意义并不是很大。中抛和深抛主要用来处理不同程度的发丝样划痕。中抛主要适用于对透明漆的抛光，深抛主要适用于对普通漆的抛光。

二、研磨与抛光设备

研磨与抛光设备主要是研磨/抛光机及与之配套的研磨盘和抛光盘。

1．研磨/抛光机的种类

（1）研磨/抛光机按功能可分为双功能型和单功能型两种。双功能型研磨/抛光机既能安上砂盘打磨金属材料，又能换上研磨抛光盘做车漆护理，具有工作平稳、转速可调、不易损坏等特点，是专业人员首选机型。单功能型研磨/抛光机又称简易型研磨/抛光机，是一种钻头机，具有体积小、转速不可调、使用时很难掌握平衡、作业质量差等特点，建议专业人员不要使用这种机型。

（2）研磨/抛光机按转速是否可调分为调速研磨/抛光机和定速研磨/抛光机两种。调速研磨/抛光机有高、中、低三种转速，其中 1200r/min 以下为低速，1600r/min 左右为中速，2000r/min 左右为高速。市场上常见到的中、高速研磨/抛光机简称高速研磨/抛光机，转速范围为 1750 ～ 3000r/min；还有一种中、低速研磨/抛光机，简称中速研磨/抛光机，转速范围为 1200 ～ 1600r/min。定速研磨/抛光机也称单速研磨/抛光机，一般是转速为 1200r/min 的低速研磨/抛光机。

2. 研磨/抛光机的结构

研磨/抛光机主要由机体、电动机托盘、手柄、开关及配套装置组成，如图 3.3－11所示。

图 3.3－11 研磨/抛光机的结构

配套装置为研磨盘和抛光盘，其材料主要有海绵和毛料（羊毛、混纺毛）等。海绵研磨盘质地较硬，海绵抛光盘质地较软且细腻。各种海绵盘的厚度及形状也不一样，各自有各自的讲究。美式的一般厚1～1.25in（25.4～31.75mm），圆盘直径为7～10in（177.8～254mm），圆盘有平底的，还有波纹底的；欧式圆盘直径小，一般为6in（152.4mm），但厚度则为2in（50.8mm）。从广义上讲，美式盘的优点是接触面积大，容易处理凹凸的地方，便于掌握；欧式盘的周边斜切面使其在操作中很平稳，加之其密度大些，切割功能较好。波纹底盘与平底盘相比，可减少研磨抛光剂的飞溅。

毛料盘与海绵盘相比，各有所长。毛料盘的特点是切割能力强，在没有研磨剂的情况下，毛料仍有一定的摩擦能力。透明漆出现以后，因在透明漆上使用毛料盘稍有不慎便会造成划痕，所以厂家就研发了海绵盘。它比毛料柔和，适于做透明漆的研磨和抛光。但毛料盘与有些研磨抛光剂搭配，研磨和抛光效果比海绵还好，所以至今市场上两种材料的盘都存在，而且都很畅销。因海绵盘易控制、较保险，适合操作技术不高的人员使用。对于极有经验的专业人员，用毛料盘在透明漆上进行研磨和抛光也能取得很好的效果。

3. 研磨/抛光机的工作原理

研磨/抛光机是一种集研磨和抛光为一体的设备，安装研磨盘可进行研磨作业，安装抛光盘可进行抛光作业。其工作原理是：研磨/抛光机上的电动机带动研磨（或抛光）盘高速旋转，由于海绵（或羊毛）和研磨（或抛光）剂的共同作用，在漆表面产生摩擦，从而达到清除漆面污染、浅划痕和氧化层的目的，并提高光亮度。

三、研磨与抛光的操作方法

1. 漆面清洁

漆面研磨前必须将漆面的污垢及残蜡清除干净，方法是：将万用清洗剂稀释后加入喷壶，然后喷于车表，再洗净擦干即可。

2. 选择研磨剂

研磨所使用的研磨剂应根据漆面质量及状况，如厚度、硬度、耐磨性、污染程度等合理选择。研磨剂应优先选用微切研磨剂，如果漆面缺陷较严重，则需选用中切或深切研磨剂。使用深切研磨剂后，还应使用中切和微切研磨剂对漆面进行进一步研磨。

注意：必要时应对研磨剂进行试用。当漆面缺陷较严重，而又对漆面的厚度、硬度、耐磨性等不太了解时，可选择在不明显处的小块面积试用深切研磨剂，并查看漆面质量，然后再确定选用何种研磨剂，以避免造成漆面大面积损坏，造成研磨事故。

3. 准备研磨机

将海绵研磨盘浸湿，安装在研磨机上，空转5s，将多余水分甩净。

注意：研磨盘应清洁干净。漆面研磨如使用了含有硬质污垢或颗粒的研磨盘，将会导致漆面划伤。为此，研磨盘在使用前应仔细检查，如有污垢应进行清洗，确保其洁净；使用中若发现盘上有固体污垢，要用软毛刷清洁；使用后应马上将盘清洗干净，并放在洁净处保存。

4. 涂抹研磨剂

先将研磨剂摇晃均匀（图3.3－12a），然后倒在漆面上（图3.3－12b），用研磨盘将研磨剂涂抹均匀（图3.3－12c）。

(a)　(b)　(c)

图3.3－12　涂抹研磨剂

5. 研磨

(1) 将研磨机转速调整到1400～1800r/min，启动研磨机。

(2) 保持研磨盘与漆面基本平行，沿车身方向以直线来回移动。

(3) 研磨盘经过的长条轨迹之间应相互覆盖1/3，不漏大面积漆。

(4) 一般先研磨右半车身，然后再研磨左半车身，右半车身研磨部位的研磨顺序如图3.3－13所示，左半车身也按与此相同的顺序研磨。

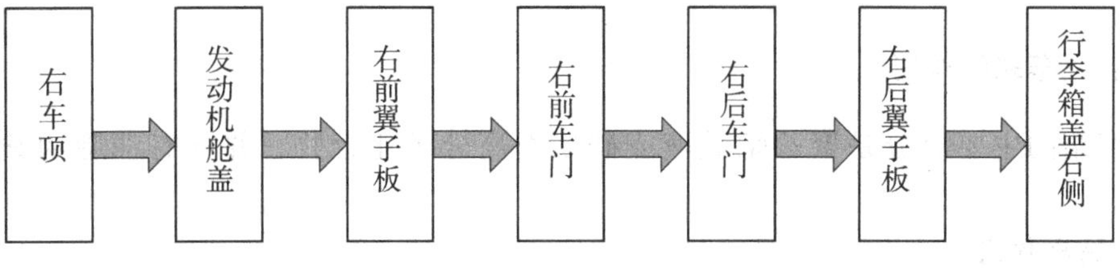

图3.3－13　右半车身研磨部位的研磨顺序

(5) 如先进行的是深切研磨，则研磨后还应分别使用中切和微切研磨剂对漆面进行研磨。

(6) 对于车身边缝、喷漆保险杠等不宜使用研磨机研磨的位置可用干毛巾沾研磨剂采用手工方法进行研磨。

注意：研磨表面温度不能过高。研磨时，为避免摩擦升温过高使研磨盘胶化或损坏漆面，应不断向研磨部位喷洁净清水，保持研磨盘湿润，降低研磨表面温度。

6. 清洗并验收

漆面研磨后，应用清水清洗整个车身并擦干，彻底洗去残余研磨剂，最后对研磨效果进行检查验收。验收标准是：没有遗漏的地方；漆面颜色一致；车漆无明显旋纹及划伤。

7. 抛光漆面

研磨效果符合要求后，应选用抛光剂进行全车抛光，以除去漆面上更细小的划痕及研磨所遗留的研磨痕等，使漆面达到光洁如镜的程度。抛光的操作要点：

(1) 用专用的抛光盘。

(2) 选用专用的抛光剂，每次用量要适中。如抛光剂过多，则切削力差，反而打滑；如抛光剂过少，则会损伤漆面。

抛光的其他操作与研磨施工基本相同。

四、研磨和抛光的注意事项

(1) 研磨和抛光必须在室内操作，避免风沙落在漆面造成划伤。

(2) 研磨（或抛光）剂使用前应用力摇匀，以保持其良好功效。

(3) 操作中，研磨/抛光机必须避开电镀饰条、喷漆饰条及车窗防雨密封条等，以免这些部位受损。

3.3.8 车身漆面打蜡

打蜡是在车漆表面涂上一层蜡质保护层，并将蜡抛出光泽的护理性作业。汽车在行驶过程中，空气中的尘埃与车身金属表面相互摩擦产生静电，车蜡可隔断尘埃与车表金属摩擦。通过打蜡，在车漆表面形成一层保护膜，不仅可有效地防止车身表面静电的产生，还可大大降低带电尘埃在车表的附着，有效隔离外部环境对漆面的不良影响。同时，漆面打蜡对增加漆面光泽，防止腐蚀性物质的侵蚀，降低紫外线和高温对车漆的侵害，防止和减缓漆膜老化都具有重要作用。因此，汽车在使用过程中，定期进行打蜡处理是非常必要的。

一、汽车蜡的作用

汽车蜡的主要成分是聚乙烯乳液或硅酮类高分子化合物，并含有油脂和其他添加成分。

1. 隔离作用

汽车属于室外用品，运行环境复杂，容易受到有害气体、灰尘及水分等具有腐蚀性物质的侵蚀。以水分为例，空气中的水蒸气冷凝后形成水滴留存在车身表面，在强烈阳光照射下，每个小水滴就是一个凸透镜，在它的聚焦作用下，焦点处温度可达 800 ～ 1000℃，造成漆面暗斑，极大地影响了漆面的质量及使用寿命。另外，有害气体和灰尘会造成车漆变色和老化。汽车蜡可在车漆与大气之间形成一层保护层，将车漆与有害气体、灰尘有效地隔离，起到“屏蔽”的作用。汽车蜡可使车身表面的水滴附着减少60%～90%，高档车蜡还可使残留在漆面上的水滴进一步平展，呈扁平状，最大限度地减轻水滴对阳光的聚集作用，大大降低了车身遭受侵蚀的可能性，使车漆得到保护。

2. 美观作用

汽车的车身面漆等于汽车的外衣，一辆车看上去是新是旧、好不好看，很大程度上取决于它的车漆，因此对车漆的护理十分重要。汽车蜡是用来保护车漆，同时又可使车漆美观的专用品。经过打蜡的汽车可以改善其表面的光亮程度，增添亮丽的光彩。

3. 抗高温作用

汽车蜡可对来自不同方向的入射光产生有效反射，防止入射光使面漆或底漆老化变色，延长漆面的使用寿命。

4. 防紫外线作用

车蜡的防紫外线作用与它的抗高温作用是并行的，只不过在日光中，紫外光较易于折射进入漆面。防紫外线车蜡充分地考虑了紫外线的特性，使其对车表的侵害得以最大限度地降低。

5. 防静电作用

汽车在行驶过程中，车身表面与空气流发生相对摩擦，易产生静电。由于静电的作用，灰尘易附着于车身外表。给汽车打蜡，可在车身表面与空气流之间形成一层隔离层，从而减小静电的影响。让一辆打过蜡的车与另一辆没有打蜡的车在同一路段行驶同样的距离，实验结果证明，两车外表吸附灰尘的程度明显不同。打过蜡的车身表面上的灰尘很少且容易被清除掉，而没有打蜡的车身表面上却覆盖着一层厚厚的灰尘且难以清扫，清扫之后还会有明显的痕迹。这个实验说明，车身打蜡对消除或减小静电影响，使车身保持整洁具有重要作用。

二、汽车蜡的种类与选用

1. 汽车蜡的种类

（1）按物理状态分类，汽车蜡可分为固态蜡、半固态蜡、液态蜡和喷雾蜡四种。这些汽车蜡的黏度越大，光泽越艳丽、持久性越强，但去污性越弱，而且打蜡操作越费力；相反，黏度越小的汽车蜡越便于使用，但持久性越差。

（2）按装饰效果分类，汽车蜡可分为无色上光蜡和有色上光蜡。无色上光蜡主要以增光为主，有色上光蜡主要以增色为主。

（3）按产地不同分类，汽车蜡分为国产蜡和进口蜡。目前，国产汽车蜡基本上都是低档蜡，中、高档汽车蜡绝大部分为进口蜡。常见进口车蜡多来自美国、英国、日本、荷兰等国，例如美国龟博士系列车蜡、英国特使系列车蜡和美国的普乐系列车蜡等。国产车蜡最常用的如即时抛等。

（4）按功能不同分类，汽车蜡分为上光蜡和抛光研磨蜡两种。国产上光蜡的主要成分为蜂蜡、松节油等，其外观多为白色或乳白色，主要用于喷漆作业中的表面上光。国产抛光研磨蜡主要成分为地蜡、硅藻土、氧化铝、矿物油及乳化剂等，颜色有浅灰色、灰色、乳黄色及黄褐色等多种，主要用于浅划痕处理及漆膜的磨平作业，以清除浅划痕、橘纹、填平细小针孔等。

2．汽车蜡的选用

选择车蜡应考虑车蜡的作用特点、车辆的新旧程度、车漆颜色及运行环境等因素。一般应注意以下几点：

（1）根据不同的车辆选择。高级轿车应选用高档车蜡；进口轿车最好选用进口车蜡；普通车辆选用普通的珍珠色和金属漆系列车蜡即可。

（2）根据车身颜色选择。白色、黄色和银色等颜色的车身应选用浅色系列的车蜡；红色、黑色和深蓝等颜色的车身，应选用深色系列的车蜡，以掩盖车身表面的细小划痕，使车身显得更加光滑、漂亮。

（3）根据运行环境选择。沿海地区应选用防盐雾功能较强的车蜡；化学工业区应选用防酸雨功能较强的车蜡；多雨地区应选用防水性能优良的车蜡；夏天应选用防紫外线、抗高温性能优良的车蜡；行驶环境较差则应选用保护作用突出的树脂车蜡。

（4）根据操作条件选择。如果有时间想多花一些工夫打出光泽，则可以选用固态蜡；如果想既省时又省力，则可选用喷雾式蜡，该蜡可以边喷边打亮，同时能够去除车身表面污垢；如果觉得固态蜡使用不方便，又嫌喷雾式蜡的光泽不佳，则可选用半固态蜡或液态蜡。

三、打蜡的设备与工具

打蜡所需的设备与工具主要有打蜡机、打蜡海绵、打蜡毛巾及纸胶带等。打蜡机如图 3.3－14 所示。

图 3.3－14　打蜡机

打蜡机是打蜡的主要设备，由机体、手柄、盘套及开关等组成。打蜡机的旋转轨迹为椭圆形，类似卫星绕地球的旋转轨道，故称轨道打蜡机。轨道打蜡机具有质量轻、做工细、转盘面积大、操作便利等特点。

轨道打蜡机型号很多，样式不一，其种类大致可分为普通轨道打蜡机和离心式轨道打蜡机。普通轨道打蜡机由于转盘较小，使用材料较差，扶把位置不容易平衡等缺点，一般在非专业汽车美容场所使用。离心式轨道打蜡机的动作是靠一种离心式的、无规律的轨道旋转来完成的，这种旋转方式模拟人手工操作，但比手工操作要快得多，省事得多，是专业汽车美容人员喜欢使用的机型。

打蜡机使用固定的打蜡盘，但盘套却有下列选择：

（1）打蜡盘套。其用途是把蜡涂在车体上。其外层是毛巾套，底层是皮革，皮革起防渗作用。

（2）抛蜡盘套。其用途是将蜡抛出光泽。其材料有三种：全棉、全毛或混纺、海绵。

目前使用最广泛的是全棉盘套，该盘套应选择针织密集而且线绒较高的，要有柔和感的。因越柔和就越能减少发丝划痕，越能把蜡的光泽和深度抛出来。全棉盘套不宜反复使用，很多时候一辆车要换一个新的。即使不换新的，旧的也一定要清洗干净。清洗时要使用柔和剂，否则晒干后盘套会发硬，最好是用防静电方式烘干。

四、打蜡的操作

打蜡有手工打蜡和机器打蜡（打蜡机打蜡）两种方式。手工打蜡便于掌握均匀度，不会出现一圈圈的痕迹，但耗时较长。打蜡机打蜡时间短、效率高，可快速将车蜡均匀涂布在车身上，但对操作技术要求很高，若操作不当，车身表面易出现圈痕。

1. 手工打蜡施工

（1）清洗。用强力清洗剂清洗车身，彻底去除油污、沥青、鸟粪等污垢，待车身完全干燥后才能上蜡。

（2）上蜡。用打蜡海绵蘸适量车蜡（图 3.3－15a），以画小圆圈的方式旋转均匀涂蜡（图 3.3－15b），圆圈大小以圆内无遗漏漆面为准，每圈覆盖前一圈的 1/3，轨迹沿车身方向直线运动。

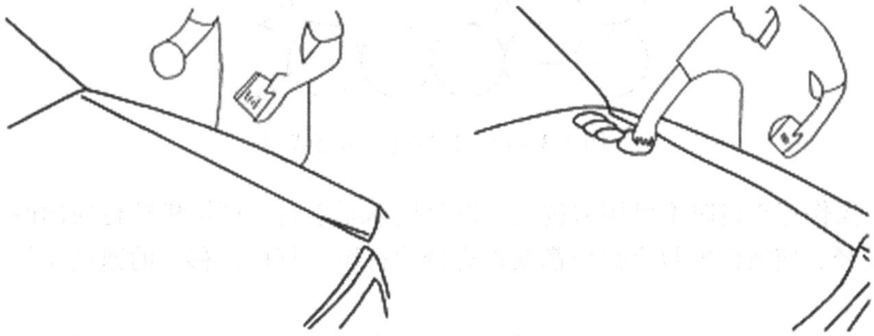

（a）　　（b）

图 3.3－15　人工上蜡

注意：打蜡应在室内进行。全车上蜡应一次完成，不可涂涂停停。橡胶保险杠、车身饰条、车窗防雨密封条等橡塑件不能上蜡，否则车蜡在橡胶、塑料表面干燥后呈白色，很难清除。不能在阳光下或车身温度过高时打蜡，因为车蜡中起主要保护作用的是一个严密的电硅分子结构，在阳光下或车身温度过高时，电硅分子键会分解，使车蜡的保护作用被破坏。这时打蜡，车身表面看似光亮，但一经雨淋或洗车，车身便失去应有的光泽。

（3）抛蜡。上蜡后 5～10min，当车蜡在车漆表面开始发白，用手臂抹一下，手臂上有白色粉末，抹过的漆面有光亮，说明蜡已干燥，此时便可以开始抛蜡。其方法是：用柔软干燥的毛巾沿直线方向擦拭，直到整个车表没有残蜡，如图 3.3－16 所示。

注意：不得按圆圈轨迹抛蜡。上蜡可按圆圈轨迹进行，但抛蜡必须沿直线方向进行，且横竖线交替进行，最后一道应按雨水流动的方向进行抛蜡，这样才能避免打蜡后车漆表面产生同心圆状光环。

（4）清理。打蜡作业完成后，应清除车灯、车牌、车门和行李箱等处缝隙中的残留车蜡。这些车蜡如不及时清除，不仅影响车身美观，而且还可能产生锈蚀。因此，应仔细检查，彻底将其清除干净。

图 3.3－16　抛蜡

2. 打蜡机打蜡施工

（1）清洗。方法同手工打蜡。

（2）遮盖橡塑件。将车身饰条、车窗防雨密封条等橡胶、塑料制品用纸胶带遮盖。

（3）准备打蜡机。将清洁干净的盘套装在打蜡机上，然后接通电源。

（4）上蜡。在海绵盘上均匀涂上一层薄薄的液态蜡，然后将打蜡机平放在车身表面上，按下操作开关便开始上蜡，每次按 $0.5m^2$ 的面积涂匀，直至全车上蜡完成。

（5）抛蜡。上蜡后晾干 10min 左右，将打蜡机上的海绵盘取下，换上抛蜡盘均匀打蜡抛光，抛蜡路线如图 3.3－17 所示。

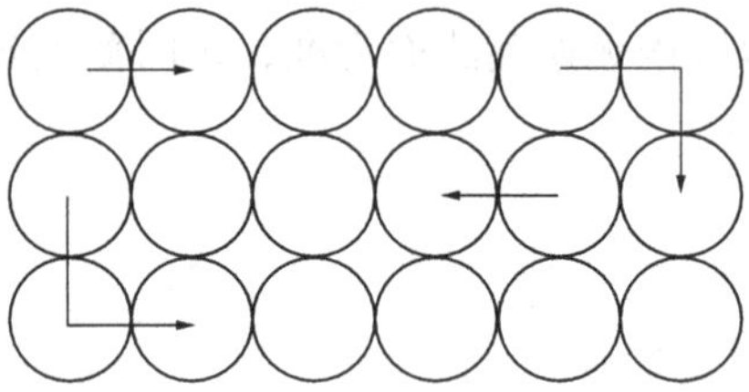

图 3.3－17　打蜡机抛蜡路线图

注意：操作打蜡机时不可用力过大，以免损坏原漆面。打蜡机转行换向时，每次要重叠 1/2 的轮径，使漆面的每个部位都获得充分的打抛。打蜡机移动的速度应缓慢、均匀和平稳。

（6）补缺。车身有些部位打蜡机难以接近，使得这些部位无法用打蜡机打蜡。所以，打蜡机打蜡后还应通过手工进行局部打蜡。

（7）清理。清除缝隙中的残留车蜡，并拆除橡塑件遮盖纸。

3.3.9　车漆封釉

所谓车漆封釉，就是通过专用的封釉机（振抛机）将高分子釉振压到车漆内部，形成一种牢固的网状保护层，从而达到保护车漆的目的。做完封釉的车就像有了一层隐形车衣，车身再也不怕紫外线的照射以及酸碱、风沙的侵蚀，甚至不怕火烧。同时，因为保护剂内部含有紫外线吸收剂，可以与空气隔绝，不被氧化，所以它存留时间长，可保护车漆不易褪色。

汽车在道路上行驶时，很容易黏附灰尘、沙土等污垢。经封釉美容后，车身漆面具有不黏附污垢的特性，使得漆面即使在恶劣和污染的环境中也能长久保持洁净，而且还可以有效地抵御温度对车漆造成的影响，漆面的硬度也可以得到大幅度的提高。封釉具有防酸、防碱、防褪色、抗氧化、防静电、高保真等功能。新车封釉，可以留住车漆的艳丽，使光彩永驻；旧车封釉，可以使氧化褪色的车漆还原增艳，颇有翻新的效果。车展上的样车大多都经过了封釉处理，因此看起来晶莹剔透，光彩照人。

一、车漆封釉的用品

现以赛梦娜封釉产品为例，厂家对其性能特点的说明见表 3.3－4。

表 3.3－4　赛梦娜封釉产品的性能特点

品名	产品包装	产品特点	产品性能
钻石镜面釉		本品含有航天用品聚硅类密封聚合物（聚酯车衣），可提供长达12个月的保护	1. 车表形成玻璃般的保护层，具有高硬度、镜面反射光泽； 2. 各种恶劣天气皆能适应，使车身不沾灰，不易变黄、变暗； 3. 可抵抗各种腐蚀物、氧化物、酸雨对车漆的侵蚀； 4. 如液体玻璃般密封汽车表面油漆，洗不掉、不脱落； 5. 含抗紫外线剂，能化解紫外线对车漆的损害； 6. 一步到位上光，旧车变新，新车更亮，有立竿见影的效果； 7. 使用后晶莹亮丽，手感丝滑； 8. 永远免除打蜡的繁琐
钻石太空釉		本品具有原版巴西棕榈液蜡—2002 创新配方，享有赛梦娜还原蜡的所有品质，同时具有超釉表现	1. 有力抗拒各种污染源对车漆的危害； 2. 特效增艳成分还原车漆光泽，使漆面如新车般光亮； 3. 分子结构“智能”相互循环直至坚实地附着于车漆表面，与空气恒久隔绝，抵抗烈日、风雨、尘污的侵蚀和磨损，有效抵御污染侵蚀，拒绝氧化褪色； 4. 特有的“外向”性硅氧烷自动向外延伸，形成高水平面、高光泽的保护层，不留水痕
特氟隆汽车太空衣		本品是专为已处理过的汽车表面做独特的污渍清除和防水涂层而研制的，是釉的顶级产品	1. 高强度的清洁性，外来脏物如路面沥青、树脂等任何污垢均能轻松去除； 2. 高保真的还原性使爱车恍若时光倒流，恢复昔日光彩； 3. 高强度的保护性，有效地抵御运输薄层的形成（水、机油、泥浆的混合物）； 4. 极强的耐温功能，可抵御严寒（－200℃）酷暑（300℃）恶劣气候； 5. 高贵的镜面效果，如展车般亮丽，如水般顺滑； 6. 长期的保护效果，防氧化、防褪色、防酸碱、防静电、抗紫外线，防止一切有害物质对车辆的侵蚀； 7. 先进的不黏技术，使汽车在高速行驶时不易黏附灰尘，定期使用可保持漆面长达 10～30 年不褪色、不老化； 8. 在塑料和橡胶上也不会留下丝毫痕迹

二、车漆封釉的设备及工具

图 3.3－18　封釉机

封釉施工所需的设备和工具主要有封釉机（振抛机）、吹水枪、纸胶带和红外线烤灯等。封釉机如图 3.3－18 所示。

三、车漆封釉的操作方法

1. 清洗

用清水将车身漆面的粉尘、细砂粒彻底冲洗干净。

2. 砂光

如车身漆面有轻微划痕、氧化层、斑点、橘皮等缺陷，应进行砂光处理，其方法如下：

（1）选用 2000#水砂纸砂光漆面。

（2）砂光时应不断加水冲洗漆面，以使漆面上没有砂尘，避免造成划伤。

（3）砂光中应根据车漆的强度和车漆使用的情况来确定砂光所用的力度，且要均匀用力。

（4）砂光后的漆面呈哑光漆样，并略有微小亮点为最佳。

砂光时应注意以下事项：砂光部位应根据漆面情况确定，对无缺陷或边角等部位不要砂光或轻微砂光，以免砂露底漆。砂光时，不要砂到装饰条、密封条、镀铬条、门把手和不应砂光的部位，以免造成不必要的损伤。

3. 抛光

用研磨/抛光机配合抛光剂对漆面进行抛光，如图 3.3－19 所示。

图 3.3－19　抛光

4. 除蜡

先用除蜡水清除漆面蜡层，然后用清洗剂擦洗车身（因抛光时产生污垢，如果不清除将会影响产品的渗透力），最后将车身擦干；车身缝隙中的水要用吹水枪吹干，如图 3.3－20 所示。

5. 遮盖

用纸胶带把车身上所有橡胶部件以及诸如车标、字母等都遮盖起来，如图 3.3－21 所示。如果有塑料护板，也要用遮盖纸等把护板挡起来，以防沾上釉后难以清理。

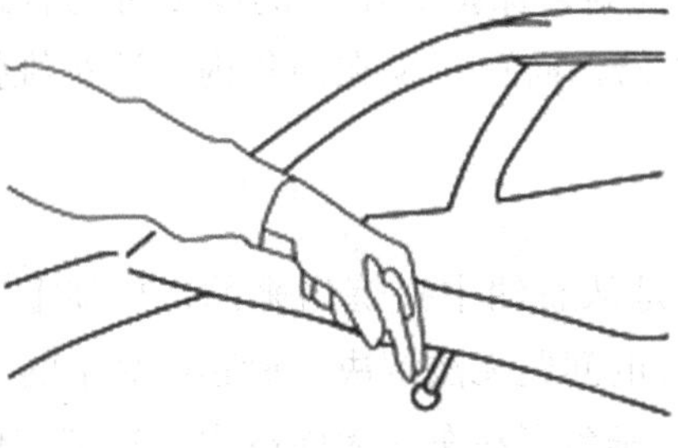

图 3.3－20　用吹水枪吹干车身缝隙中的水

图 3.3－21　遮盖

6. 封釉

把釉倒在车身上，用封釉机把釉从头到尾涂一遍，振涂时速度要慢，要均匀，然后轻微提起封釉机，使封釉机轮快速转动，抛出亮光即可，如图 3.3－22 所示。

注意：封釉后不要急于擦洗漆面。车封釉后，会看到一些釉的痕迹，这是正常情况，8h 内不可擦洗漆面。因为在这段时间内，釉层还未完全凝结，将继续渗透，如冲洗将会冲掉未凝结的釉。

7. 烘烤

为了使釉更好地渗入漆面，可用烤灯烘烤封釉漆面，如图 3.3－23 所示。烘烤封釉漆面时，时间不能过长，烤灯与漆面距离不能过近，否则不等漆面软化，附着在漆面上的釉就先烤干了，从而影响到封釉效果。

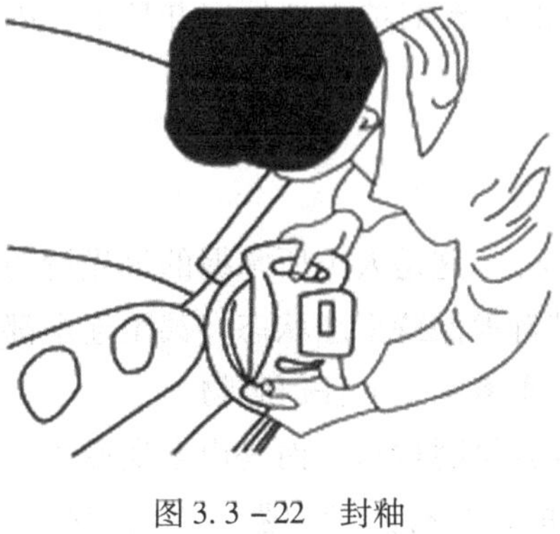

图 3.3－22　封釉

图 3.3－23　烘烤封釉漆面

汽车封釉后应注意以下事项：做完封釉美容后应尽量避免洗车，因为封釉漆面可防静电，因此一般灰尘用干净柔软的布擦去即可。

做了封釉美容后不要再打蜡，因为蜡层可能会黏附在釉层表面，再加上上蜡时会因蜡层的隔离而影响封釉效果。

3.3.10　车漆镀膜

所谓车漆镀膜，就是在车漆表面涂镀一层硬度高、弹性好、抗氧化的保护膜。经过镜面镀膜技术处理后，汽车外表的镜面亮度明显提高，保护膜本身的硬度可为普通车漆的4～5倍，其持久性是打蜡的100倍、封釉的12倍，而且至少在两年内，洗车维护不需要任何清洁剂，仅用清水冲洗就能清除污垢。

车漆镀膜与封釉主要有以下几个不同之处：

(1) 产品原料不同。封釉产品中的“釉”是从石油中提炼出来的，再加上一些辅助原料配制而成，受原料所限，容易氧化，不持久的问题无法解决。镀膜产品中的“膜”是从植物及硅等环保又稳定的原料中提炼合成的，避免了在车漆表面造成“连带氧化”的问题，并可长期保持效果。

(2) 操作工艺不同。封釉时，为使“釉”与车漆充分结合，要用高转速的封釉机（振抛机）把釉加压封入漆层，在这种压力作用下经常会造成漆面损伤。镀膜采用了温和的涂抹及擦拭的附着方式，靠“膜”本身的分子结合力附着在漆面上，避免了漆面损伤。

(3) 作用效果不同。封釉是将“釉”加压封入漆层中，与车漆结合到一起，其优点是与车漆融为一体，增亮效果明显，不过因为釉本身的易氧化性，所以会连带周围的车漆共同被氧化，导致漆面发污，失去光泽。镀膜采用抗氧化原料及稳定的合成方式，并以透明的“膜”的形式附着在漆面，避免漆面受外界损伤，同时也避免了保护剂本身对车漆的影响，可长期保持车漆的原厂色泽，而且由于“膜”本身结构紧密，很难破坏，使得它可以大幅度降低外力对漆面的损伤。

(4) 划痕处理不同。当封釉的漆面出现划痕时，一般通过研磨的方式进行处理，即用高转速研磨/抛光机将划痕磨平。当镀膜的漆面出现划痕时，一般通过填充的方式进行处理，即用低转速研磨/抛光机配合海绵盘，将透明的填充剂填入划痕中并抹平。因此，在处理划痕时，后者大大降低了漆面的损伤。

一、车漆镀膜材料

车漆镀膜材料的主要成分是聚四氟乙烯（PTEE）。这是人类所掌握的最光滑的物质之一，这种极度光滑的材质能使汽车表面不沾灰，神奇地保持干净状态，甚至连水都无法沾在漆膜上，因而用水就可以很轻易地冲洗掉附着在车漆面上的任何脏物。

汽车镀膜材料所用材料不含任何石油成分，不含研磨材料，而是由金属原子、氟元素高分子体和透明纤维分子采用特殊工艺精制而成的，具有防护力强、光洁明亮、强度超高、清洗方便、无副作用、效果持久等特点，在车漆表面形成一层永不氧化的保护层，将车漆和外界完全隔离起来，具有极高的强度和耐久性。

二、车漆镀膜的设备及工具

电喷镀膜施工需要的设备和工具主要有：变速抛光机、空气压缩机、重力式喷锚、红外线烤灯、纳米毛巾、除尘布和纸胶带等，如图3.3-24所示。

图 3.3－24　电喷镀膜施工需要的设备和工具.

三、车漆镀膜的操作步骤与方法

（1）清洁车身。采用“双色上光蜡”将车身清洁干净，如图 3.3－25 所示。

（2）研磨抛光。新车采用色彩还原剂，旧车采用三合一梦幻修复剂，对车身进行研磨抛光，抛光时转数不宜超过 1400r/min。

（3）清洗车身。用“双色清洗上光蜡”将车身清洗干净，并保持干燥。

（4）擦拭车身。先用吹水枪将车身缝隙中的水吹干，然后用无纺布蘸除油剂将全车擦拭一遍，待除油剂干后用除尘布将全车轻抚一遍。

图 3.3－25　清洁车身

（5）遮盖。用纸胶带和遮盖纸对车身不需镀膜的部位进行粘贴遮盖。

（6）再次擦拭车身。按步骤（4）的方法将车身再擦拭一遍。

（7）喷涂车蜡。选择与车身颜色相近的电喷镀膜专用蜡加入喷枪，并把喷枪的气压、流量及扇面调整至合适的工作状态，进行均匀喷涂，如图 3.3－26 所示。

（8）烤干车蜡。用红外线烤灯将车蜡烤干，再用纳米毛巾擦拭干净，如图 3.3－27 所示。

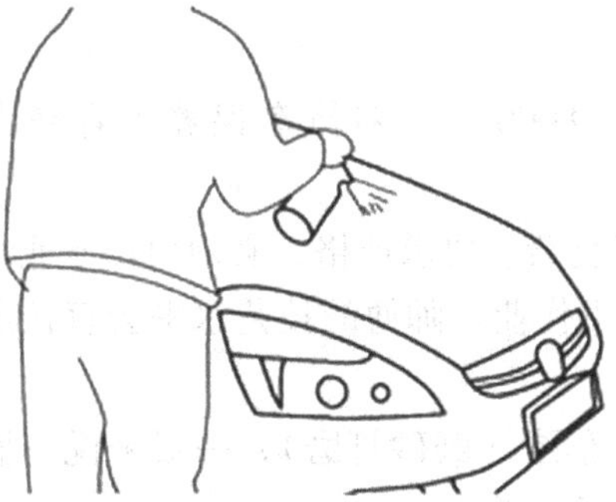

图 3.3－26　喷涂车蜡

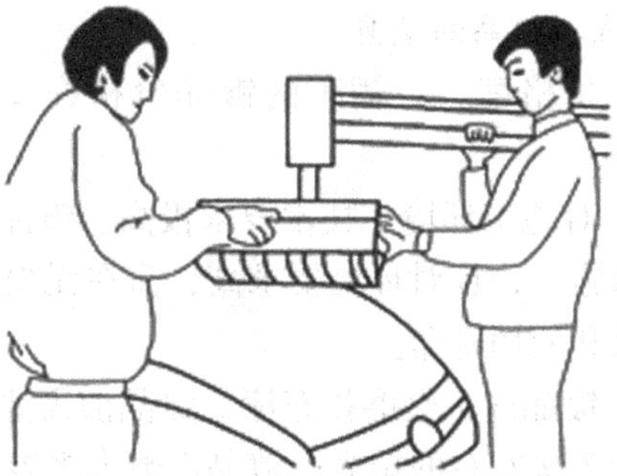

图 3.3－27　用红外线烤灯将车蜡烤干

（9）漆面密封。用钻石镜面釉密封全车，并用红外线烤灯烤干，然后用纳米毛巾擦拭干净。

（10）其他护理。在做完电喷镀膜后，还应该对车身其他部位进行外饰护理，例如玻璃、轮胎、轮毂和保险杠的护理等。

四、镀膜施工注意事项

（1）必须在无尘的环境中进行镀膜施工。

（2）严禁在高温下进行操作，注意通风。

（3）注意将边角和缝隙处处理干净。

（4）严禁用除尘布直接擦除油剂或在除油剂未干的情况下使用除尘布。

3.3.11 汽车镀晶

所谓汽车镀晶，就是喷涂上一层硬度和光洁度都非常好的高分子膜，既可能是晶体材料，也可能是非晶材料。与原来汽车的涂层要求达到严格的国际或国家标准而兼顾各项保护指标（包括防腐蚀、附着力、厚度、耐老化等）相比，其主要针对提高光洁度和表面硬度这两个指标，从而达到美观和防刮的效果。

镀晶是一种专门用于汽车漆面、玻璃、轮胎、轮毂、座椅、发动机、内饰、外饰条等关键部位的硬质保护涂层。镀晶的材料构成主要分为三类：聚硅氧烷、聚硅氮烷、无机硅。

1. 汽车镀晶的优点

（1）高亮度。通透清澈的结晶层，具有极致镜面效果，比普通镀膜厚 2 ～ 3 倍，丝毫不减亮丽光泽。

（2）抗氧化。镀晶材料中富含硅酮、氧化钛，两者性质极稳定，可在车漆表面形成长达三年的保护层。

（3）记忆性分子。严密贴合漆面的高韧度弹性结晶层，可完美地解决热胀冷缩导致的龟裂和脱落，独特的记忆性分子结构，对镀晶表面的细微划痕也有一定的修复作用。

（4）高硬度。完美结晶的无机镀晶层在拥有高韧性的同时本身也有高达 7H 的硬度，对行车中的沙尘冲击可以起到很好的保护作用。

（5）泼水性。使雨水快速成片流走，不滞留漆面，不遗留水污斑点，避免酸雨腐蚀，将车漆损害扼杀于源头。

2. 汽车镀晶的缺点

（1）价格高。一辆车的镀晶价格在 2000 ～ 8000 元。对汽车保养美容来说，价格不菲。

（2）对施工环境、技术要求极高。镀晶施工复杂、要求严格，必须由经专业培训的镀晶工艺师施工，且对环境要求高，需在无尘环境下作业。师傅的技艺水平会直接影响到镀晶的效果和使用寿命。

（3）镀晶施工会磨损车漆。镀晶前需要抛光车漆（磨砂打磨），一般来说一辆车通常可以承受 7 次左右的抛光，镀晶次数太多容易伤害车漆。

（4）停止镀晶后车漆老化更快。如果汽车停止镀晶，缺乏了亮度和隔膜的支持，车漆的氧化速度会更快，亮度也会下降许多。

3.3.12　车内清洁与护理

汽车内室是司乘人员旅行生活的空间，对其进行清洁、护理及空气净化等美容作业，营造卫生、环保的车内环境，不仅可提高乘车的舒适性，还可延长内饰的使用寿命。

一、车内美容用品

车内美容用品是用化纤、皮革（包括人造革）、橡胶、塑料等材质表面，起清洁、上光、耐磨、防老化等保护作用的产品。其应用范围包括汽车座椅、仪表台、顶棚、车门内侧和地毯等。

1. 化纤美容用品

用于车内的化纤美容用品一般都具有清洗功能，即它们具有清洗和保护的双重作用。

车内的化纤制品（座椅、顶棚、车门内侧等）最易脏污，而且最影响汽车的美观。单纯的化纤清洗剂只起到去污清洁的作用，而化纤保护剂含有硅酮树脂，在清洗去污的同时，将这种聚合物附着在纤维上，能起到防紫外线、防老化、防腐蚀等作用，而且再次脏了后也比较容易清洗。

化纤美容用品都以雾化状态喷洒于处理物表面，然后用毛刷刷洗或用毛巾擦洗，晾干后即可。

单纯以化纤美容用品命名的产品不多，较多的是将清洗功能包括在名称中，如绒毛清洁柔顺剂、全能泡沫清洗上光剂等。选用时应注意该产品说明中对化纤类物品是否有保护作用，作用效果如何，从而选择有较强保护作用的产品使用。

2. 皮革美容用品

皮革美容用品的主要功能是对真皮和革制品进行上光、软化，起到抗磨、抗老化等作用。

皮革美容用品一般都适用于塑料制品，适用于皮革座椅、仪表台、转向盘、车门内侧以及塑料保险杠等。使用时将此用品倒少许于纯棉软布上，均匀涂于皮塑表面上即可。对于可喷式罐装剂，均匀喷洒于皮塑表面轻擦几下即可。如皮塑表面过脏，应先用清洗剂清洁表面后再使用该用品。经过保护剂处理后，皮塑制品可达到翻新效果。

3. 橡塑件美容用品

橡塑件美容用品通过它的抗紫外线照射作用来防止橡胶及塑料的氧化，从而实现保护功能。同类产品还可选用皮革护理用品，它们的功能差不多。

4. 多功能美容用品

多功能美容用品的适用范围几乎包括一切材质，如多功能内堂护理液，不仅可用于车内丝绒、真皮和塑料件的护理，而且可用于汽车漆面护理。

二、车内美容设备

车内美容设备主要有蒸汽清洗机、泡沫清洗机、脱水机及吸尘器等，如图 3.3－28 所示。下面将对常用设备的性能特点与使用方法进行介绍。

(a)蒸汽清洗机 (b)泡沫清洗机 (c)脱水机 (d)吸尘器 (e)地毯清洁机

图 3.3－28 车内美容设备

1. 蒸汽清洗机

蒸汽清洗机是一种通过高温蒸汽对汽车内室进行清洗的设备，可对丝绒、化纤、塑料、皮革等不同材料进行清洗。

蒸汽清洗机不仅具有较强的去污能力，而且还具有杀菌消毒的作用，可以清除顽固的污渍、油渍，完全消除细菌、螨虫、微生物及病原体，特别是对带有异味的污垢有很强的清洗作用，能使皮革恢复弹性、使丝绒化纤还原至原有光泽，是汽车内室美容的首选设备。

蒸汽清洗机的使用方法：

（1）注水。利用量筒、漏斗向蒸汽壶中注入适量的水，注水量为0.6～1.5L。

（2）预热。插上电源，开启开关，预热10min左右，待工作指示灯亮起后便可使用。

（3）清洗。选择适合内室结构的蒸汽喷头，并用半湿毛巾包裹，选择合适的温度，然后将蒸汽喷嘴对准需清洁部位，按动蒸汽扳机即可进行清洗。

（4）关机。关闭清洁机时，先松开扳机，然后切断电源即可。

蒸汽清洗机在使用中应注意以下事项：

（1）操作时应根据内饰件的不同材料选择不同的温度。一般情况下，清洗车内物品温度调到80℃左右就已足够。在清洗塑料、皮革等耐热性较差的物品时，温度应适当调低。

（2）蒸汽清洗机产生的温度很高，稍有不慎将会造成人体烫伤。因此，在使用中不要用手接触蒸汽喷头等高温部件，关机后一定要冷却5min以上，才可取下蒸汽清洗机附件。

2. 泡沫清洗机

泡沫清洗机是一种可产生用于清洗的泡沫的设备，适用于车身的日常清洗和汽车内室丝绒织品、座椅等的清洗，是专业汽车美容的必备设备。

采用泡沫清洗车辆具有省时、省力、干净、节约清洗用品、避免微细砂粒损伤汽车漆面或内饰表面等特点。此种清洗方式改变了传统用人工洗车的落后工艺，提高了汽车的清洗质量。

泡沫清洗机的使用方法：

（1）注水。打开泡沫清洗机球阀，加注洁净清水。

（2）加清洗剂。加足水后，再加入900g左右的高密度清洗剂，然后关闭球阀。

（3）调节气压。打开气阀，将气压表的压力调至0.2～0.4MPa。

（4）喷射泡沫。打开泡沫清洗机的喷射阀，喷出的清洗液呈泡沫状，让泡沫均匀覆盖在清洗物面上。

（5）擦拭。用干净海绵擦拭物面，再用干净毛巾擦净即可。

3. 吸尘器

吸尘器是一种能将尘埃、脏物及碎屑吸集起来的电器设备，是进行汽车内室日常清洁的主要设备。汽车内室虽然空间小，但结构复杂，不便于清洁。采用吸尘器可方便地将内壁、地毯、座椅及缝隙中的浮尘和脏物吸除干净，且不会使尘土飞扬。

常见的车用吸尘器主要有微型吸尘器、便携型吸尘器和专业型吸尘器三种。

（1）微型吸尘器。具有小巧、灵活、实用等特点，是车主清洁内室的理想工具之一。微型吸尘器按使用电源不同可分为干电型和电源型两种，干电型使用两节 7 号普通电池，电源型插入车内点烟器即可使用。

（2）便携型吸尘器。具有噪声低、体积小、质量轻、外形美观、携带方便等特点。通过电压转换器（汽车逆变电源）便可利用汽车电源操作，主要用于汽车内室除尘。

（3）专业型吸尘器。专业型吸尘器一般为吸尘吸水机。它集吸尘、吸水于一体，配有适于汽车内室结构的专用吸嘴，操作简单、吸力大，并可与内室蒸汽机配套使用。

三、车内美容的部位与操作程序

汽车内室需要美容的部位主要有顶棚、内壁、车门内侧、地毯、座椅、仪表台、转向盘、挡位区及行李箱等，如图 3. 3 – 29 所示。

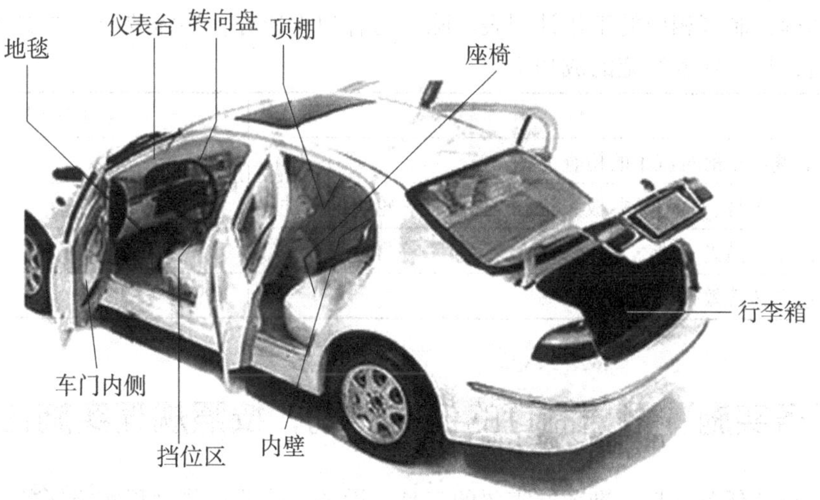

图 3. 3 – 29　汽车内室需要美容的部位

车内专业美容的操作程序：

（1）车室吸尘。用吸尘吸水机，按照从上到下的顺序，依次对顶棚、仪表台、座椅、车门内侧、地毯和行李箱进行吸尘。

（2）蒸汽预洗。在蒸汽清洗机中加入适量清水，对车内除顶棚、仪表区以外的部位进行蒸汽预洗，以增加脏物活性，使之在清洗过程中容易从载体上分离。

（3）顶棚清洗。将万用清洁剂稀释后装入喷壶中，对顶棚分片均匀喷洒，然后用浸湿后拧干的毛巾均匀擦拭，最后用干毛巾擦拭一遍。

（4）仪表台的清洗与护理。将仪表台清洁剂喷于仪表台表面（注意音响区不可直接喷洒清洁剂），用湿毛巾擦拭，再用干毛巾擦干。按同样的方法清洗转向盘、变速杆及手制动杆。清洗完毕后进行护理作业，将人造革橡胶护理剂喷在海绵块上，均匀抹在仪表台表面上，2min 后用干毛巾擦干即可。

（5）真皮座椅的清洁与护理。将万用清洁剂喷于座椅表面，用湿毛巾擦拭，再用干毛巾擦干。清洗完毕后进行护理作业，将真皮护理剂先涂抹在海绵上，然后像打蜡一样旋转涂于座椅表面，10min 后用干毛巾擦干即可。

（6）地毯的清洗。将万用清洁剂喷于地毯表面，用湿毛巾擦拭，再用干毛巾擦干即可。

（7）车门内侧的清洗。将万用清洁剂对着车门内侧均匀喷洒，然后用干毛巾擦干即可，根据车门内壁材料的不同，用人造革护理剂或真皮护理剂进行护理。先将护理剂喷在海绵块上，均匀涂在车门内侧表面，2min 后用干毛巾擦干。

（8）行李箱的清洗。将万用清洁剂喷于行李箱覆盖物表面，3min 后用干毛巾擦干即可。

（9）车内净化。先用蒸汽清洗机对内室进行高温杀菌消毒，然后向室内喷洒除臭剂，净化车内空气。

3.4 工作计划：与师傅和客户沟通工作计划

在售后服务工作中，制订相应的工作计划有利于工作效率的提高和工作的合理安排。根据操作规程，制订相应的工作计划表。除了与客户沟通外，还需要与店内其他部门进行相应的沟通，提高任务实施的成功率。

序号	任　务	关键词
1	清洗汽车前对汽车的检查准备	
2	汽车车身、车门、翼板、舱盖、保险杠、轮胎的清洗	
3	汽车的抛光上蜡	
4	汽车清洗效果的检查	

3.5 任务实施：根据制订的任务计划，按照规程实施任务

根据制订的任务计划，准备好需要的工具、设备，按照操作规程实施任务。

序号	工作内容	工具、设备	安全环保	标准规范	检测值	检测结论

续表

序号	工作内容	工具、设备	安全环保	标准规范	检测值	检测结论
预估时间			成本预算			

3.6　评价反思：总结知识点、技能点和素养点

评价项目	评价内容				自我评价	小组评价	教师评价
	A	B	C	D			
工作态度	严谨专注，尽全力克服困难，敢于承担责任，努力改进方法	努力克服困难，遇到困难，积极听取各方意见，乐意尝试新方法	依据指令，规范操作，能够按要求完成任务，偶有抱怨	遇到困难，时有抱怨，被动完成任务			
学习能力	成长意识强，信息捕捉能力强，并能快速转化为能力	重视自我完善，信息捕捉能力较强，努力汲取新知识，具备一定的转化能力	愿意接收新信息、新知识，重视积累，具备初步的转化能力	在他人帮助下，能够学习新的知识，有转化能力			
自控能力	严格遵守学习纪律，严守任务时间，能够调节队友情绪，协调队友观点	遵守纪律，按时完成任务，能够控制情绪，积极采纳队友观点	有时间观念，服从教师、组长管理，愿意倾听队友意见	有迟到早退现象，有违反学习纪律现象			
沟通能力	乐于倾听，感情传达准确，观点能够得到队友认可	愿意倾听，表达流畅，能够接纳不同观点	理解队友，并能够明确地阐述自己的想法	能够理解队友的想法			
合作能力	理解服从的意义，迅速调整自我情绪，主动推动项目完成	服从团队管理，分担团队重要任务	尽力服从管理，分担团队基础任务	愿意完成自身任务			
5S标准	按照5S的标准进行操作，使用工具正确规范，顺利完成任务						
安全操作	严格遵守操作规程，无安全事故						

续表

学生自查	1. 本人分担的学习任务： 完成情况： 2. 本人在本次学习中，解决的问题有： 仍未解决的问题有：
教师点评	1. 表扬的小组是第　　组，理由是： 2. 对本小组的评价是： 3. 表扬的个人有： 理由是：

学习情境四　汽车常规保养

4.1　学习情境描述：任务接受

孔先生开着一辆丰田卡罗拉轿车，有一天发现保养周期指示灯亮起，该车行驶总里程为5000千米，随后他开着车到4S店，请你对此车进行保养工作。

（按照标准的接待礼仪，给客户打开车门）

前　台：您好，有什么需要我帮助的？

客　户：您好，我的车行驶了5000千米，需要进行保养了。

前　台：好的，请您把钥匙给我，帮您做一下检查和登记。（登记车辆基本信息）

前　台：您好，请出示一下您的行驶证。另外，我们还需要您的维修记录和保养手册，以及购车时的相关资料。

客　户：好的，资料我已经准备好了。

前　台：好的，请您到客户休息区等待，如有需要，我会及时和您联系。

4.2　任务分析：汽车维护与保养

4.2.1　学习目标

【知识目标】

（1）能够描述润滑油的分类与作用；

（2）能够列写汽车维护保养的定义；

（3）能够列出常规的保养作业项目。

【技能目标】

（1）能够正确使用保养常用工具和量具；

（2）能够根据维护表进行维护保养作业并做记录；

（3）能够正确更换发动机机油及机油滤清器。

【素养目标】

（1）能够评估所提供的信息，对所提供的信息进行筛选；

（2）能够与伙伴相互尊重地沟通；

（3）能够开始练习和使用独立工作的方法。

4.2.2 学习任务

（1）汽车保养常用工具及量具的使用；
（2）汽车润滑油、齿轮油、润滑脂的认识和选用；
（3）发动机润滑油的检查与更换；
（4）按照汽车的《99 项保养操作规范》对车辆进行保养作业。

4.2.3 学习准备

根据学习任务，查阅网络材料、书籍，了解关于车辆保养的分类及更换机油的步骤，确定基本素养要求、知识准备和设备准备。

4.3 信息收集：汽车常规保养

4.3.1 汽车保养常用工具的使用

子曰："工欲善其事，必先利其器。"对车辆进行专业的维修、检查、保养也都需要用到相关的工具、仪器、设备等，因此作为专业的汽车维修工，必须掌握一些常用工具的适用场合和使用方法，为顺利完成汽车维修和保养任务打下基础。下面是车间常用工具的介绍和使用规范。

一、扳手

扳手是汽车维护保养作业中最常用的一种工具，主要用于扭转螺栓、螺母或带有螺纹的零件。普通扳手有开口扳手、梅花扳手、两用扳手、活动扳手、管子扳手、套筒扳手、扭力扳手、内六角扳手、花形扳手等。

1. 开口扳手

开口扳手又称呆扳手，按形状有双头扳手（图 4.3－1）和单头扳手（图 4.3－2）之分，其作用是紧固、拆卸一般标准规格的螺母和螺栓。通常是成套装备，有 8 件一套、10 件一套；通常用 45 号、50 号钢锻造，并经热处理。

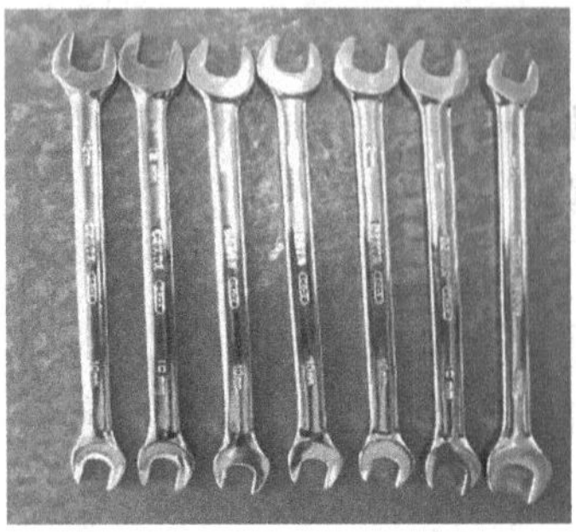

图 4.3－1　双头扳手

图 4.3－2　单头扳手

开口扳手主要适用于无法使用套筒扳手和梅花扳手操作的位置。选择开口扳手时，需根据螺栓或螺母头部的尺寸来确定合适的型号，确保使用时配合无间隙（图4.3－3）。使用时要在扳手与螺栓或螺母完全配合后才能施力，施力时，一只手推住开口扳手与螺栓或螺母连接处，另一只手大拇指抵住扳手，另外四指握紧扳手柄部往身边拉扳（图4.3－4）。

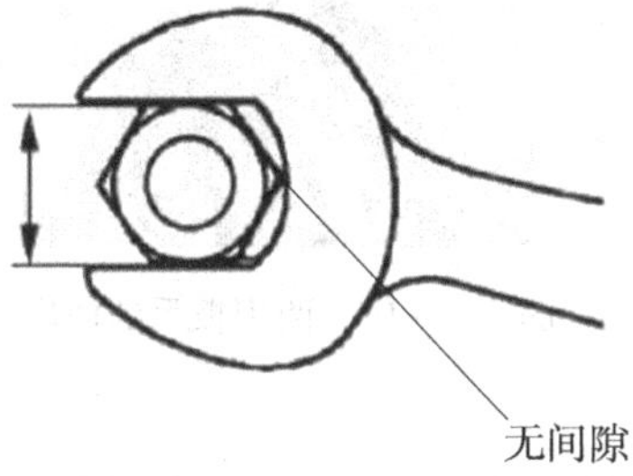

图4.3－3　开口扳手的选择

图4.3－4　开口扳手的使用

2. 梅花扳手

梅花扳手同开口扳手的用途相似，但其两端是环状的，环的内孔由两个正六边形互相同心并错开30°而成（图4.3－5），可将螺栓和螺母头部套住，使用时，扳动30°后，即可换位再套，因而适用于狭窄场合下操作（图4.3－6）。

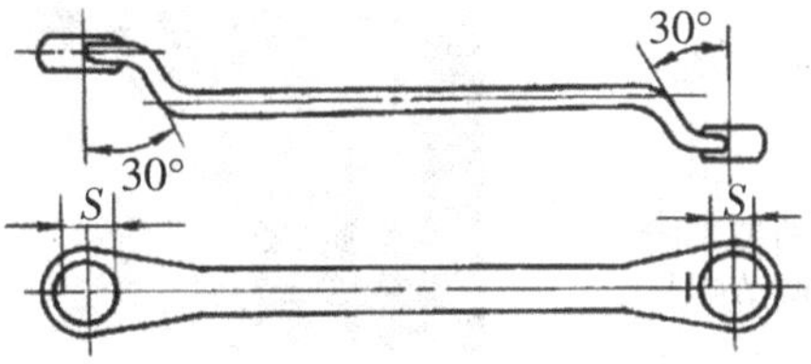

图4.3－5　梅花扳手外形特征

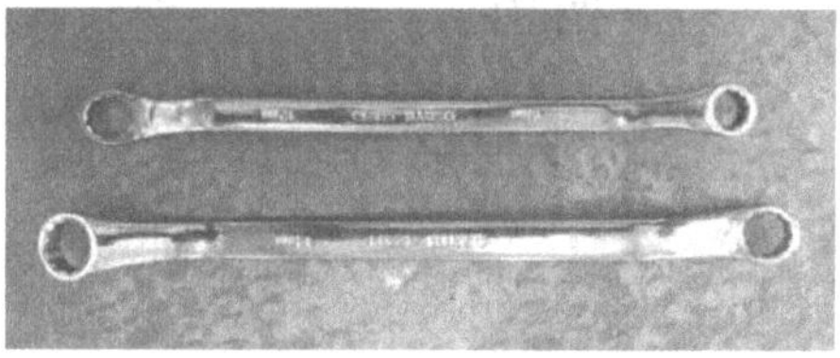

图4.3－6　梅花扳手

在使用梅花扳手时，左手推住梅花扳手与螺栓或螺母连接处，保持梅花扳手与螺栓或螺母完全配合，防止滑脱，右手握住梅花扳手另一端并施力，因梅花扳手可将螺栓、螺母的头部围住，相对使用开口扳手可以施加大力矩，如图4.3－7和图4.3－8所示。

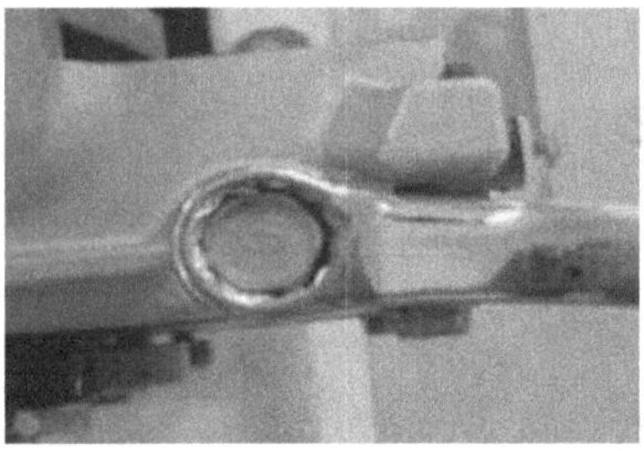

图4.3－7　正确选用梅花扳手

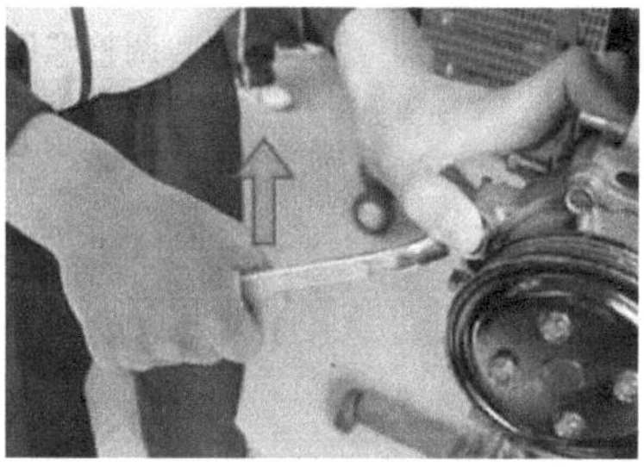

图4.3－8　梅花扳手的使用

3. 两用扳手

两用扳手也称组合扳手，是把梅花扳手和开口扳手组合在一起，一端为开口端，另一端为梅花端（图4.3－9）。在使用时，可先用开口端把螺栓、螺母旋到底，再使用梅花端完成最后的紧固，而在拧松时则要先使用梅花端（图 4.3－10）。

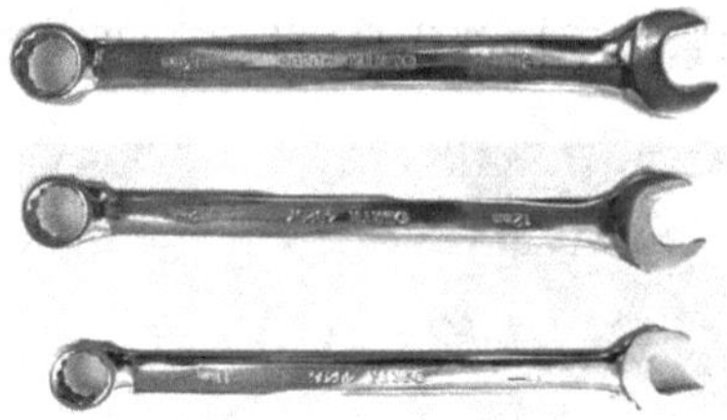

图 4.3－9　两用扳手

图 4.3－10　两用扳手的使用

4．活动扳手

活动扳手也叫可调扳手，适用于尺寸不规则的螺栓、螺母，由固定扳唇、活动扳唇、蜗轮和轴销组成，使用场合与开口扳手相同。

在使用时应先将活动扳手调整合适，使活动扳手钳口与螺栓、螺母两对边完全贴紧。注意要使可调钳口部分受推力，固定钳口部分受拉力，确保螺栓、螺母及扳手本身不被损坏（图 4.3－11）。

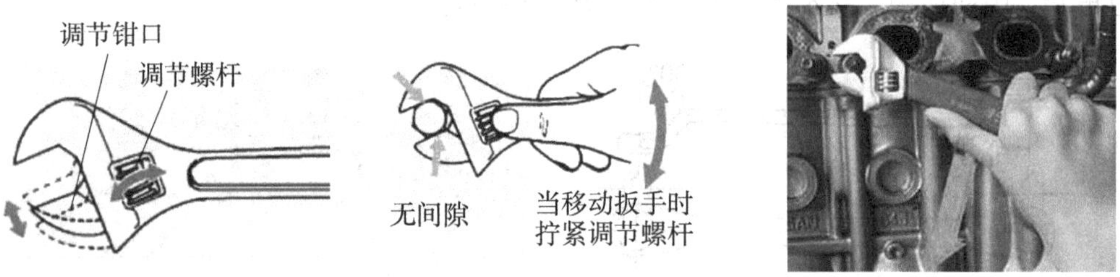

图 4.3－11　活动扳手的使用

5．管子扳手

管子扳手也叫管扳手，是用来固定或转动管子、圆棒以及其他扳手难以夹持的光滑圆形工件的工具（图 4.3－12）。使用时应注意不要突然用力，否则会损伤工件。

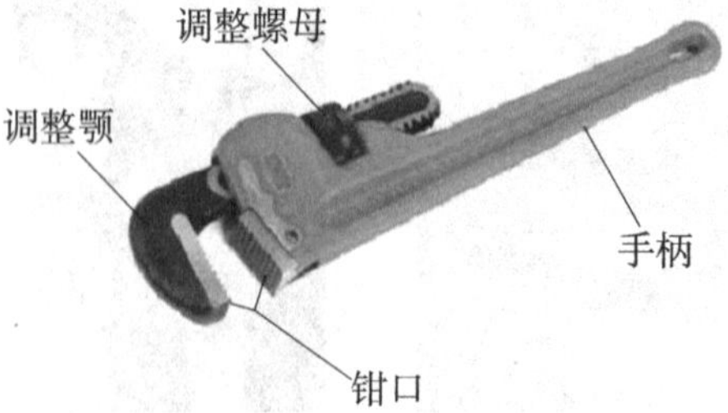

图 4.3－12　管子扳手

6．套筒扳手

套筒扳手是拆装螺栓和螺母最方便、灵活且安全的工具，在使用中不易损坏螺栓、螺母的棱角。它由多个带六角孔或十二角孔的套筒，以及相应手柄、接杆、万向接头等附件组成，特别适用于拧转部位十分狭小或凹陷很深处的螺栓、螺母（图 4.3－13 和图 4.3－14）。

图 4.3－13　套筒扳手

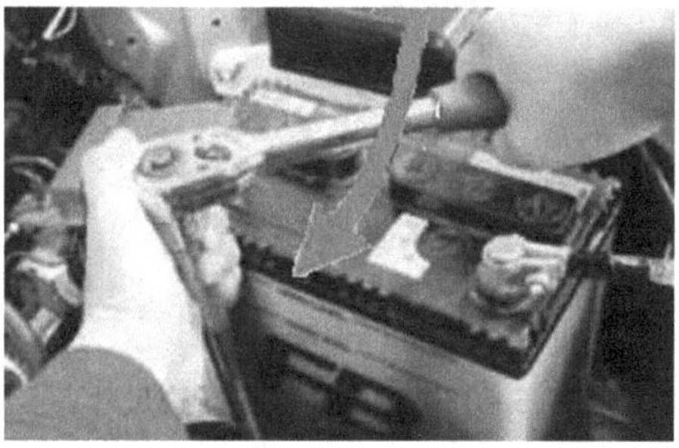
图 4.3－14　套筒扳手的使用

7. 扭力扳手

扭力扳手是套筒扳手的配套工具，主要用于有规定扭矩值的螺栓和螺母的装配，如气缸盖、连杆螺母、轮毂螺母等处。扭力扳手常用的形式有刻度盘式（指针式）和预置式，如图 4.3－15 和图 4.3－16 所示，其规格是以最大可测转矩来划分。

图 4.3－15　扭力扳手（指针式）

图 4.3－16　扭力扳手（预置式）

使用扭力扳手时要用左手握住套筒，并保持扭力扳手的方榫部及套筒垂直于紧固件所在平面；右手握紧扭力扳手手柄，向自己怀里扳转，与操作套筒扳手施力方向相同（图 4.3－17）。

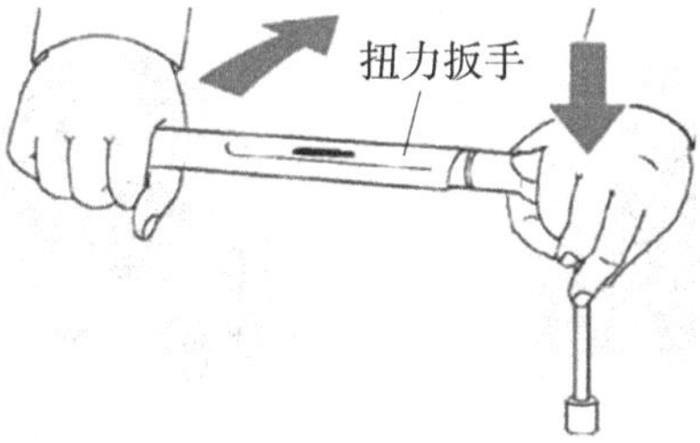

图 4.3－17　扭力扳手的使用

8. 内六角扳手

内六角扳手是用来拆装内六角螺栓或螺塞，以六角形对边尺寸 S（mm）表示，有 3～27mm 等 13 种尺寸。汽车维修作业中用成套的内六角扳手，可供拆装 M4～M30 的内六角螺栓（图 4.3－18、图 4.3－19）。

内六角在使用时，应选取与螺栓内六方孔相适应的扳手，左手握住，使其与内六角螺栓槽保持垂直，并按压住，确保在操作时不晃动，右手向上施力拉。注意不要用力过猛，也不可套用其他工具延长其长度来增大力矩（图 4.3－20）。

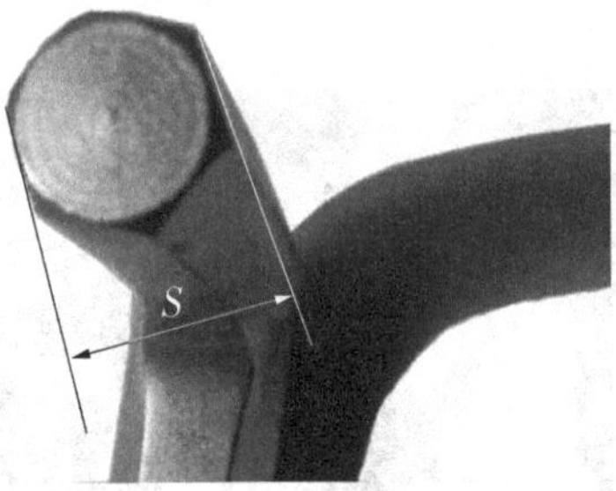

图 4.3－18　内六角扳手对边尺寸 *S*

图 4.3－19　内六角扳手

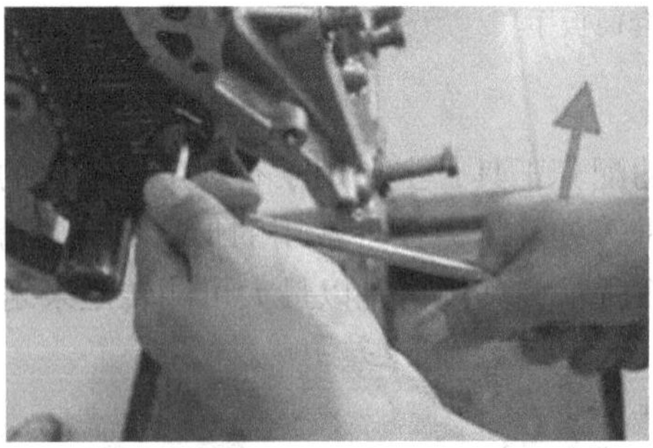

图 4.3－20　内六角扳手的使用

9. 花形扳手

用于螺栓头部有星形凹坑（沉头）的是 T 型花形扳手；用于螺栓头部有星形突起（柱头）的是 E 型花形扳手。这两种类型都设有与螺栓大小相对应的规格尺寸（图 4.3－21、图 4.3－22）。

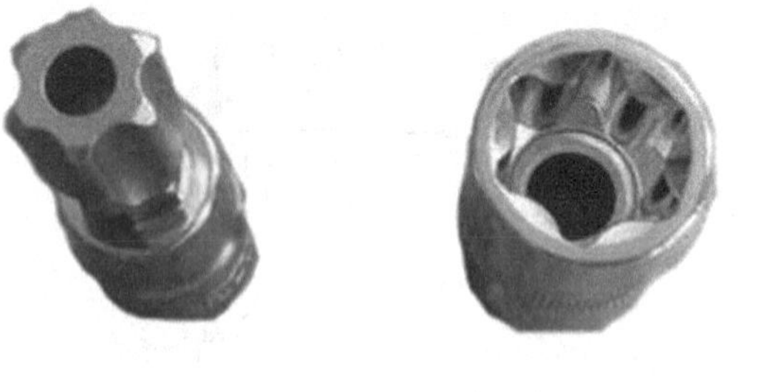

图 4.3－21　花形扳手接头

图 4.3－22　花形扳手

二、钳子

汽车维修保养中应用的钳子类型主要有钢丝钳、鲤鱼钳、水泵钳、尖嘴钳、卡簧钳、斜口钳及大力钳等。

1. 钢丝钳

钢丝钳主要用于夹持圆柱形零件，也可以代替扳手旋动小螺栓、小螺母，但要用软材料垫好，如布、硬纸等，钳口后部的刃口可剪切金属丝（图4.3－23）。

钳口可用来弯绞或钳夹导线线头；齿口可用来紧固或旋松螺母；刀口可用来剪切细导线或钳削导线绝缘层，也可剪切钢丝等较硬线材。

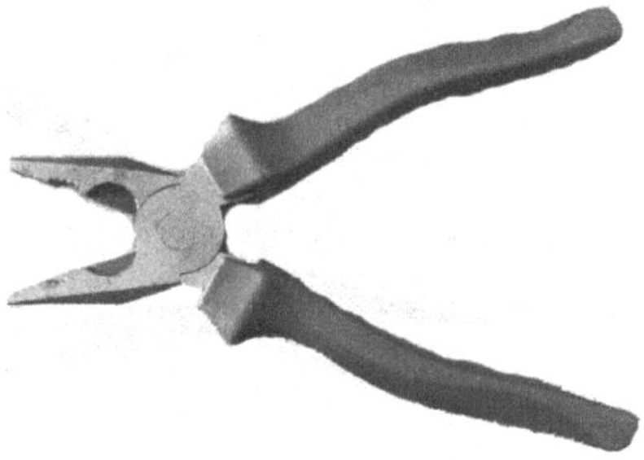
图4.3－23　钢丝钳

2. 鲤鱼钳

鲤鱼钳的手柄一般较长，可以通过改变支点上的槽孔位置来调节钳口张开的大小，以适应夹持不同大小的零件，是汽车维修作业中使用最多的钳子（图4.3－24）。

鲤鱼钳在使用时必须用防护布或其他软质防护罩遮盖易损件，防止锯齿状的钳口对零件造成损坏；在使用中不可用锤子等敲击增加力矩，以免损坏钳子（图4.3－25）。

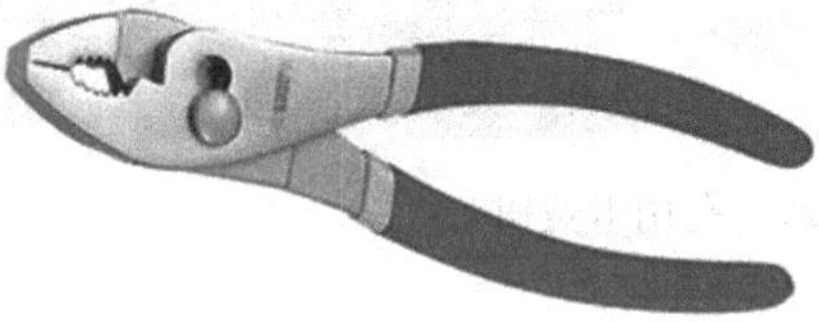
图4.3－24　鲤鱼钳

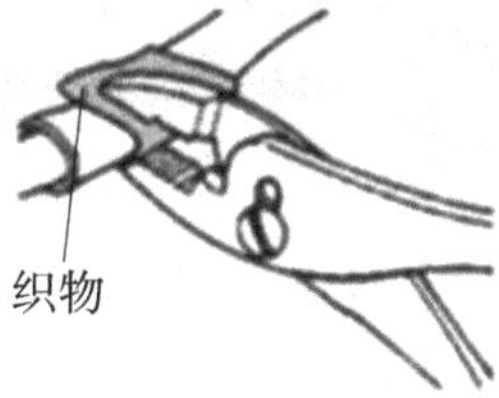

图4.3－25　鲤鱼钳的使用

3. 水泵钳

水泵钳在结构和作用上与鲤鱼钳相似，有时也称其为多用钳。在实际维修中鲤鱼钳和水泵钳可用于拆、装散热器软管和制动系统活塞的复位。在使用中应注意不要将水泵钳当作扳手来用，因为其锯齿状的钳口容易把螺栓或螺母的棱角损坏（图4.3－26）。

4. 尖嘴钳

尖嘴钳由于其头部细长，所以适用于在较小的空间工作，可用来夹持一些小的零件。在使用时严禁对尖嘴钳的钳头部施加过大的压力，也不可用钳嘴或钳柄作撬棒使用，否则会使尖嘴钳的钳口尖部或钳柄发生变形、折断或损坏（图4.3－27）。

图4.3－26　水泵钳

图4.3－27　尖嘴钳

5. 卡簧钳

卡簧钳是用来专门拆装卡簧的工具。根据使用范围的不同，卡簧钳可分为轴用卡簧钳和孔用卡簧钳两种。使用时可根据卡簧的形式选用对应的卡簧钳（图4.3－28、图4.3－29）。

图 4.3－28　轴用卡簧钳

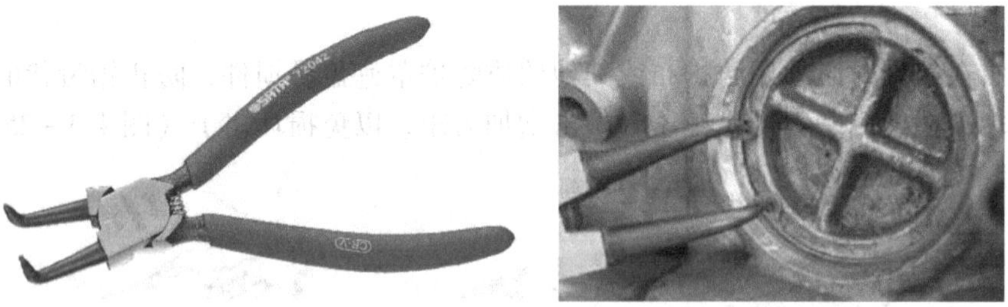

图 4.3－29　孔用卡簧钳

6. 斜口钳

斜口钳也称剪钳，多用于汽车电气维修方面，主要用来剪断金属丝或导线，还常用来代替一般剪刀剪切绝缘套管、尼龙扎线卡等（图 4.3－30）。

由于斜口钳的钳口有刃口，且尖部为圆形，所以在使用中不具备夹持零件的作用，只能用于切割金属丝或导线。但严禁切割硬的或粗的金属丝，更不能用锤子击打头部来切断硬质材料（图 4.3－31）。

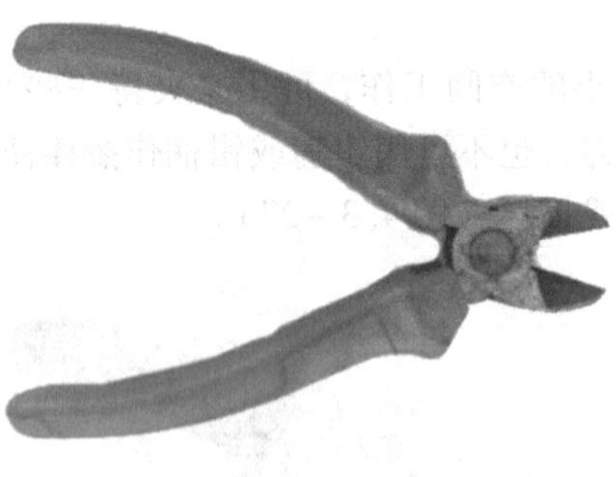

图 4.3－30　斜口钳

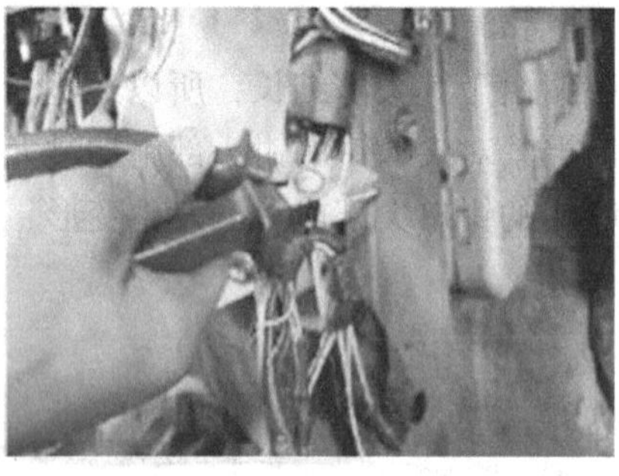

图 4.3－31　斜口钳的使用

7. 大力钳

大力钳有双杠杠作用，能通过钳爪给工件施加一个较大的夹紧力。在实际应用中，大力钳主要用于夹紧头部已经损伤的螺钉并进行拆卸，另外还具有对待焊接或敲击的部件进行临时固定的作用（图 4.3－32）。

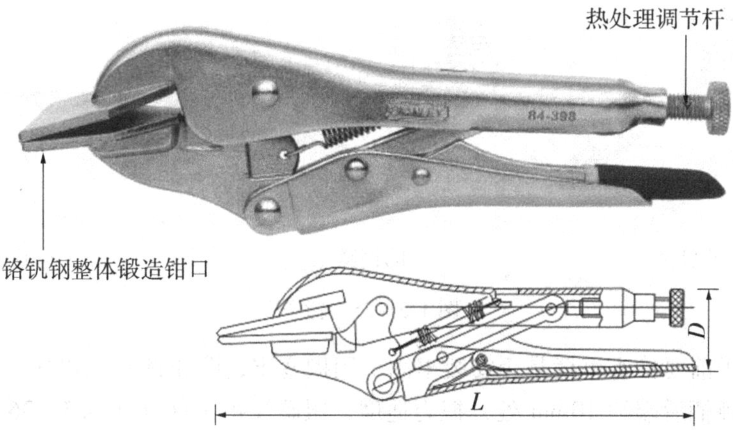

图 4.3－32　大力钳

三、螺丝刀

螺丝刀俗称起子或改锥，主要用于旋拧小扭矩、头部开有凹槽的螺栓和螺钉等。螺丝刀的类型较多，常用的有一字螺丝刀、十字螺丝刀，除此之外还有用于特殊情况下的螺丝刀，如通心螺丝刀、方柄螺丝刀、短柄螺丝刀、冲击螺丝刀及精密螺丝刀等。

（1）一字螺丝刀

一字螺丝刀主要用于拆装头部为一字槽的螺钉，常以钢杆部分的长度来区分，其常用的规格有 50mm、75mm、125mm、150mm 等几种（图 4.3－33）。

（2）十字螺丝刀

十字螺丝刀主要用于拆装头部为十字槽口的螺钉，按十字口的直径可分为 2～2.5mm、3～5mm、5.5～8mm、10～12mm 等几种规格（图 4.3－34）。

使用时应选用尺寸合适的螺丝刀，与螺钉的槽大小相匹配；保持螺丝刀与螺钉尾端成直线，边用力边转动。切勿使用鲤鱼钳或其他工具过度地施加扭矩，这会刮削螺钉的凹槽或损坏螺丝刀尖头。

图 4.3－33　一字螺丝刀

图 4.3－34　十字螺丝刀

四、锤子

锤子属于捶击类工具，通常称其为手锤或榔头，主要用于捶击冲子、錾子或敲击工件等。锤子按锤头材料不同分为铁锤、铜锤、橡胶锤等，按锤头形状不同分为圆头锤、方头锤及尖头锤等。最常用的为铁锤，铁锤的规格一般用其锤头质量表示，常用的有 0.25kg、0.5kg 和 1kg 等（图 4.3－35）。

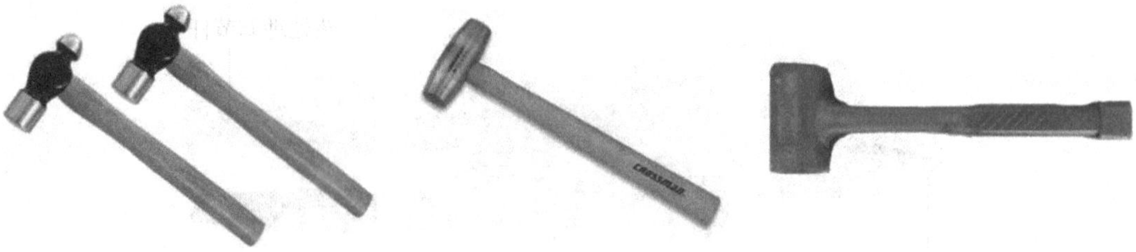

(a)圆头铁锤　　(b)铜锤　　(c)橡胶锤

图 4. 3 - 35　锤子

在使用锤子前要检查手柄是否安装牢固，用楔塞牢，防止锤头飞出伤人。锤子在使用时，右手握住锤柄后端约 10mm 处，握力适度，眼睛注视工件（图 4. 3 - 36）。

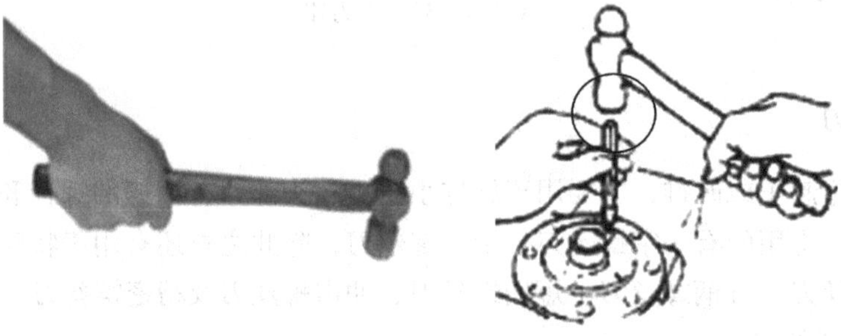

(a)手臂挥锤　　(b)锤头平整击打

图 4. 3 - 36　锤子的使用

4. 3. 2　汽车保养常用量具的使用

在汽车维修保养作业中，车辆维修人员必须熟悉常用量具的使用和维护方法。正确地使用量具，是确保测量精度，严格技术标准，提高维修质量的重要保证。量具的种类很多，汽车维修中常用量具有钢板直尺、直角尺、塞尺、游标卡尺、千分尺、百分表及万用表等。

一、钢板直尺

钢板直尺也叫钢板尺，是一种最简单的测量长度直接读数的量具，用薄钢板制成。用它粗测工件长度、宽度和厚度。直尺的规格有 150、300、500、1000、1200（mm）等数种。最常用的是 150、300（mm）两种（图 4. 3 - 37）。

在使用钢板直尺前要检查其有无变形弯曲、表面损伤、刻度不清等缺陷。

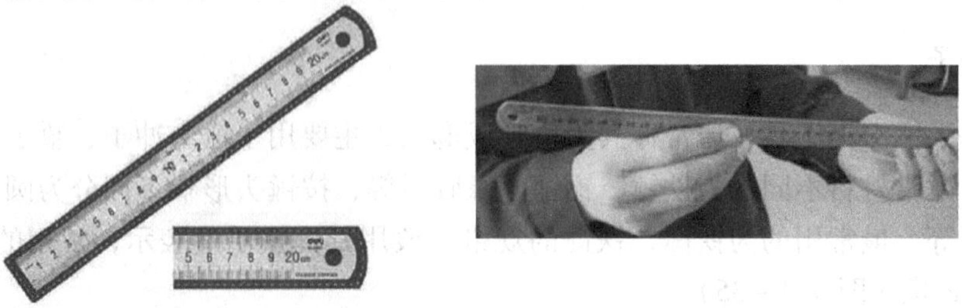

图 4. 3 - 37　钢板直尺

二、直角尺

直角尺一般用来检查工件的内外角或直角边，直角尺由一个短边和一个长边构成，一般长边标有刻度（图 4.3－38）。

在使用直角尺时，要将尺座（短边）一面紧靠工件基础面，尺杆（长边）向工件另一面靠拢，注意检查尺杆与工件贴合处透过的光线是否均匀，均匀则表示工件两相邻面垂直。

图 4.3－38　直角尺

三、塞尺

塞尺又称厚薄规或间隙片，是用来检验间隙的薄片式量具。其单片均具备准确厚度尺寸，使用时将单片或多片组成符合间隙尺寸的薄片组合，方可以测量（图 4.3－39、图 4.3－40）。

塞尺钢片最薄的一片厚度可以达到 0.02mm，一般常用的塞尺长度有 50mm、100mm 和 200mm 三种。

图 4.3－39　塞尺

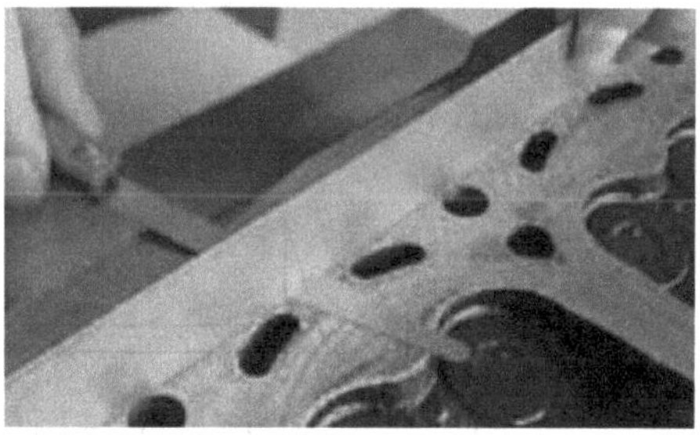

图 4.3－40　塞尺的使用

四、游标卡尺

游标卡尺是一种较精密的量具，能较精确地测量工件的长度、宽度、深度及内外圆直径等尺寸。常用的规格有 0～125mm、0～150mm、0～200mm、0～300mm、0～500mm 等多种。游标卡尺按其精度可分为 0.1mm、0.05mm、0.02mm 三种（图 4.3－41）。

游标卡尺的结构主要由主尺、深度尺、游标尺、内测量爪、外测量爪、紧固螺钉等几部分组成。

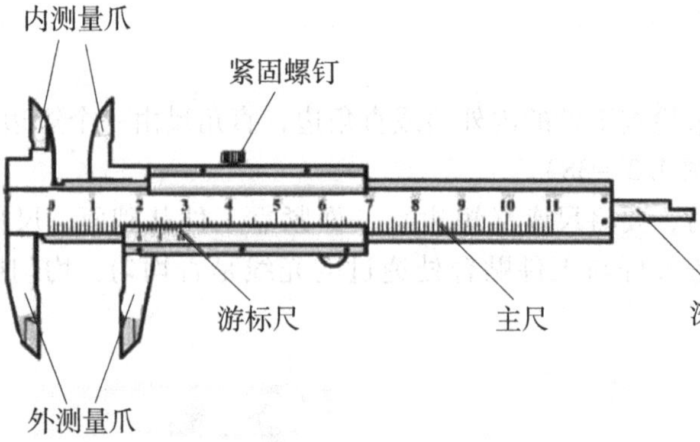

图 4.3－41　游标卡尺的结构

游标卡尺是利用主尺的最小分度与游标尺的最小分度的差值表示某测量精度的工具。如主尺和游标尺每个刻度差是 0.02mm，则 0.02mm 即为此游标卡尺的测量精度。

游标卡尺在使用前必须对其进行校零，即当量爪密切结合时，主尺与游标尺零点必须相互对齐（图 4.3－42）。

在测量作业时，右手拿尺身，大拇指移动游标尺，左手拿工件，使工件位于正确测量位置，与工件紧紧相贴时即可读数（图 4.3－43）。

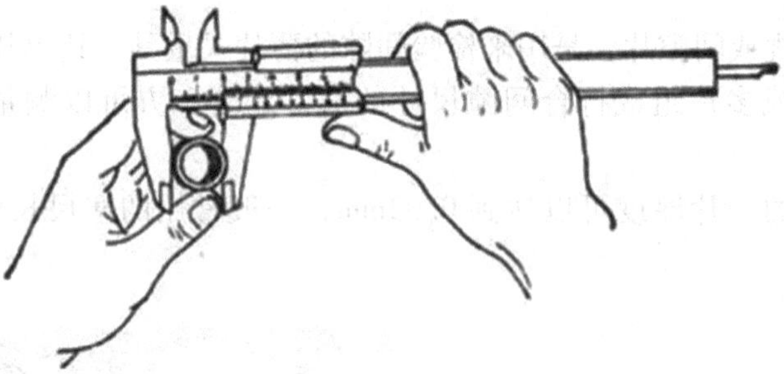

图 4.3－42　游标卡尺测量

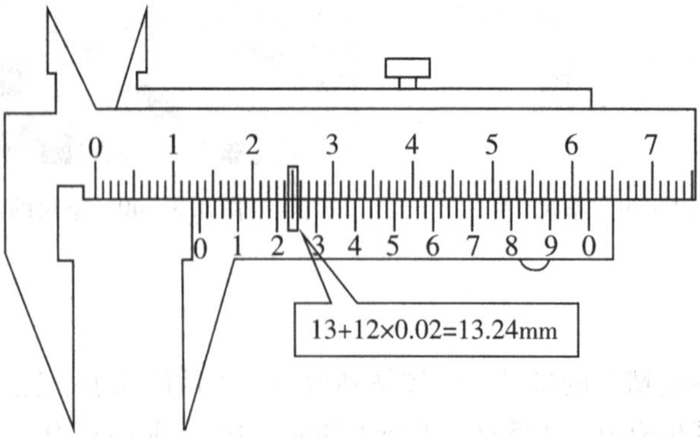

图 4.3－43　游标卡尺的读数

五、千分尺

千分尺又称螺旋测微器，是比游标卡尺更为精确的一种精密量具，测量精度可达 0.01 mm。按其用途可分为外径千分尺、内径千分尺、深度千分尺和螺纹千分尺等。

常用的千分尺由尺架、测砧、测微螺杆、隔热装置、预紧装置、固定套管、微分筒、测力装置等组成，如图 4.3－44 所示。

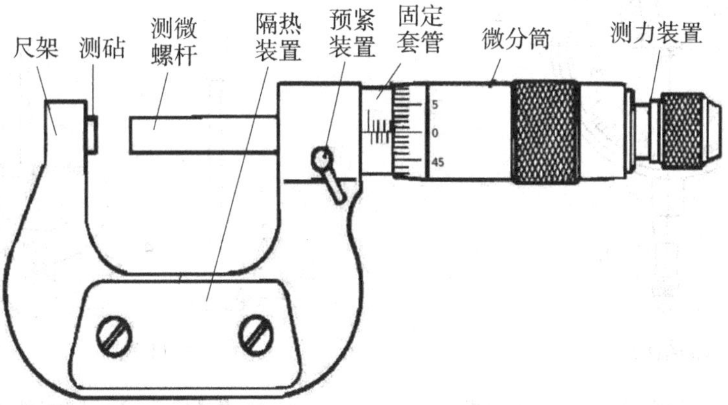

图 4.3－44　千分尺结构

千分尺在使用前，应先检查并确保零刻度已对准，否则应进行零校准。

以 50～75mm 规格的千分尺为例，零校准前先清除油污，特别是测砧与测微螺杆的接触面要清洁干净。

在开口内放置一个标准的 50mm 校正器，并让棘轮定位器自由转动 2～3 圈。然后检查套管上的基准线与套筒的零刻度线是否对齐。不对齐说明需对其进行零校准，应用调整扳手调整至套管上的基准线与套筒的零刻度线对齐（图 4.3－45）。

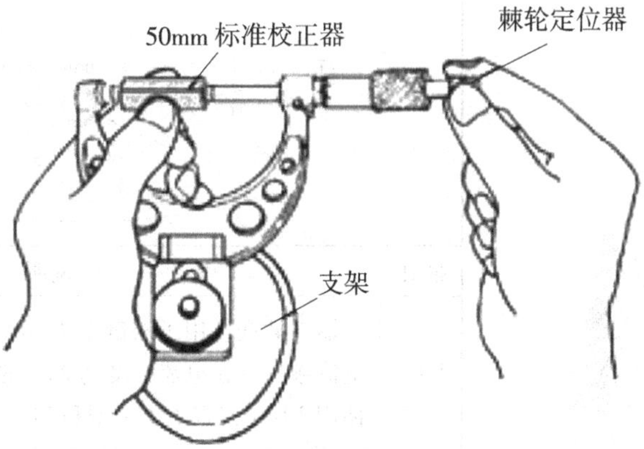

图 4.3－45　使用前校准

六、百分表

百分表是一种精度较高的齿轮传动式测微量具。它利用齿轮齿条传动机构将测杆的线移动转变为指针的转动，由指针指出测杆的移动距离。因百分表只有一个测量头，所以它只能测出工件的相对数值（图4.3－46）。

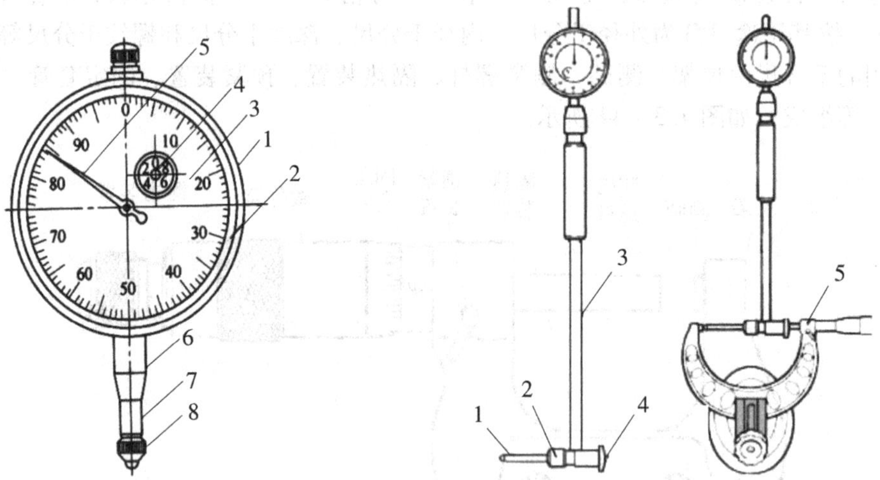

(a)结构一

1—表体；2—表圈；3—表盘；4—小指针；
5—主指针；6—装夹套；7—测杆；8—测头

(b)结构二

1—替换接杆；2—替换杆件紧固螺钉；
3—杆身；4—探头；5—测微计

图4.3－46　百分表

七、万用表

万用表主要用于电压、电流、电阻以及导线的通断性、电子元件的检测等。在汽车维修中，常见的万用表有数字式和指针式两种，目前数字式万用表应用较为广泛（图4.3－47）。

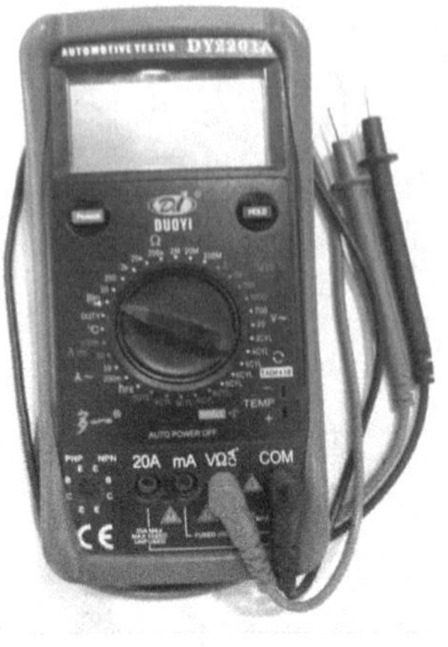

图4.3－47　万用表

接线端（插孔）

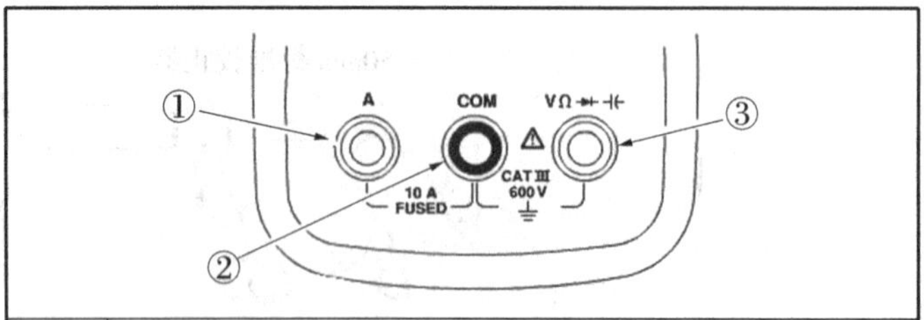

插孔	说明
①	输入插孔。用于测量高达10A的直流、交流电及直流电流频率。在电流强度达20A的超负荷状态时，最多可使用30s（仅限于111型和112型）
②	公共（返回）接线端，供所有的测量使用
③	输入插孔。用于测量电压、线路通断性、电阻、电容、二极管和电压频率

图4.3－48　万用表插孔说明

万用表有红、黑两支表笔，位置不能接反、接错，否则会带来测试错误或判断失误。一般黑表笔插入 COM 插孔，红表笔插入 VΩ 插孔（图 4.3－48）。

数字式万用表在使用时需注意：

（1）量程开关应置于正确测量位置。

（2）表笔绝缘层应完好，无破损和断线。

（3）红、黑表笔应插在符合测量要求的插孔内，保证接触良好。

（4）严禁量程开关在电压测量或电流测量过程中改变挡位，以防损坏仪表。

（5）必须用同类型规格的保险丝更换坏保险丝。

（6）为防止电击，测量公共端“COM”和大地“⏚”之间电位差不得超过 1000V。

（7）液晶显示“−+”符号时，应及时更换电池，以确保测量精度。

（8）测量完毕应及时关断电源。长期不用时，应取出电池。

万用表基本测量方法如图 4.3－49 所示。

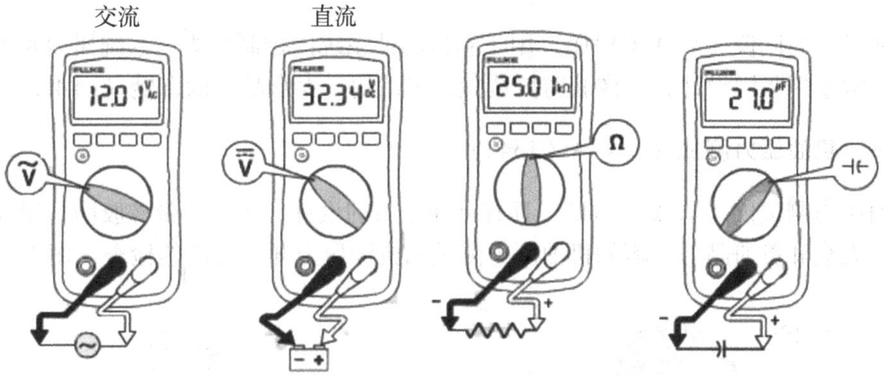

图 4.3－49　万用表基本测量方法

八、冷却系统测试仪（SVW1274）

冷却系统测试仪（SVW1274）用于检查汽车整个冷却系统的密封性能，以及检查带压阀的散热器盖的限压性能（图 4.3－50）。

图 4.3－50　冷却系统测试仪（SVW1274）

九、蓄电池测试仪

蓄电池测试仪是对铅酸蓄电池进行工作能力和健康状况检测的专业设备。蓄电池对于汽车来说，尽管在成本上所占的比例不高，但它对整辆汽车却起着举足轻重的作用（图 4.3－51）。

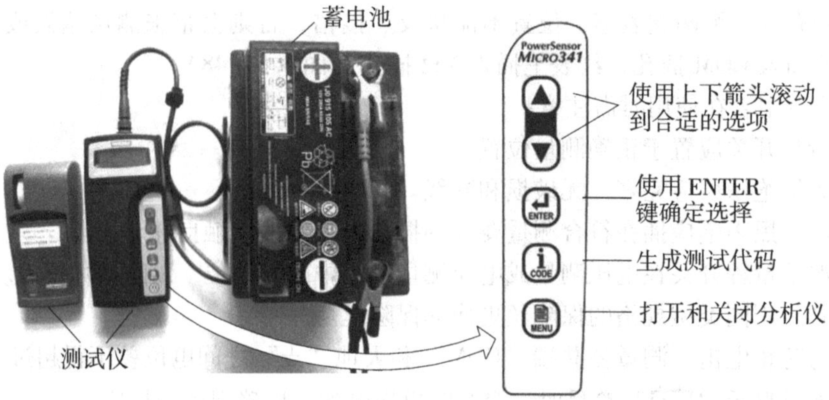

图4.3－51　蓄电池测试仪及其使用说明

十、燃油压力测试仪（V. A. G1318）

燃油压力测试仪（V. A. G1318）用于测试燃油系统的控制压力、系统压力和燃油是否泄漏等，常采用坚固设计，带橡胶防护装置，多适用于大众品牌的车辆（图4.3－52）。

十一、机油压力测试仪（V. A. G1342）

机油压力测试仪（V. A. G1342）具有抗冲击力的设计，压力表带橡胶防护罩壳，适用于所有的大众和奥迪品牌车辆的机油压力测试和机油压力开关功能的检查（图4.3－53）。

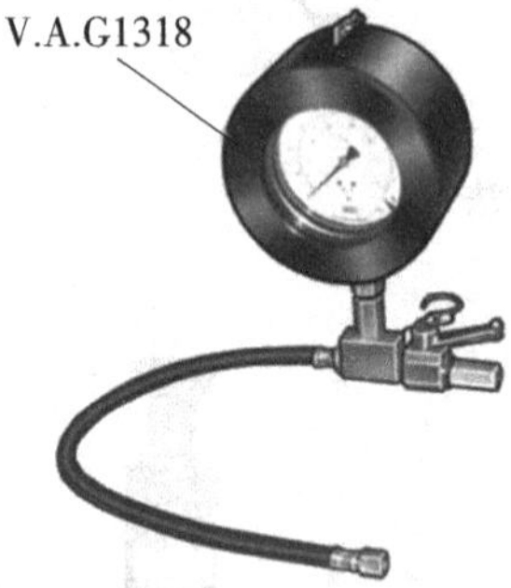

图4.3－52　燃油压力测试仪（V. A. G1318）

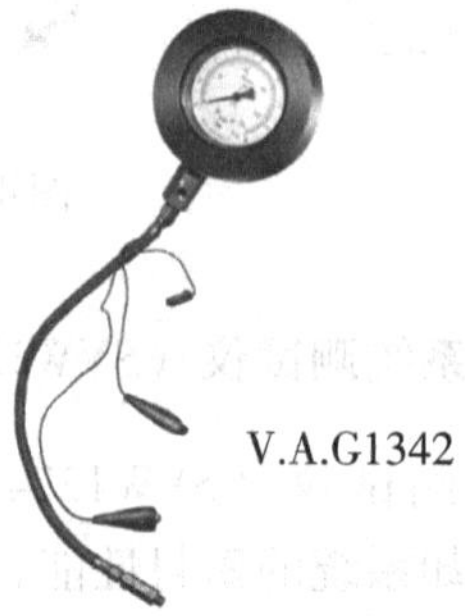

图4.3－53　机油压力测试仪（V. A. G1342）

十二、雨刮器调整设备（3358B）

在检查车辆雨刮片磨损情况时，如果发现雨刮器刮片摩擦剧烈或有噪音，可用雨刮器调整设备（3358B）调整刮片的接触角度。检查雨刮片零位时应处的位置，如有必要可通过调节刮水臂达到零位（图4.3－54）。

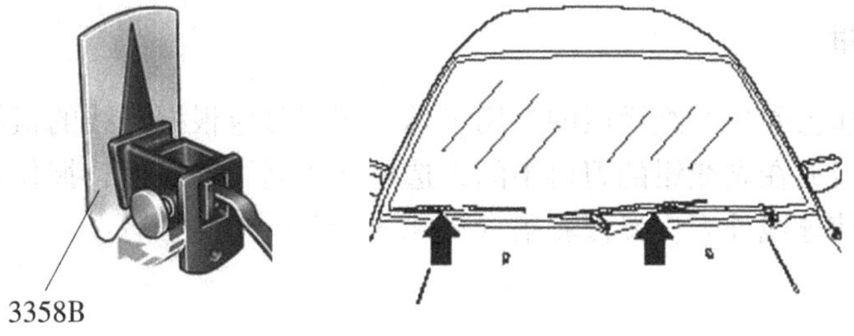

图 4.3－54　雨刮器调整设备（3358B）

十三、制动器活塞扩展器

制动器活塞扩展器用于盘式制动器拆装检测时，在装配活塞过程中推动制动盘背部制动器活塞，使活塞装配到位（图 4.3－55）。

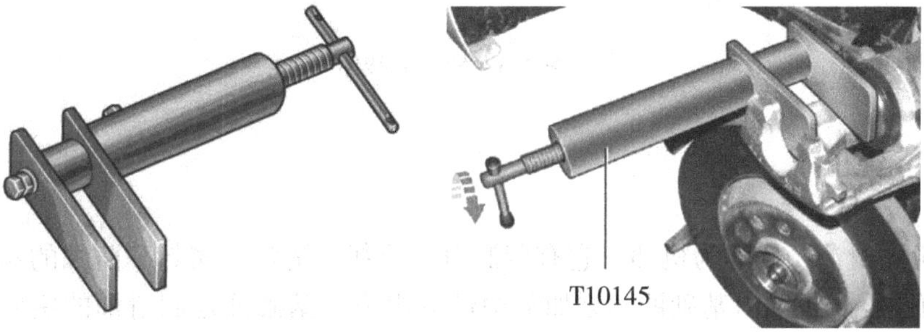

图 4.3－55　制动器活塞扩展器

十四、自动变速器油液压力表

用于测量自动变速器油液压力，与油压表连接器和油压表适配器组合使用，连接于自动变速箱体预留的油压压力检测孔，可测量自动变速箱各挡位的主、次油道内压力值（图 4.3－56）。

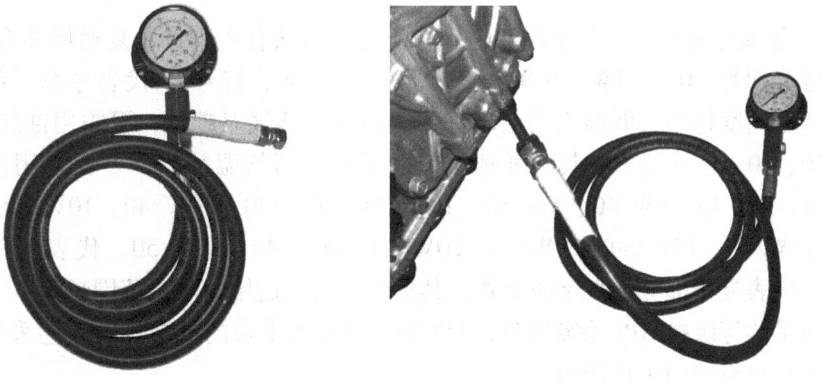

图 4.3－56　自动变速器油液压力表

十五、剥线钳

剥线钳是快速去除导线绝缘层的专用工具。使用时应根据导线的粗细选择相应的剥线刀口，然后将导线放在剥线钳的刀口中间，选择好要剥线的长度，握住剥线钳手柄，将导线夹住缓缓用力使导线外表皮慢慢剥落（图4.3－57）。

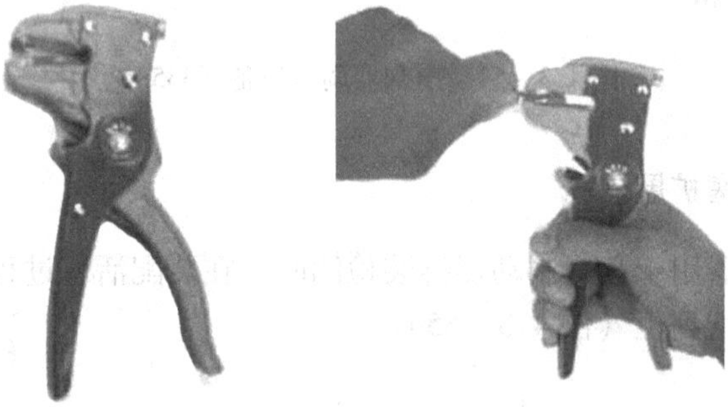

图4.3－57　剥线钳

4.3.3　润滑油

发动机润滑油，俗称为机油。它有着润滑、冷却、清洁、密封、防蚀的作用，被誉为汽车的“血液”。机油由基础油和添加剂两部分组成。基础油是润滑油的主要成分，决定着润滑油的基本性质，添加剂则可弥补和改善基础油性能方面的不足，赋予某些新的性能，是润滑油的重要组成部分。

一、润滑油的分类

润滑油通常有矿物质油、合成油、植物性机油三类。机油的黏度等级一般采用国际SAE级划分，SAE是美国汽车工程师学会的英文缩写。SAE等级代表油品的黏度等级，又有单级油和多级油之分，如SAE30、SAE40为单级油，SAE10W－30、SAE15W－40为多级油。

按SAE等级分类机油，冬季用油有6种；夏季用油有4种，冬夏通用油有16种。冬季用油牌号分别为：0W、5W、10W、15W、20W、25W，符号W代表冬季，W前的数字越小，其低温黏度越小，低温流动性越好，适用的最低气温越低；夏季用油牌号分别为：20、30、40、50，数字越大，其黏度越大，适用的最高气温越高；冬夏通用油牌号分别为：5W/20、5W/30、5W/40、5W/50、10W/20、10W/30、10W/40、10W/50、15W/20、15W/30、15W/40、15W/50、20W/20、20W/30、20W/40、20W/50，代表冬用部分的数字越小以及代表夏季部分的数字越大者，其黏度越高，适用的气温范围越大。

机油质量的等级按API等级划分；API是美国石油学会的英文缩写，它采用简单的代码来描述发动机机油的工作能力。

按API等级，发动机油分为两类：“S”系列代表汽油发动机用油；“C”系列代表柴油发动机用油；若“S”和“C”两字母同时存在，则表示此机油为汽柴通用型。如“S”

在前，则主要用于汽油发动机；反之，则主要用于柴油发动机。

二、润滑油的选用

1. 质量要求

润滑的目的是为了减少摩擦、降低磨损。润滑油还可以带走摩擦产生的热量，从而降低摩擦表面的温度，起到冷却作用。因此，必须根据机械设备的操作条件来选用不同质量要求的润滑油。例如，对于不同压缩比的汽油发动机，应选用相应不同质量等级的机油。正是由于汽油发动机的变化，才带动了汽油机油的升级换代。

在选择机械零部件的润滑油时，需要同时考虑润滑系统。循环式润滑系统要求选用氧化安定性和抗乳化性优良的润滑油，以保证其使用寿命，并且容易分离水分和清除机械杂质。

2. 润滑要求

汽车发动机运转时，由于在摩擦部件中容易产生油泥、结焦和积炭，故必须在发动机中添加清净分散剂等添加剂，而且以清净分散剂为主。

工业机械设备的循环润滑系统，由于要求能很快分离水分子和沉降杂质，所以不宜在工业润滑油中加入清净分散剂。

对于负荷高的润滑部位，经常可能出现边界摩擦状态，要求选用添加抗磨剂和极压剂的润滑油。

3. 黏度的选择

润滑油的黏度是形成润滑油膜的基本因素。在中转速、中负荷和温度不太高的工况下，选用中黏度的润滑油。在重负荷、低转速和温度较高的情况下，选用高黏度润滑油或添加极压抗磨剂的润滑油。在低负荷、高转速和低温等工况下，选用低黏度润滑油。

在使用温度范围宽、轻负荷和高转速，以及有其他特殊要求的工况下，选用合成润滑油。

以内燃机润滑油为例，选用合适的黏度和高黏度指数，使油品既具有足够的高温黏度来保证发动机在运转时的润滑和密封，又能在低温下有足够小的黏度来保证低温启动性能。

润滑油黏度的选择通常是按气温条件，同时还要考虑负荷高低、转速大小或发动机的磨损程度等因素。表 4.3－1 列出了国内常用的不同黏度牌号润滑油及使用温度范围，可供参考。

表 4.3－1　国内常用的不同黏度牌号润滑油及使用温度范围

气候	地区	气温范围/℃	SAE 黏度等级
严寒	东北、西北	－30～－25	5W
		－30～30	5W20 或 5W30
寒冷	华北、中西部及黄河以北地区	－30～－20	10W
		－25～－30	10W30
		－20～－15	15W
		－20～20	15W20
		－20～－30	15W30

续表 4.3－1

气候	地区	气温范围/℃	SAE 黏度等级
寒温	黄河以南，长江以北	－15～－5 －15～30	20W 20W30
温	长江以南，长岭以北	－10～30 0～30	20 30
温－热	南方	10～50	40

4.3.4 润滑脂

润滑脂的作用主要是润滑、保护和密封。绝大多数润滑脂用于润滑，称为减摩润滑脂。减摩润滑脂主要起降低机械摩擦、防止机械磨损的作用，同时还兼有防止金属腐蚀的保护作用及密封防尘作用。有一些润滑脂主要用来防止金属生锈或腐蚀，称为保护润滑脂。而工业凡士林等有少数润滑脂专用于密封，称为密封润滑脂，例如螺纹脂。润滑脂大多是半固体状的物质，具有独特的流动性。

润滑脂的工作原理是：稠化剂将油保持在需要润滑的位置上，有负载时，稠化剂将油释放出来，从而起到润滑作用。

在常温和静止状态时它像固体，能保持自己的形状而不流动，能黏附在金属上而不滑落。在高温或受到超过一定限度的外力时，它又像液体能产生流动。润滑脂在机械中受到运动部件的剪切作用时，它能产生流动并进行润滑，减低运动表面间的摩擦和磨损。当剪切作用停止后，它又能恢复一定的稠度。润滑脂的这种特殊的流动性，决定了它可以在不适于用润滑油的部位进行润滑。此外，由于它是半固体状物质，其密封作用和保护作用都比润滑油好。

一、润滑脂的分类

1. 钙基润滑脂

主要用于汽车、拖拉机、水泵、中小型电动机等各种工农业机械的滚动轴承，以及易与水或潮气接触部位的润滑。使用温度范围为－10～60℃，转速在3000r/min以下的滚动轴承有部分使用。钙基润滑脂以水为稳定剂，钙皂水化物在100℃左右便水解，超过100℃时便丧失稠度。所以，不要超过规定的使用温度，以免失水而引起油皂分离，失去润滑作用。在早期卡车的保养中，钙基润滑脂通常在轮毂内出现高温流淌失去作用，有起火隐患；在目前的重型卡车使用中，也已完全被淘汰。

2. 锂基润滑脂

耐热性好、抗水性、防锈性好，使用温度范围－20～120℃，价格适中。锂基润滑脂是由天然脂肪酸（硬脂酸或12－羟基硬脂酸）锂皂，稠化中等黏度的矿物润滑油或合成润滑油制成。合成锂基润滑脂是由合成脂肪酸锂皂，稠化中等黏度的矿物润滑油制成。锂基润滑脂与钙基润滑脂相比，稠化剂量可以降低约1/3，而使用寿命可以延长一倍以上。锂基润滑脂具有良好的高温润滑性能，可满足大多数卡车的使用要求，因而广泛应用于卡车各种润滑部位。它也是市场上最容易买到的产品。

3. 通用锂基润滑脂

耐热性好、抗水性、防锈性好，极压性能好，最高使用温度120℃，适用于负荷较高的机械设备、轴承及齿轮的润滑。价格适中。加抗氧化剂、防锈剂和极压剂之后，寿命长。通用锂基润滑脂的使用范围与性能更符合车用润滑脂的技术要求。

4. 二硫化钼极压锂基润滑脂

耐热性好、抗水性、防锈性好，极压性能好，使用温度范围为－20～120℃，最高使用极限甚至达到150℃，适用于负荷较高或有冲击负荷的部件。价格适中。二硫化钼是由天然钼精矿粉经化学提纯后改变分子结构而制成的固体粉剂。本品色黑稍带银灰色，有金属光泽，触之有滑腻感，不溶于水。添加在各种油脂里，形成绝不黏结的胶体状态，能增加油脂的润滑性和极压性。二硫化钼极压锂基润滑脂外观为灰色至黑灰色均匀油膏，具有良好的润滑性、机械安全性、抗水性和氧化安定性。含有特殊极压添加剂，可在重载和冲击负荷下为轴承和齿轮提供有效润滑保护。注意，二硫化钼极压润滑脂不能与其他油脂混用，否则会使性能下降或失效。

5. 极压复合锂基润滑脂

耐热性、抗水性、防锈性、机械安定性、极压性好，最高使用温度160℃，价格较高。这类润滑脂一般用在钢铁企业大型设备的高温润滑需要中，也有部分特殊用途的机械设备与卡车使用。

6. 石墨润滑脂与导电润滑脂

这类润滑脂具有一些特殊性能。石墨润滑脂有良好的抗压、耐冲击性能，防锈性能尤其突出，使用性能与二硫化钼极压锂基润滑脂类似。在钢板弹簧接触面涂抹，石墨填补了粗糙平面，使每片钢板弹簧均匀受力，提高了钢板弹簧的使用寿命，又起到良好的防锈效果。导电润滑脂用于一些导电连接部位、电器部件的润滑，例如用作蓄电池桩头的保护，组合开关的触点，方向盘喇叭接触点，一些电器开关的内部润滑。这些电器设备加注专用润滑脂后，使用寿命显著延长。注意：电器开关润滑不可用普通润滑脂代替。

二、润滑脂常见的基本性能

1. 流变性能

润滑脂的流变性是指润滑脂在受到外力的作用下表现出来的流动变化的性能。衡量润滑脂流变性的参考指标主要是稠度（针入度）、触变性、强度极限和相似黏度。润滑脂流变性是润滑脂的重要基础性质，与润滑脂的使用有密切的关系。

2. 高温性能

润滑脂的高温性能是指润滑脂在高温情况下，润滑脂发生性质变化的性能。温度对于润滑脂的流动性具有很大影响，温度升高，润滑脂变软，使得润滑脂附着性能降低而易于流失。另外，在较高温度条件下还易使润滑脂的蒸发损失增大，氧化变质与凝缩分油现象严重。润滑脂的高温性能可用滴点、蒸发度和轴承漏失量、高温轴承寿命等指标进行评定。

3. 低温性能

润滑脂的低温性能是指润滑脂在低温下保持其流动性的能力。汽车与工程机械起步时的温度与环境温度近乎一致，在寒冷地区使用时，要求润滑脂在低温条件下仍能保持良好的润滑性能。它取决于润滑脂低温条件下的相似黏度、泵送性及低温转矩。

4. 安定性能

润滑脂的安定性是指润滑脂在长期贮存和使用中，抵抗各种条件下不同作用和因素引起润滑脂变化的能力。在通常的润滑脂贮存和使用中，润滑脂的安定性主要包括胶体安定性、化学安定性和机械安定性。

5. 润滑性能

润滑脂的润滑性能是指润滑脂在使用中，改善摩擦、减少磨损的性能。实验室评定润滑脂的润滑性能最常用的方法是四球机法和梯姆肯试验法。针对润滑脂的性状特点，国内外均建立了标准试验方法。此外还有一种齿轮磨损试验方法，也已经标准化了。

6. 防护性能

防护性能是指润滑脂能黏附在金属表面上防止外界各种物质侵蚀金属表面、腐蚀金属表面或金属表面锈蚀的能力。

7. 相容性能

润滑脂的相容性是指润滑脂在使用中，接触到各种各样的材料时会产生的相互作用。这种相互作用越小，则润滑脂的相容性越好；反之，则相容性越差。在实际使用中润滑脂经常能够接触的材料主要有：润滑脂与润滑脂、润滑脂与金属、润滑脂与塑料、润滑脂与橡胶、润滑脂与涂料等。由于润滑脂的相容性，因而在实际选择润滑脂的时候，需要慎重考虑。

8. 其他性能

润滑脂的其他性能是指润滑脂在生产、储存和使用中，可以对润滑脂的性质发生影响的一些因素，如外观、机械杂志、水分、颗粒度、生物降解等。

4.3.5 齿轮油

通常把用于变速器、后桥齿轮传动机构的润滑油叫作齿轮油。齿轮的轴线相互位置和齿形不同，在齿面啮合部分的接触应力和相对滑移速度有很大的区别，因此要求使用不同类型和品种的齿轮油。

一、齿轮油分类

我国车辆齿轮油的旧分类是按照苏联标准分类的。普通齿轮油按在100℃条件下的运动黏度分为20、26、30号等3个牌号。双曲线齿轮油按在100℃条件下的运动黏度分为18号、22号、26号、28号等4个牌号。

现在我国齿轮油按质量分为三类：普通车辆齿轮油（CLC）、中等负荷车辆齿轮油（CLD）和重负荷车辆齿轮油（CLE）。

按照美国石油学会（API）的标准，齿轮油的质量级别可分为 GL－1、GL－2、GL－3、GL－4、GL－5、GL－6 等级别，齿轮油外包装上都有相应的质量级别标识。

齿轮油按 100℃运动黏度和表观黏度为 150 000mPa · s 时最高使用温度规定，可分为 75W、75W/90、80W/90、85W/90、90、85W/140 和 140 七个黏度等级（牌号）。

二、齿轮油的低温表观黏度的测定

齿轮油的低温表观黏度是采用布氏黏度计（Brookfield）按 ASTMD2983（GB/T 11145）方法测定的动力黏度，以 mPa · s 表示，表观黏度与后桥齿轮的低温流动性有关，通常用表观黏度为 150000mPa · s 时最高使用温度来确定油品的黏度等级（牌号）。

三、齿轮油的应用

（1）普通车辆齿轮油，适用于中等负荷和速度，要求比较苛刻的手动变速器和螺旋伞齿轮的驱动桥。按黏度不同分为 80W/90、85W/90、90 三个规格。长江以南地区 90 号规格的油可全年使用。

（2）中负荷车辆齿轮油，适用于低速高扭矩、高速低扭矩下工作的齿轮，以及使用条件不太苛刻的准双曲线齿轮的驱动桥。按黏度不同有 75W、80W/90、85W/90、90、85W/40 五个规格，其中 90 号规格油在长江以南地区可全年使用。

（3）重负荷车辆齿轮油，适用于高速冲击负荷、高速低扭矩、低速高扭矩下工作的各种齿轮，以及条件缓和或苛刻的准双曲线齿轮的驱动桥。按黏度不同有 75W、80W/90、85W/90、90、85W/40 五个规格。

4.3.6　机油的检查与更换

机油对于发动机就如同人的血液对于心脏一样重要。机油中含有多种添加剂，能够有效保护发动机重要的移动部件，保证发动机正常运作。机油在作用过程中，添加剂被逐渐消耗，燃烧产生的污染物与机油混合产生油泥、沉积，时间一长，这些污垢不但会加速发动机磨损，还会导致发动机锈化腐蚀、散热不畅等严重后果。因此，及时更换机油是对发动机最好的呵护。汽车厂商都会随车附赠一本汽车维修保养手册，手册内列明了车辆的换油里程即换油周期，大部分车都在 5000 ～ 10 000 千米。一般达到规定的换油里程就应换油，部分高档车辆，当达到换油里程时车内会出现换油提示。实际驾驶中，路况、车况、机油品质，都会影响到换油周期。如长期在市区驾驶，汽车停车起步频繁，会加剧发动机磨损，加快机油污染，因此须缩短换油周期。车主可定期对爱车的机油状况进行检测，用机油尺沾少许机油放在手指上，如机油呈黑色，非常稀薄，并含有沙砾，则说明此时的机油已变质，须立即更换。

一、机油的检查

（1）将汽车停放在平坦的地面上，将汽车挡块安装到位，保证汽车稳定停靠。

（2）启动发动机并让发动机达到正常工作温度。

（3）停止发动机并等待约5min，使机油流回油底壳。

（4）打开发动机机舱盖，拉出机油尺（图4.3-58），擦干净后重新插回。

（5）重新拔出标尺，检查油量。油量应在上标记与下标记之间（图4.3-59），尽可能靠近上标记，但不能过量。

图4.3-58　机油尺位置

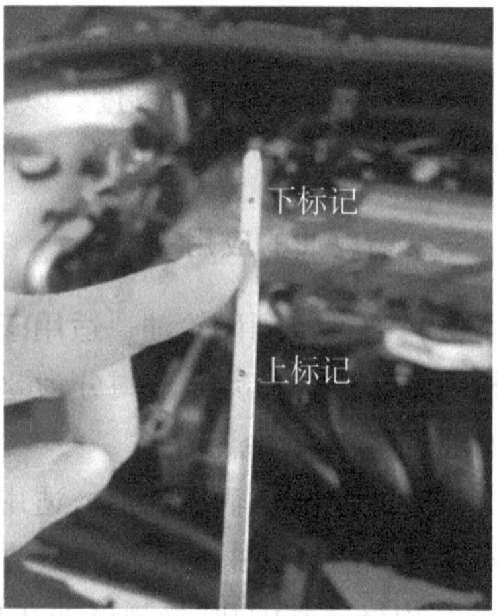

图4.3-59　机油尺刻度

二、机油的更换

（1）打开机舱盖（图4.3-60）和车门，安装车内外三件套（图4.3-61）。

图4.3-60　打开机舱盖

图 4.3－61　安装三件套

（2）检查机油液面高度（图 4.3－62）。

图 4.3－62　检查机油液面高度

（3）检查变速器杆应在空挡位。启动发动机热车 10min 左右熄火。

（4）打开机油加注口盖（图 4.3－63）。

图 4.3-63　打开机油加注口盖

（5）将举升臂及垫衬对准汽车上的各支撑点。

（6）将汽车升起，在车轮即将离开地面时再次检查举升机衬垫支撑情况，举起车后将举升机安全锁止（图 4.3-64）。

图 4.3-64　举升车辆

（7）拧松发动机放油螺栓，用容器接好，松开放油螺栓（图 4.3-65）。

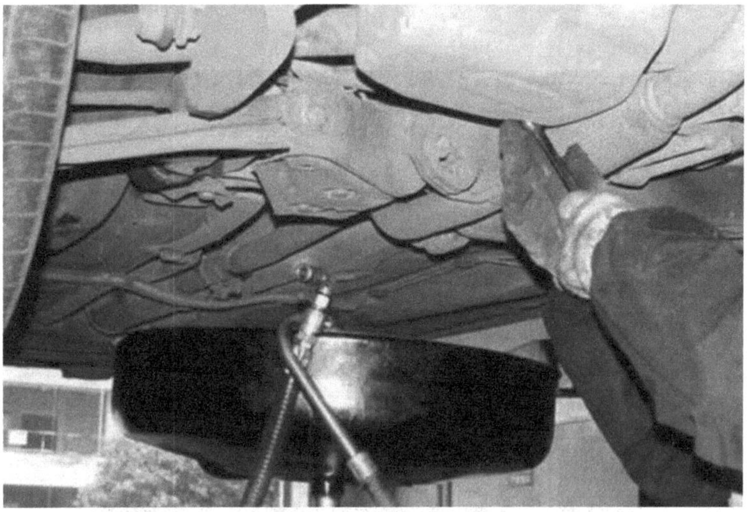

图 4.3－65　松开放油螺栓

（8）观察机油是否变质或有金属铁屑，若有，应查明原因及时处理。

（9）拆下机油滤清器（图 4.3－65）。

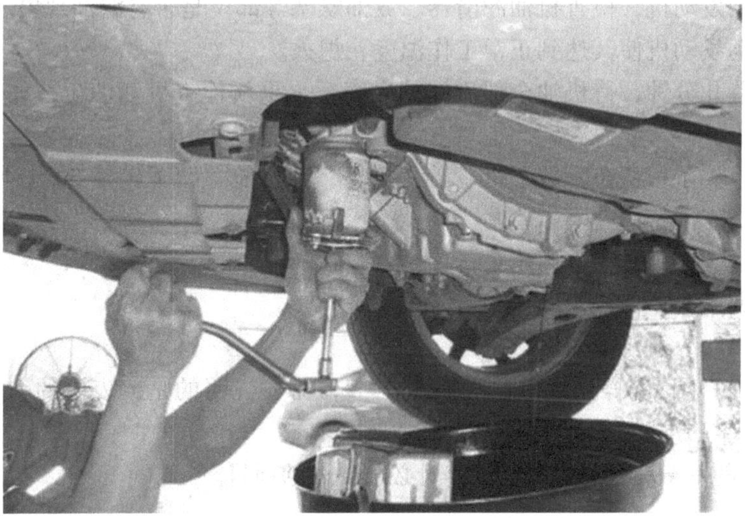

图 4.3－66　拆下机油滤清器

（10）用抹布清洁机油滤清器底座。

（11）选择与厂家指定规格型号相同的机油滤清器。

（12）检查滤清器上密封圈有无翘曲变形现象。

（13）在新的滤清器的密封圈上涂抹机油，并向滤清器内注满机油。

（14）安装机油滤清器，用手拧紧后再用专用滤清器扳手拧一圈半至两圈。

（15）油底壳机油放净后，清洁放油口及放油螺塞后拧紧螺塞。

（16）放下举升机。

（17）根据季节及厂家要求选择相应级别的机油，并按标准油量加注，装回加油盖

（图 4.3－67）。

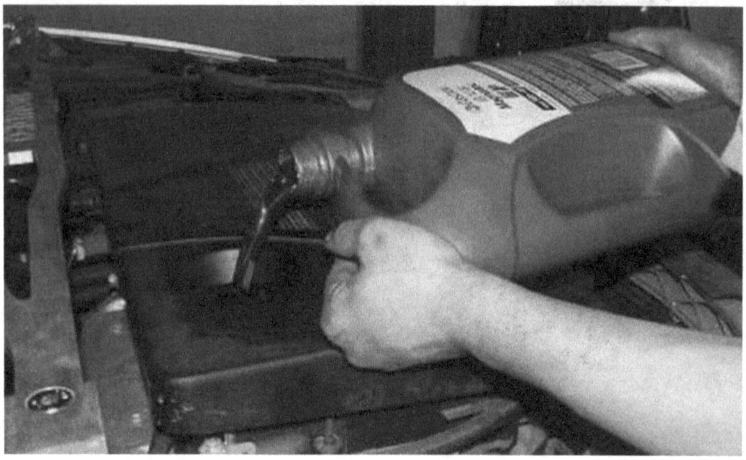

图 4.3－67　加注机油

（18）在机油全部流入油底壳后，观察机油尺油位，正确的机油加到机油尺的上限位置。

（19）启动发动机，检查机油滤清器、放油螺塞等部位是否有漏油现象。

（20）启动发动机使其达到正常工作温度，熄火。

（21）等待几分钟，待机油全部流回油底壳后，重新检查机油油位，如有必要再次添加机油。

（22）取下翼子板垫布，放下机舱盖支撑杆，在机舱盖距下锁体 30～40cm 时放下机舱盖。

4.3.7　车辆常规保养规范

汽车的《99 项保养操作规范》见表 4.3－2，需要说明的是，表中的人员包括：服务接待员 X、维修工 A、维修工 B。

注意：本表中★表示不同里程保养时必须要做的项目。

表 4.3－2　99 项保养操作规范

工序	工序名称	基本技术要求	人员	站立位置	备注		
					5000	15 000	30 000
1	安装三套一垫		X		★	★	★
2	详细记录油量和里程	做好记录	X		★	★	★
3	检查车辆外观	做好记录	X	绕车一圈	★	★	★
4	贵重物品保管提示	需要时提供帮助	X		★	★	★
5	开出派工单		X		★	★	★
6	用户核对后签字				★	★	★

续表 4.3－2

工序	工序名称	基本技术要求	人员	站立位置	备注		
					5000	15 000	30 000
7	传递给车间人员		X		★	★	★
8	前方灯光检查		A	驾驶室内	★	★	★
9	前示宽灯	双手小拇指水平、平齐	B	车辆前方	★	★	★
10	近光灯	双手大拇指竖直向上、平齐	B		★	★	★
11	远光灯	双手大拇指向身体后侧、平齐	B		★	★	★
12	左前转向灯	左手大拇指水平、右手大拇指竖直	B		★	★	★
13	右前转向灯	左手拇指竖直向上、右手拇指水平	B		★	★	★
14	前报警灯	双手大拇指水平、对称向外	B		★	★	★
15	前雾灯	左手大拇指指向右,右手大拇指指向左	B		★	★	★
16	检查结束	左手臂向前伸直，伸出大拇指	B		★	★	★
17	高低音喇叭	声音响亮	A		★	★	★
18	后方灯光		A	驾驶室内	★	★	★
19	后示宽灯	双手小拇指水平、平齐	B	车辆后方	★	★	★
20	后方刹车灯	双手大拇指竖直向上、平齐	B		★	★	★
21	左后转向灯	左手拇指水平、右手拇指竖直向上	B		★	★	★
22	右后转向灯	左手拇指竖直向上、右手拇指水平	B		★	★	★
23	后报警灯	双手大拇指水平、对称向外	B		★	★	★
24	后倒车灯	双手大拇指指向身体后侧、平齐	B		★	★	★
25	后雾灯	左手大拇指指向右，右手大拇指指向左	B		★	★	★
26	检查结束	左手臂向前伸直，伸出大拇指	B		★	★	★
27	牌照灯	仔细查看（背景灯开启）	B		★	★	★
28	检查方向盘	方向盘的自由行程及高低调节	A		★	★	★
29	检查空调各按键	按键灵活	A		★	★	★
30	检查风口出风状态	出风良好，冷热转换正常	A		★	★	★
31	检查仪表的各指示灯	指示正确、完好	A		★	★	★
32	检查驻车手柄操纵性	4～5 齿	A		★	★	★
33	检查变速杆状态	选换挡灵活	A		★	★	★
34	检查离合踏板	离合器分离正常	A		★	★	★
35	检查制动踏板及油门踏板	刹车正常	A		★	★	★

续表4.3－2

工序	工序名称	基本技术要求	人员	站立位置	备注		
					5000	15 000	30 000
36	检查前后雨刮片和喷嘴	正常工作、刮除正常、无异响	A	驾驶室内		★	★
37	检查仪表台各个按键	按键正常回位，显示灯光正常	A	驾驶室内	★	★	★
38	检查CD机、扬声器	功能正常	A	驾驶室内	★	★	★
39	检查前顶灯	按键正常回位，显示灯光正常	A	驾驶室内	★	★	★
40	检查两侧观后镜	按键正常，镜面能正常转动	A	驾驶室内	★	★	★
41	检查中控门锁	中控电机正常工作	A	驾驶室内	★	★	★
42	检查各门电动玻璃升降器	按键正常、玻璃升降正常	A	驾驶室内	★	★	★
43	检查遮阳板、茶杯托、烟灰缸	功能正常	A	驾驶室内	★	★	★
44	检查点烟器、杂物盒、电子钟	功能正常	A	驾驶室内	★	★	★
45	检查正驾驶座椅和安全带、前门开关、门锁铰链	功能正常、开启正常，门灯指示正常	A	驾驶室内		★	★
46	检查左后门玻璃升降开关、门开关、门铰链、座椅、安全带	功能正常、无异响	A	车辆左边		★	★
47	检查右后门玻璃升降开关、门开关、门铰链、座椅、安全带	功能正常、无异响	A	车辆右边		★	★
48	检查右前门玻璃升降开关、门开关、门铰链、座椅、安全带	功能正常、无异响	A	车辆右边		★	★
49	打开后门，检查门锁铰链、下随车工具和备胎	正常开启，无异响、千斤顶无失效	A	车辆后部	★	★	★
50	打开引擎盖	发动机拉线良好、支撑杆完好	B		★	★	★
51	安装翼子板护罩		B		★	★	★
52	检查助力转向油	必要时补充或按规定更换周期更换	B		★	★	★

续表 4.3－2

工序	工序名称	基本技术要求	人员	站立位置	备注		
					5000	15 000	30 000
53	检查风窗玻璃洗涤液	必要时补充	B		★	★	★
54	检查测量发动机冷却液	冬季时测量冰点，必要是补充或更换	B		★	★	★
55	检查电瓶	无腐蚀，接线良好	B			★	★
56	检查变速器油量	自动挡检查	B		★	★	★
57	检查发动机机油量	标尺刻度为准	B		★	★	★
58	检查制动液液面	必要时补充或按规定更换周期更换	B		★	★	★
59	检查发电机皮带	有无老化及张紧力是否正常	B		★	★	★
60	检查空调管路	是否有渗漏	B		★	★	★
61	检查冷却管路	是否有渗漏	B		★	★	★
62	检查发动机上部机油渗漏情况	是否有渗漏	B		★	★	★
63	检查发动机线束	连接完好、是否有损伤	B		★	★	★
64	检查减震器	是否有漏油或失效	B		★	★	★
65	松开轮胎螺栓		B		★	★	★
66	支撑车辆	检查各支撑位置是否正常	A	绕车一周	★	★	★
67	初步举升车辆		A		★	★	★
68	拆卸轮胎		AB	平行			★
69	检查制动片	必要时更换	AB				★
70	检查胎压、外观	胎压正常，无鼓包、开裂	AB	平行	★	★	★
71	轮胎换位	螺母紧固、换位需正确	AB	平行			★
72	车辆继续举升		B		★	★	★
73	检查备胎胎压、外观	胎压正常，无鼓包、开裂	A	后部	★	★	★
74	排放旧机油，并装回油堵	排放干净	B	下前方	★	★	★
75	更换新机油滤清器		B	下前方	★	★	★
76	更换变速箱齿轮油		B	下前方			★
77	更换汽油滤清器		B				★
78	检查底盘螺栓的力矩	紧固连接螺栓，做好记号	A			★	★
79	检查后桥、油箱	紧固螺栓，无渗漏	A	后下方	★	★	★

续表 4.3 -2

工序	工序名称	基本技术要求	人员	站立位置	备注		
					5000	15 000	30 000
80	检查底盘相关管路是否漏油	紧固螺栓，无渗漏	A	下方	★	★	★
81	晃动传动轴和转向拉杆	无旷量	A	下方	★	★	★
82	车辆降落		A		★	★	★
83	紧固轮胎螺母		AB	交叉			★
84	装回备胎及随车工具		A	车辆后部	★	★	★
85	加入规定的机油量		B	车辆前部	★	★	★
86	启动发动机 3min		B	车辆前部	★	★	★
87	检测发动机电脑及传感器	各部件工作正常	A	驾驶室内	★	★	★
88	熄火等 90s，确认机油油面	符合标尺刻度	B	车辆前部	★	★	★
89	再次举升车辆，检查机油滤清器和放油螺栓处是否漏油，并将车辆降落		B		★	★	★
90	检查火花塞间隙和燃烧状况		A	车辆前部			★
91	更换空气滤清器芯		B	车辆前部			★
92	将检查结果汇总填入派工单		A		★	★	★
93	撤去举升机支架		B		★	★	★
94	洗车				★	★	★
95	陪同用户检查车辆		X	绕车一周	★	★	★
96	陪同用户交付费用		X		★	★	★
97	提醒用户下次保养		X		★	★	★
98	取下三套一垫		X		★	★	★
99	感谢用户、目送用户离开		X		★	★	★

4.4 工作计划：与师傅和客户沟通工作计划

任务实施前，必须对本次工作有清晰的认识，制订相应的工作计划有利于工作效率的提高和工作的合理安排。

序号	任　务	关键词
1	汽车保养常用工具及量具的使用	
2	汽车润滑油，齿轮油，润滑脂的认识和选用	
3	发动机润滑油的检查与更换	
4	汽车的《99 项保养操作规范》	

4.5　任务实施：根据制订的任务计划，按照规程实施任务

根据制订的任务计划，准备好需要的工具、设备，按照操作规程实施任务。

序号	工作内容	工具、设备	安全环保	标准规范	检测值	检测结论
预估时间			成本预算			

4.6　评价反思：总结知识点、技能点和素养点

评价项目	评价内容				自我评价	小组评价	教师评价
	A	B	C	D			
工作态度	严谨专注，尽全力克服困难，敢于承担责任，努力改进方法	努力克服困难，遇到困难，积极听取各方意见，乐意尝试新方法	依据指令，规范操作，能够按要求完成任务，偶有抱怨	遇到困难，时有抱怨，被动完成任务			
学习能力	成长意识强，信息捕捉能力强，并能快速转化为能力	重视自我完善，信息捕捉能力较强，努力汲取新知识，具备一定的转化能力	愿意接收新信息、新知识，重视积累，具备初步的转化能力	在他人帮助下，能够学习新的知识，有转化能力			

续表

评价项目	评价内容				自我评价	小组评价	教师评价
	A	B	C	D			
自控能力	严格遵守学习纪律，严守任务时间，能够调节队友情绪，协调队友观点	遵守纪律，按时完成任务，能够控制情绪，积极采纳队友观点	有时间观念，服从教师、组长管理，愿意倾听队友意见	有迟到早退现象，有违反学习纪律现象			
沟通能力	乐于倾听，感情传达准确，观点能够得到队友认可	愿意倾听，表达流畅，能够接纳不同观点	理解队友，并能够明确地阐述自己的想法	能够理解队友的想法			
合作能力	理解服从的意义，迅速调整自我情绪，主动推动项目完成	服从团队管理，分担团队重要任务	尽力服从管理，分担团队基础任务	愿意完成自身任务			
5S标准	按照5S的标准进行操作，使用工具正确规范，顺利完成任务						
安全操作	严格遵守操作规程，无安全事故						
学生自查	1. 本人分担的学习任务： 完成情况： 2. 本人在本次学习中，解决的问题有： 仍未解决的问题有：						
教师点评	1. 表扬的小组是第　　组，理由是： 2. 对本小组的评价是： 3. 表扬的个人有： 理由是：						

参 考 文 献

[1]孙丽华．基于汽车底盘构造与维修的中职教学设计与教学方式分析[J]．课程教育研究，2017(16)．
[2]李明殊．汽车底盘构造与维护保养问题探讨[J]．汽车实用技术，2017(12)．
[3]戴勇林．中职《汽车电气设备构造与维修》课程信息化教学系统的应用研究[J]．时代农机，2015(10)．
[4]黄华仁．浅谈高职院校汽车电气设备构造与维修课程教学改革[J]．黑龙江教育学院学报，2014(06)．
[5]刘文，梁家荣．汽车发动机机械维修[M]．广州：华南理工大学出版社，2013.
[6]邱爱民．汽车维修工快速入门[M]．长沙：中南大学出版社，2011.
[7]王彦光．汽车发动机润滑油正确使用[J]．中国科技纵横，2011(19).
[8]候海涛．润滑油的使用[J]．河北农业科技，2002(12).
[9]李国春．机油牌号识别[J]．汽车维修，2002(04).
[10]陈家瑞．汽车构造[M]．2 版．北京：机械工业出版社，2005.
[11]蔡兴旺．汽车构造与原理[M]．北京：机械工业出版社，2004.
[12]杨智勇，惠怀策．汽车美容装饰入门与技巧[M]．北京：化学工业出版社，2017.